U0547502

晚明风骨袁宏道传

曾纪鑫◎著

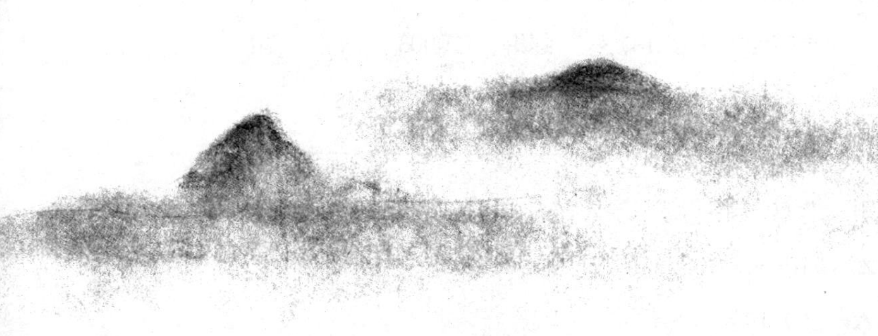

陕西人民出版社
陕西出版集团

图书在版编目(CIP)数据

晚明风骨：袁宏道传/曾纪鑫著．——西安：陕西人民出版社，2012.7

ISBN978-7-224-10274-1

Ⅰ.①晚… Ⅱ.①曾… Ⅲ.①袁宏道(1568~1610)-传记 Ⅳ.①K825.6

中国版本图书馆CIP数据核字(2012)第164112号

晚明风骨·袁宏道传

作　　者　曾纪鑫

出版发行　陕西出版集团　陕西人民出版社

（西安北大街147号　邮编：710003）

发货联系电话（传真）：（010）88203378

印　　刷　北京兴鹏印刷有限公司

开　　本　710mm×1000mm　16开　19.5印张　4插页

开　　本　250千字

版　　次　2012年8月第1版　2012年8月第1次印刷

书　　号　ISBN978-7-224-10274-1

定　　价　39.00元

袁中郎画像

袁中郎故里碑

《袁宏道集笺校》

公安三袁塑像（鄢先军摄）

目　录

自　序　晚明风骨 · 001

第一章　生命底色 · 001

第二章　儒学禅学 · 023

第三章　忘年之交 · 039

第四章　南平文社 · 049

第五章　再访麻城 · 059

第六章　新官上任 · 071

第七章　文学革新 · 083

第八章　尴尬县令 · 105

第九章　纵情山水 · 117

第十章　葡萄文社 · 127

第十一章　公安流派 · 137

第十二章　伯修暴卒 · 147

第十三章　柳浪烟波 · 155

第十四章　禅净双修 · 179

第十五章　吏部革新 · 197

第十六章　典试秦中 · 219

第十七章　英年早逝 · 229

第十八章　余音绕梁 · 243

附录一　寂寞与热闹 · 265

附录二　寻找袁中郎 · 279

附录三　袁中郎大事记 · 287

附录四　主要参考资料 · 291

自序／晚明风骨

二十年来，公安派、三袁、袁宏道，总是有意无意、或隐或显地萦绕在我的心头，挥之不去，欲罢不能。

时间，实在是拖得太长了，对此，我必须有一个交代与“了结”——对自己，对故乡，当然也是对三袁，特别是三袁之一的袁宏道。

作为明代晚期的一个重要文学流派，公安派不仅开创了一代新的文风，主宰着当时的文坛，而且影响深远，波及近代。

但是，在今日喧嚣浮躁，文学退潮且日益边缘化的社会，了解公安派的人肯定不多。公安派主要成员十多人，开创者为袁氏三兄弟——袁宗道、袁宏道、袁中（音 zhòng）道，世称“三袁”。因他们为湖北公安县人，所以这一流派称为“公安派”。

与公安派结缘，既是偶然，也是必然。

我的出生之地湖北省公安县郑公渡与三袁故乡孟溪镇虽然隔着两条河流，但实际距离只有十多公里。不过呢，直到十八岁离开故乡考入公安县师范学校之前，我对三袁还知之甚少。

在县城斗湖堤镇学习、工作的近十年时间里，对公安派、三袁听得就多了，但也没去认真研读他们的作品，对这一文学流派的渊源、发展、内容也不甚了了。至今回想起来，当时与三袁有关的两件事情印象最深，一是在油江河边见到了一块刻有“袁中郎故里”的石碑，题字者为袁宏道好友苏惟霖（字云浦），只是这碑早已不是原物，而是清嘉庆元年（1796 年）的复制品；另一件是 1987 年 5 月，县城举办了一次规模较大的公安派文学研讨会，我虽然无缘与会，但辗转得到了一册会议论文选编——《晚明文学革新派公安三袁研究》，从头到尾认真地读了一遍，还对重点句子、段落，用蓝色圆珠笔做了不少记号。

说实话，在公安老家时，我与公安派，与三袁，并未有过什么实质性的联系或“瓜葛”。没想到 1990 年正式离开公安，调到湖北黄石市从事专业创作后，却有了一次走近、了解、研究公安三袁的机会。

那是 1993 年的事了，某出版社策划一套“荆楚十大文化名人丛书”，所选人物为屈原、弘忍、袁宏道、李时珍、李四光、陆羽、熊十力、胡风、黄侃、闻一多。负责丛书组稿、统稿等工作的编委之一，是我在湖北师范学院历史系求学时的老师卢昌德先生，卢老师希望我能承担袁宏道的创作任务。既然老师盛情相邀，兼与传主又是同乡，我二话没说，当即应承下来。

无论是文学理论的开创，还是创作实践及影响，三袁兄弟成就最大者，当数老二袁宏道，即袁中郎。古人对相伴一生的名字十分看重讲究，不仅有名，还有字，有号。宏道为名，中郎为字，又字无学，号石公，又号六休、石头道人、空空居士。宏道者，弘道也，可见父辈对他寄予多大期望！古人一般以字相称表示尊重，故“中郎”之字，长期以来，比其本名更加响亮。中郎之意，一为官职，二乃次子。作为官职，指宫中护卫、侍从，长官称中郎将，简称“中郎”。袁宏道作为一介文人，从未担任过“中郎将”之类的武官职务，显然取其次子之意——他出生时，哥哥袁宗道已有八岁。

于是，我不得不撇开其他俗务，花了大半年时间，全身心地投入到积累资料、系统阅读、认真研究等准备工作之中。还专门回了一趟公安，在县城斗湖堤镇拜访《三袁传》作者、时任县文联主席的李寿和先生，就有关创作问题当面请教；然后前往三袁故乡孟溪镇收集素材、寻找灵感，其详细经过，我已写入《寂寞与热闹》一文（见附录一），在此即不赘述。

一部十万字的文稿很快就完成了，但我心头，有关公安派，有关三袁，特别是与袁宏道相关的一切，却怎么也割舍不下。

“作为一名公安人，能为袁中郎这位三百八十多年前的同乡立传，当然是一件十分快慰的事情。在整个创作过程中，自有一种不可言说的愉悦充斥于胸。”我在1994年11月11日完篇的《袁中郎传》“后记”中如是写道。而愉悦之余，更多的则是意犹未尽。受丛书篇幅、体例的限制，传记“要以荆楚文化作为贯穿全书的线索”，每册十万字，且交稿时间紧迫，大有“囫囵吞枣”之嫌。于是，就想对袁宏道作一番认真细致的全面研究，然后好好地创作一部书稿，不是为了“交差”。

岁月荏苒，真如白驹过隙，十八年时光一晃而过，我当时怎么也没有想到会拖得如此之久！

十八年来，我虽然忙于其他方面的创作，以及工作的调动与适应，还有日常生活的诸般琐事，但袁宏道，却一直萦绕于心。我做了大量准备工作，尽可能地将书斋研究与田野考察结合在一起：收集资料，沉下心来广泛阅读，钩沉索隐；实地探访相关名胜、遗迹如当阳玉泉寺、公安二圣寺、袁中郎墓等，特别是探访中郎墓时，可谓充满曲折，第一次“单枪匹马”没有找到，第二次“兴师动众”好不容易才探得墓址，并意外地见到了字迹漫漶得难以辨识的袁中郎墓碑（见附录二《寻找袁中郎》）。

在此，我想提及一下资料的占有与使用，这对历史人物的传记创作来说尤为重要。

这些年来，只要涉及袁宏道的相关资料，全在我的视野与搜求之列，有的来自友人处，有的从图书馆借出复印，有的淘自古旧书店、个体书摊，还有不少则利用互联网下载或购买。文学家、思想家的一生，最好的注脚就是文本（作品），在他们的生命与文本之间，就某种程度而言，是可以画上等号的。因此，袁宏道的所有存世作品最起码得收集齐全才是。比如他的《西方合论》，当初应约创作《袁中郎传》时，只见到钱伯城《袁宏道集笺校》中节选的《引》与《第一刹土门》，第二至第十卷无从查找，后来，我搜求到了《西方合论》的两种全文版本；而最令我高兴的是，长期以来被认为失传了的袁宏道两部禅学著作《金屑编》与《珊瑚林》，我也弄到了它们的影印本。此外，新的研究成果不断涌现，既有《公安派的文化精神》、《公安派结社考论》、《晚明公安派性灵文学思想研究》等专著，也有发表于报刊的相关论文。三袁新的文本及新的研究成果，从不同侧面与角度，或多或少地丰富、加深了我对公安派的认识与理解，也纠正了过去的不少观点与偏差。比如三袁与李贽之间的关系，不少学者以袁中道的《柞林纪谭》为据，认为李贽曾在公安县与三袁兄弟会晤对谈，其实李贽从未到过荆州，更不用说前往公安了；袁宏道与李贽之间的友谊，因思想的分歧，也经历了由亲密无间到保持一定距离的过程。

在资料的使用方面，最令我感到头疼的就是大量研究论著或论文中的舛误与硬伤，可谓比比皆是。有的是论者弄错，有的是在四百多年的流传过程中以讹传讹，还有的则是三袁兄弟自己记混了，因此我不得不大量检索、认真查对、严加考究，生怕不慎踩了“地雷”。而在引证三袁诗文时，我更是小心谨慎，担心转引出错，总以钱伯城先生的《袁宏道集笺校》为底本，而就是这一严谨、规范而权威的版本，经李健章先生考证而出的舛误与疑问之处，就达一百多条。而有些无法考证、确定之处，我只得经过一番比对之后，采用较合逻辑与情理的说法。比如中郎的上学年龄，有四岁、六岁、七岁、八岁四种说法，并且都是当事人——三袁兄弟的文章所记，对此我必须有所取舍。这一年，三袁母亲去世，中郎与弟弟小修同时上学念书。若以中郎八岁发蒙为准，这对天资聪慧的他来说肯定迟了一点；如果是四岁或六岁，而小他两岁一同入蒙的弟弟小修还只有两岁或四岁，这么小的年龄上学不太合乎情理；于是，我取了七岁之说，并且这一说法是比中郎大八岁的哥哥伯修所记，他当时的记忆力，肯定比两位年幼的弟弟要可信、可靠一些。

关于袁宏道的传记，以前只有李寿和先生的《三袁传》及周群先生的《袁宏道评传》。《三袁传》是一部三袁兄弟的合传，正文近九万字；《袁宏道评传》不仅以评为主，还有副篇《袁宗道评传》、《袁中道评传》等，涉及袁宏道的部分不到三万字。因此，为袁宏道作传，便带有一定的开创意义，仅年代、事实的确证便耗去了我大量时间与精力。

近年来，由于袁宏道的《西湖游记》、《满井游记》、《虎丘记》、《徐文长传》等作品长期入选多种版本的大学、中学语文教材，因此，凡受过中等教育者，对他还是有所了解的。当然，也就略知一二而已。即使文学界，谈得上真正了解的，为数恐怕也不甚多。

其实，于公安派领袖袁宏道而言，包括过去的我在内，对他的创作天赋、突出成就及其影响，还是有所忽视，缺少客观、完整而深刻的认识。

袁宏道只活了四十三岁（虚岁），但创作数量之多，令人惊叹不已。粗略计算，《袁宏道集笺校》三册中，其诗文约八十万字；未编稿三卷及佚文《西湖总评诗》等十多篇，约一百万字；历经三年编纂而成、现已失传的《公安县志》，未知的散佚文稿等，约一百万字；加上《花事录》两卷等其他散存文稿，字数达三百多万字。此外，他还编辑、参校、参阅、评点了不少著作，如编辑《青藤书屋文集》，编选《韩欧苏三大家诗文选》、《六祖坛经节录》、《宗镜摄录》，为《西汉演义》题序，评点《徐文长文集》、《四声猿》、《虞初志》，参校《红梅记》、《古事镜》、《唐诗训解》，参阅《东坡诗选》、《三苏文选》等。

古人著书写字，用的是毛笔，还得不时停下研磨墨汁，速度远远不如今天，而天寒地冻之时，更是大打折扣。袁宏道之刻苦勤勉，由此可见一斑。与他给世人留下的游山玩水、参禅打坐、逍遥闲适的印象判然有别。

当然，这只是数量，而袁中郎的作品质量，更是经历了时间的淘洗与历史的考验。他的成就是多方面的，“性灵说”的文学理论横空出世，开创了一代文学新风，一扫前后七子复古之阴霾；他对通俗文学极力推崇，提高了小说、戏曲、传奇的文学地位；他于诗歌、游记、杂感、小品、传记、尺牍、疏、策、论等体裁的创作，堪称一流，而尤以散文（包括游记、尺牍、杂感、小品等）最为突出，位居中国古代十大散文家之列；他在佛学领域的贡献，至今仍未引起人们的足够重视，他由禅入净，禅净双修，于禅宗、净土宗皆有深入研究，创作、编著了《珊瑚林》、《金屑编》、《西方合论》、《宗镜摄录》、《坛经删》等佛学著作。净土宗九祖藕益大师选定的佛教经典《净土十要》，不仅把他的《西方合论》选入其中，还予以特别评点，袁中郎的佛学造诣由此可见一斑。其研究之深，著述之多，成果之丰，在中国古代文学家中首屈一指，无人能出其右。

袁宏道没有留下真实的画像，见到的也是出自后代画家、雕塑家之想象。随着认识与了解的日渐深入，中郎的形象在我眼前日渐凸显——

中等个子，面容清癯，为人极其洒脱，两袖常呈飘逸之状；为官清正廉洁，超然物外，从不妄取他人一钱；极其能干，游刃有余，却无意于经济仕途；很懂生存策略与处世艺术，但楚人的率性豪放之风，常使得他在关键时刻拍案而起；广交天下士人，极重友情，虽未视金钱如粪土，却也不甚看重，如丘坦之手头拮据，他当即解下腰上银带相赠；为人处世极有气度涵养，总以善意的眼光看待世界，常苛求自己，却不计较他人过失，有门客负他，仍善待如初；酒量不大，饮时大呼小叫，兴之所至，通宵达旦，喜饮不善饮，喜酒不嗜酒，但精于酒道，品酒、评酒极其内行；不苛刻自己，曾吃素三年，后来禁不住嘴馋，便又开荤了；遇悲则大恸大哭，遇喜则大欢大笑，毫不掩饰，是一个真正的性情中人，潇洒并非出自表面，而是内心的自然流露；极喜读书，读到会心之处，哪怕深更半夜，也要大声呼叫，将仆人从梦中惊醒；嗜好茶道，能准确分辨各种名茶的细微差别；极喜游历，纵情山水，赏花玩竹，对插花艺术尤有研究；随和而谐趣，常出幽默之语，令人捧腹；天赋极高，灵感须臾而至，诗文于谈笑间一挥而就；生就“懒癖”，发起懒来什么事都不想做，却又透着一股难得的勤勉、追求与执著……

我最为推崇的，是中郎身上所体现出来的一种适度与适意。比如修禅，他追求禅净结合，没有当时流行的狂禅之风；受晚明时代士风影响，他娶小妾，挟妓女，好娈童，并直言不讳地说自己有“青娥之癖”，但不任情，不放纵，节制有度，不像同时代的屠隆那样沉迷其中不能自拔；他的性格，既无李贽的偏执孤傲，更无徐渭的怪诞狂放，为人既豁达又严谨，既非道貌岸然、迂腐酸朽，也非放浪行迹、狂荡不羁，而是疏密有致、放逸有度；他认为人生天地之间，不外乎入世、出世、玩世、适世四种，儒家的入世、佛教的出世是两种极端，而道家的玩世又有点不恭，遂取一种适世而称心的姿态，用他自己的话说，就是做“凡间仙，世中佛，无律度的孔子”，将道、佛、儒三者结合在一起；他独善其身，追求个性，彰显自我，却表现得自然而随意，散淡而通达……

唯有适度，才不至于走火入魔堕入极端，始终保持清醒的头脑与理智的行为；而适意方能得意，得其意忘其形，才能进入一种超然的境界。

说实话，当初我满腔热忱地为他作传，既有老师的难辞之请，也有纪念、宣传乡贤之意。近些年来，随着阅读、研究的不断深入，中郎的形象在我心中不仅越来越明晰，而且越来越高大，其意义与价值，早已突破乡贤的范畴，上升为一个符号、一种象征——他的身上，集中体现了晚明时代知识分子所特有的风骨，是中国古代文学史、文化史、宗教史上不可或缺的一个璀璨亮点！

当然，人无完人，中郎也有他的“软肋”与不足，这是世上任何一个人都不可避免的。

据袁中道《游居沛录》卷四所记：“窦与缙绅往来中郎衙舍，数见之。”在当时，中郎与徐光启、李贽等人，是与利玛窦有着较多交往的开明士人。由于受传统文化的局限，袁宏道虽然与意大利传教士利玛窦过从甚密，但西方文化在他身上似乎没有留下过多的碰撞与影响，他留存的诗文中竟无一处提及。这对好学善思的他来说，不能不说是一个极大的遗憾。

他的诗文，因追求“性灵说”的文学革新主张，矫枉过正，有时灵动到了飘逸的程度，没有往内里深掘，免不了直白浅露，不够深刻深远。中郎为文之不足，与他不急不躁、不温不火、适意豁达的个性特征及生活态度多少有些关联，人生没有大起大落，文字缺少大气魄、大气象。后来虽有改进，特别是典试陕西后创作的《华嵩游草》，诗文格局大变，袁中道称其“深厚蕴藉，有一唱三叹之趣”，惜乎英年早逝，无以继续拓展……

资料充实了，生命线索清晰了，中郎的形象也如浮雕般凸显而出了，当我感觉准备得差不多了动手重写之时，新的问题又出现了：以何种体裁表达最为合适呢？

最先想到的是长篇历史小说，有虚有实，虚实结合，能够尽情发挥。可是，文学家、思想家比不得政治家、军事家那样轰轰烈烈充满传奇色彩，可以写得跌宕起伏曲折有致。文学家、思想家较少涉于惊天动地的社会事件，他们留给世人的，只是闪光的思想与作品，人生历练则显得相对平淡，送别、出行、游览、看书、写作及其他琐碎之事居多，虚构、想象的空间十分有限，以历史小说的形式切入，缺少波澜壮阔的气势与大起大落的情节，恐怕很难入“戏”吸引读者。

那么，还是写成传记吧，与过去相比，充实丰满多了。可是，若按传统传记形式，受体例的限制与约束，只能在既定的框架内循规蹈矩、一五一十地写来，根本就放不开“手脚”，难以反映晚明的社会现实与时代风貌，无从叙写公安派变革的历史渊源，不便描摹袁中郎的内在精神情状，而最“致命”的是，许多内容根本无法展开论述，更不用说表达自己的思想与认识了……创作一旦受到束缚，先自“心虚气短”，根本就别指望写出什么好文。而我最欣赏最喜爱最惬意的“笔耕”，便是袁中郎所提倡的“以心摄境，以腕运心”，“不拘格套，独抒性灵”。

经过一番三易其稿的折腾与踌躇，我决定在不失严谨学风、严密考证、冷静思索、客观叙述的前提下，打破某一固定体裁的限制，尽情抒写，就像黄遵宪所说的那样“吾手写吾心”。只要能够很好地厘清事实、阐明原委、塑造人物、反映时代、表达思想，即使人物传记、论著、纪实文学、文化散文等体裁的元素兼而有之，哪怕弄成一个“四不像”，我也在所不惜。

其实，前行途中，若能找准合适而理想的“路径”，也就意味着目的在即，成功可期了。

当然，不论何种写法，只有得到读者的认可，才算成功。

最后，我要特别感谢卢昌德老师当初的盛情相约，感谢公安三袁研究院院长李寿和先生、首都师范大学教授左东岭先生、公安派资料收藏家李明柱先生、武汉大学副教授戴红贤女士提供相关资料，感谢公安县美术家协会秘书长、公安县文化局办公室主任侯丽女士收集、提供相关照片，感谢黄学农（雪垄）兄、李钧兄、黄秋苇兄、胡长明兄、邓正清兄对本书创作予以的热情鼓励与支持。

2012 年 2 月于厦门

第一章/生命底色

一

袁宏道出生于明隆庆二年十二月初六，若按今天通行的西历，即公元 1568 年。

当时，尽管西方的科技、文化通过传教士已开始进入中国，但在封建传统卫道士眼里，要么被当做奇技淫巧，要么被视为异端邪说。以西元纪年，即使是这样想想，也是一件荒诞不经或大逆不道之事。

就在袁宏道出生前一年，明穆宗朱载垕即位。他本是明世宗朱厚熜第三子，只因两位兄长早夭，才摇身一变，由王爷立为皇储。父亲朱厚熜一死，也就顺理成章地登基做了皇帝。明穆宗的个人性格，可用八个字予以概括：谨慎、仁义、懒惰、好色。他在位六年，就因好色迷恋媚药掏空了身子而一命呜呼。但有明一代，朱载垕多少算得上一位好皇帝，《明史》说他“无为自化，好静自正，故六年之间，海内翕然，称太平天子云”。

袁宏道的出生之地，为湖广布政司荆州府公安县长安里长安村，即今天的湖北省公安县孟溪镇孟溪村。

袁宏道于字、号之外，还有一个小名（小字）——月，这也是他降临人世的最早称谓。湖广公安人氏，诞生之初，长辈都会取一小名，这一习俗至今犹存。稍长，再取一正式名字，又称“学名”，顾名思义，是供上学读书用的。随着年龄的增长，小名渐渐淡出被人遗忘，唯剩学名而已。

袁宏道小字名月，与他出生前一天晚上庶祖母余氏做的一个怪梦密不可分。

在男尊女卑的古代社会，男人一妻（正室、正房）多妾（偏室、偏房），妻妾一般不会留下名字，只在姓后加一“氏”字而已。袁宏道祖父袁大化一妻三妾，妻邱氏，妾按迎娶先后顺序，依次为余氏、詹氏、舒氏。而对袁宏道而言，就有一个祖母，三个庶祖母。父亲袁士瑜由袁大化大妾余氏所生，故此，余氏才是他的真正祖母，其他三位，只是名义上的。

古时候，名人、巨人、伟人诞生或辞世，总会伴有怪异天象、神仙显灵之类的特殊现象发生。这一“国粹”，既有民间传说的广为传播，也有白纸黑字的史书记载。袁宏道的出生也不例外，仿佛与他的身份相对应似的，没有什么外部的奇异天象，仅属个体性的托梦而已。

这天晚上，本是一弯新月当空，余氏却在梦中，见到了一轮高悬的明月。如水的月光流泻而下，她沐浴在一片银辉之中，感到自己的身体乃至五脏六腑，与月光融为一体，变得晶莹剔透。一身银白的她，望着头顶圆月，心中突然涌起一股莫名的虔诚、神秘与期待，感觉天地间将有什么重大的事情即将发生，神情变得庄严而肃穆。她瞪眼观望，就见高空中的圆月，突然移动着往下滑落。啊呀不好！月亮若是掉落在地，那该怎么办呵？一时间，她惊讶得合不拢嘴。该不是眼睛出了问题吧？余氏低下头来，揉揉双眼，睁开，抬头再望。没错，月亮仍在往下降落，并且朝她站立的方向滑来，速度越来越快。就在余氏惊慌失措之际，伴着一阵呼啸的疾风，那轮明月，竟不偏不倚地落入她的怀中……

怪梦惊醒了余氏，醒后的她，仍像置身梦中，四周的黑暗仿佛被明亮的月光所驱散，整个世界笼罩在一片银白、纯净与透明之中。这时的她，不禁想起了八年前做过的类似怪梦：那天夜晚，她神思出窍，梦见一颗美人头在高高的天空飞翔，珠玉串成的颈饰相互交垂，装扮有如画中的天人菩萨。余氏目不转睛地望着，但见那颗翩翩飞舞的头颅并未飘往别处，而是径直朝她飞了过来。万分惊奇的她忘了害怕，不仅没有躲闪，反而扯开衣襟，顺势将那颗飞来的美人头接入怀中……就在这时，余氏被一阵婴儿的啼哭惊醒——原来，长孙袁宗道随着美人头的从天而降呱呱坠地了。

美人头飘来，家添男丁。那么明月入怀呢？更是吉祥之兆呵！儿媳早已身怀六甲，大喜之日，只怕就在眼前了。

果不其然，第二天，袁宏道降临人世。

“不孝有三，无后为大。”在崇尚生育的农耕社会，没有比生儿育女更令人高兴的事情了，特别是男儿出生。袁家上下，顿时沉浸在一片欢乐祥和、融融泄泄的喜庆氛围之中。

因为庶祖母余氏的怪梦，月，便顺理成章地成了袁宏道的小名。月亮是抒情的载体，具有浪漫、高远、润洁、清幽、纯净等美好寓意。中郎一生，就这样与月亮及其象征，结下了不解之缘。不过后人，包括他自己，都极少提及“月”这一小名，仅其弟袁中道在《吏部验封司郎中中郎先生行状》中一笔带过："先生之生也，太母于梦月入怀，故小字曰月。"而当时更流行的一种说法是，宏道乃北宋大文豪苏轼转世。官至翰林院检讨的好友雷思霈就在《公安县志序》中写道："传闻中郎为子瞻后身。"子瞻，苏轼字也，其号东坡居士。

袁宏道诞生之时，从祖父袁大化一妻三妾可以推知，袁氏家境相当殷实。

其实，中郎先祖既不姓袁，也非公安本地人氏，据《袁氏族谱》记载："公安之有袁氏也，出于江西丰城之元氏。"

明朝初年，袁宏道远祖袁本初由江西丰城元坊村移居黄州府蕲水县。明洪武（1368—1398年）末年，再由黄州蕲水县移籍荆州府公安县。而姓氏之改，则颇有几分传奇色彩：明隆庆五年（1571年），袁宏道十二岁的哥哥袁宗道应童子试，督学金公一见，甚为惊奇，不禁说道："你当大魁于天下，只是元姓与前朝国号相同，恐怕对你首榜不利，还是由我来替你改一下吧！"于是将"元"改为谐音"袁"。为了袁宗道的科举高中，为了袁家的兴旺发达，迁居公安的元氏家族，就这样改姓为袁了。

袁家世代皆为武弁、戍卒，辗转徙居公安后，屯田长安里，以勇武闻名四乡。曾祖袁暎侠肝义胆，"出入必带剑，驰怒马。"明正德（1506—1521年）中期，社会纷乱，盗贼遍野，袁暎组织乡村子弟自卫，擒获不少贼寇。一日，几百名盗贼纠集在一起，气势汹汹地出现在长安里，他们是前来报仇雪恨的。袁暎临危不惧，率众奋起抵抗，终于击溃群贼。又乘胜追至双田，将入侵之贼全部歼灭，鲜血染红了河水。

袁氏徙居公安，经过一百多年的屯田垦荒、艰苦创业，至祖父袁大化时，在当地已是首屈一指的富豪之家了。据袁中道《寿孟溪叔五十序》所记："予家世农夫，产业膏腴，先王父享田间之乐，春初即了公事，终岁县役不至门，唯相与饮酒宴笑而已，后稍知读书。"

仓廪富足，生活优裕，袁大化一改袁氏先祖尚武之风，属意于识文断字，成了一名文质彬彬的“退让君子”。尽管外表温文儒雅，但内心深处，袁大化仍沿袭了袁氏家族一以贯之的“家风”，他为人率直朴实，好打抱不平，常周人之急，且出手大方，十分慷慨。明嘉靖二十一年（1542年），长安里发生了一场严重饥荒，田地收成无几，乡民食不果腹，不少乡民流离失所，沦为乞丐。袁大化不禁忧心如焚，拿出“粟两千石，金千两”，借与乡邻度日，然后当众烧毁所有借据。

袁大化倾其大半家财赈灾，挽救当地数千饥民，袁家因此元气大伤，家道中落。好在后辈不仅理解，还以此为荣，袁宏道即认为“是袁氏所以盛也”——因为祖父菩萨般的善举，受到了当地民众的交口赞誉，积德与口碑远甚于守财奴的吝啬与占有。

从祖父袁大化的“稍知读书”、文武兼备，到父亲袁士瑜的苦读诗书、求取功名，仅仅两代人时间，袁氏家族便完成了一次重大过渡与转折，由武弁戍卒之辈，变为文职官宦之家。

袁士瑜刚一出生，一名老家丁因目睹其父袁大化散财破家的情景，不禁暗中叹道：“唉，袁家又多了一个活宝。”“活宝”，公安方言，贬多于褒，指愣头愣脑、滑稽搞笑之人，常被人们视为逗乐打趣的对象。没想到这一“活宝”，后来竟成了受人敬重的真正文人，并且一下子培育出三位改变中国古典文学格局与风貌的“公安派”主将。

袁士瑜从小远离刀枪棍棒，喜读各种典籍，十五岁应童子试，一举成名，名列榜首，成为袁氏有史以来的第一位廪生，给家族带来了莫大荣誉。尝到初步成功与甜头的他，几乎将所有精力，放在了未来的科举之途。

其时，袁大化妻子邱氏已经辞世，家政由大妾，即袁士瑜生母、中郎庶祖母余氏主持，她对亲生儿子的远大志向十分支持，家务俗事从不让他操心，只管一心一意埋头读书、求取功名。于是，袁士瑜变得更加刻苦，只差

“头悬梁，锥刺股”了。可天不遂人愿，此后数十年，竟连举人也考不中。他屡试屡败，屡败屡试，真可谓活到老，学到老，考到老，然而，直到七十岁离世，仍是一名秀才，少年得志获取的功名，成为他一生无法逾越的标高。

尽管如此，袁士瑜却改变了家族的传统历史与奋斗方向，袁家子弟再也不修武备，不事稼穑，不考虑重振家业之类的俗务，将科举功名视为人生追求、奋斗的主要目标。

袁士瑜雄心勃勃于科举考试，长期的失败与失望，自然使他深感疲惫与麻木，而心态便多多少少地有些淡然与超脱了。考到后来，象征意义远甚于期待与结果。但他仍“生命不息，考试不止”，这既是几十年形成的一股“惯性”，也是刻意而为的一种姿态——对后辈言传身教、督促不已的象征与姿态！早年的宏愿无法实现，他便将希望寄托在儿子身上。“俺这辈子不行了，还有儿子呢！”国人这一类似的流传了几千年的口头禅，一种锲而不舍的“愚公移山”精神，对袁士瑜来说，多少也是一种安慰。况且他的三个儿子的确十分争气，三兄弟正是通过科举考试，考中举人、进士，走出偏远闭塞的县域，踏上仕途，圆了父亲的难圆之梦。

当然，这位科举失意的父亲，对儿子的影响是多方面的。袁士瑜由科举失意而导致的逐渐超脱，主要体现在对诗歌创作的热爱，对文学活动的参与，对西来佛学的研究。文学创作与八股文写作完全是两码事，袁士瑜对文学的态度及创作实践，长期熏陶、影响着他的三个儿子；佛学典籍，与科考框定的《四书》、《五经》迥然有别，他对佛学的用功，既凝成一部融汇儒、释两家的《四书解义海蠡二卷》著述印行于世（今已失传），也可视为三袁兄弟涉足佛学之先导。

二

袁宏道突出的文学成就与佛学造诣，既源于父辈的影响，也是他个人沉潜努力与刻苦深研的结果，当然，还得益于那与生俱来的秉异天赋。

常言道，勤能补拙。此话固然不错，但欲成就一番大业，如果缺少天赋，无论怎么勤奋怎么努力，也是白搭，文学艺术尤其如此。天赋，就某种程度而言，是一个人成功的重要基石。当然，仅有天赋而不努力，无异于暴殄天物。先天禀赋与后天勤奋，构成创造伟业不可或缺的两翼。

袁宏道四岁那年，家里来了不少客人。出门走亲戚固然要穿着打扮一番，而家有客人光临也不能穿得太寒碜，不然会脸面无光。这天，小宏道穿了一双新鞋，高兴得不行，炫耀似的四处跑来跑去，“人来疯”似的又笑又闹。舅舅龚惟学望着小外甥一副天真活泼的样子，觉得十分有趣，不禁指着他脚上的新布鞋，顺口说道：“外甥，你真是足下生云呵！”没想到袁宏道听了，马上伸出小手，食指朝上一指，稚声稚气地脱口应道：“舅舅，这叫头上顶天呢！”精通诗文的龚惟学闻言，当即惊诧不已，“足下”对“头上”，“生云”对“顶天”，实难想象，一个年仅四岁的孩童，竟能随口拈来如此工整绝妙的对仗！

在袁宏道故乡孟溪村，至今仍流传着一则他利用自己的聪明才智，帮助长工摆脱困境的故事。

当地有位贪婪而狡猾的员外，有土地有房屋有钱财，肚里还装了一点“墨水”，雇了几个长工，既想让他们多出力，又不想增加工钱，就故意刁难，要长工们对对联（俗称“对对子”）。长工们都是些大老粗，干多重多累多脏的活儿都行，可要他们对对子，文绉绉地弄什么上联、下联、对仗、工整之类的玩意儿，那可真有点逼着牯牛（公牛）下儿的味道。

这天清晨，长工们下田插秧时，员外出了上联，说你们什么时候对出下联，什么时候就可收工。长工们斗大的字不识一个，直到太阳快落山了，想破脑壳也想不出来，只好继续待在田里给员外插秧。

放学回家的袁宏道路过这里，长工们见了，马上将他叫住，请他帮忙。

宏道自然点头答应，当他从长工们口中得知上句是“稻草扎秧父抱子”时，下句很快就脱口而出了——“竹篮提笋母怀儿”。长工们有了巧对，立马收工休息。

“竹篮提笋母怀儿”，员外自言自语地念叨着，叹服之余，就想可能是自己出得太土气，什么稻草、秧苗、竹篮、竹笋之类的东西，都是些农民常见、常用之物，让他们瞎猫遇到死老鼠，凑巧给碰上了。于是，第二天就出了个十分文雅的对子，并说只要长工们对上了，不仅提前收工，还要请他们喝酒。

这次的上联是“日落西山，黄雀误遭金弹打”，长工们苦思冥想绞尽脑汁，也对不出来。好不容易等到放学时分，只得又向路过此地的袁宏道求助。小宏道问过上联，眼珠一转，带着童稚的口音，一字一顿地说道：“月生东海，蛟龙错把宝珠吞。”

如此巧对，员外心里尽管极不情愿，晚上也只好请长工们吃肉喝酒。

此后，袁宏道在长工们眼里，简直就成了一位神童。

不知怎么回事，这位村人眼里的神童刚一出世，就大病小病接连不断，也许与母亲龚氏遗传有关吧。龚氏身体状况一直不佳，病病歪歪的，长期吃药，简直是个“药罐子”。

不久，母亲生下幼子袁中道，两个小孩实在照顾不过来，便将刚刚两岁的小宏道托给庶祖母詹氏抚养。

詹氏是一名裹了脚的普通农妇，既要操持家务，还要带好孙子，一天到晚忙得像个陀螺（一种儿童玩具）似的转个不休。她对小宏道无微不至地关爱呵护，有时差不多到了溺爱的程度。父母与子女之间，爱护常常伴着严厉与督责；而祖孙之间，更多的则是慈爱之情。因此，他对庶祖母詹氏的感情，也就格外深沉。

詹氏不识诗书，没有文化。当然，这里的文化仅指书本知识而言。在她身上，其实有着广阔而丰富的社会知识，凝聚着古代妇女勤奋节俭、任劳任怨、自然淳朴、智慧勇敢等传统美德，对袁宏道的性格塑造、人生发展乃至未来走向，产生了不可估量的影响。比如詹氏脱口而出的民谚俗语，被他记得滚瓜烂熟；那些娓娓道来的民间故事、神话传说，引人入胜，小宏道听得津津有味，一任想象的翅膀在蔚蓝的天空自由翱翔。应该说，他此后对民间文学、通俗文学情有独钟，开辟出一条雅俗共赏的文学新路，与婆婆（公安方言，祖母、奶奶之谓）詹氏的这种滋养密不可分。

袁宏道七岁时，母亲龚氏不幸病逝。他强忍泪水，没有哭泣。起初，家人以为他不甚懂事，或是小时候离开龚氏怀抱，母子之间不够亲密，感情较为淡薄之故。没想到龚氏灵柩下葬时，袁宏道突然放声大哭。送丧的家人、亲戚在一旁劝说，可他就是听不进去，一个劲地号啕不已，直哭得天昏地暗，差点晕死过去。原来，他将真挚的情感藏在了内心深处，压抑着不肯轻易流露。亲友见状，不禁异口同声地说道："月这娃儿，心事独特，大有隐慧，日后必是一位奇才。"

就在母亲逝世这年，袁宏道与弟弟袁中道一同入蒙念书。

据现在所能见到的资料记载，袁宏道兄弟姐妹一共六人，其中母亲龚氏（龚太孺人）生育三男一女，除三兄弟外，袁宏道还有一位大他四岁的姐姐；庶母刘氏生有二子，名安道、宁道。在"女子无才便是德"的古代社会，姐姐不仅没有机会上学，就连名字也没有留下，提及时仅以袁氏相称，后嫁毛太初。

教过袁宏道、袁中道两兄弟的塾师，留下姓名的有万莹、李钟衡、王辂等人，其中尤以万莹印象最为深刻，袁中道还为他写过一篇流传至今的文章《万莹传》。由此，我们得以知道这位塾师的有关情状。

万莹字时彻，号二酉，学问深厚，于书无所不读，"历代史自首至尾，皆能成诵"。他精通儒学，熟背《四书》、《五经》，授课时，"《五经》

中有缺三四页者，一写无遗”；上知天文，下知地理，通晓阴阳、堪舆、农圃、医术、命禄、数学，对卜筮之术尤其精通；并吟诗作赋，写得一手漂亮的好文章，算得上一位全才。就是这样一位了不起的乡村学问家，除当塾师谋得一些少量的钱粮外，没有其他经济来源，家中赤贫如洗，妻子蓬头垢面，子女又多，皆打着赤脚，衣不蔽体。所住房舍，歪歪斜斜连垣壁都没有，天亮时，外面如有人从岭上走来，卧室内看得一清二楚。若遇大雨，屋漏不已，全家只好连夜迁往别处。万二酉活了七十多岁，风烛残年，更是贫穷，死后好不容易才弄了一口薄棺材草草安葬。他的悲惨遭遇，是中国古代底层文人的真实写照。

万二酉先生长期生活在乡村，除学生之外，打交道最多的就是农民与农事，于书本、学问之外的底层社会，也有着较深的认识。他“为人淳厚，生平无一妄语”，对袁宏道、袁中道兄弟的学习，要求十分严格。在他的教育培养下，儿时的袁宏道能够熟背《易》、《书》、《诗》、《礼》、《春秋》等传统文化典籍。但万先生坚决反对学生囫囵吞枣、不求甚解地读死书，死读书，要求背诵与理解相结合，更为难得的是，他还推荐、引导学生阅读一些儒家以外的书籍。

乡村教师万二酉不仅是袁宏道、袁中道的塾师，袁家父子、兄弟、祖孙，还常随他游历。袁宏道十九岁时，年迈的万二酉贫病交加，他作诗两首以记，其中有语道：“楚士从来多寂寞，为君挥袖泪成丝。”对恩师的感情之深，由此可见一斑。两年后，从二酉老师旧斋经过，此时人去斋空，袁宏道伤感之际，又赋诗怀念：“士老不曾官，女老不曾媒。无媒知真性，不官见隐才。守道七十载，寂寞类寒灰……马鬣封三尺，文翁安在哉？空斋遗杖履，长叹续归来。”

万先生的学识才华，于正统儒学之外其他学科的研究与吸收，他的安贫乐道、达观开朗、质朴淳厚等品格，对袁宏道产生了重要影响。

袁宏道儿时念过书的私塾，都在故乡长安里，有万二酉私塾、输家庄、杜园等。这几处读书之地，最令他留恋回味的，当数杜园。

杜园，是一座由杜姓人家建造的乡村庄园。杜园方圆约二里，房舍六间，有万竿翠竹，百株青松，还种植着桃树、李树、枣树等各种江南果树，自然少不了那些蓬蓬勃勃的荆棘杂草，它们见缝插针地长得遍地皆是，割了又生，生了又长，长了再割，生命力格外旺盛。远远望去，杜园郁郁苍苍，一片葱茏。

杜园门前是一口池塘，池水清清宛若一块硕大的碧玉，鲷子鱼不时在水面浮现，鳑鲏等小鱼在塘边悠游，而肉眼看不见的水底，则活动着草鱼、鲤鱼、鳊鱼、鲢鱼、乌鱼、鲫鱼、鳜鱼等，当然也少不了乌龟、甲鱼、螃蟹之类的两栖鱼类，它们耐不住寂寞了，也会游到水面透透气，有时还生怕别人不知道似的，弄出很大的动静，搅起一片水花。池塘下方，是一块农田，面积约两百亩，随着季节的不断转换，稻谷、大豆、高粱、油菜等农作物茁壮地生长着……

在杜园，可以观日出，听松涛，辨鸟鸣，闻花香，赏竹色，尝鲜鱼，品杂果，真是一个十分难得的好去处。

颇有意味的是，多年以后，杜氏后人经营不善，不得不将杜园出卖。弟弟袁中道得知，便买了下来。买下后却一直没有机会入住，直到那年长安里发大水，杜园地势甚高，袁中道稍加修葺，全家才搬了进来。睹物思人，袁中道时常忆及儿时与二哥宏道一同置身杜园的情景。“杜家庄上，讲诵之暇，私相商榷，至今思之颇多异语。”除了刻苦用功、游戏逗乐外，杜园相互切磋的氛围，培养了他们读书有疑、深思探究的良好学风。

大哥袁宗道（字伯修）对两个弟弟十分关爱，但三兄弟之间，毕竟年龄相差较多，伯修年长中郎八岁，比小修则大十岁，相互之间多少有着一定的距离。而中郎与小修年龄相仿，两人一同上学，一同回家，相互玩耍，形影不离。父亲袁士瑜虽对三个儿子寄予极大期望，对其学业督促甚紧，却不反对他们课余闲暇游乐玩耍。对此，袁中道在《二赵生文序》中写道："先君子之教予三人，不宽不严，如染香行露，教之最有风趣也。"有时，袁士瑜还与儿子们一同"游东壁河边，观澄澜"，尽享"清闲快适之乐"。严厉管教与风趣宽松兼而有之，中郎兄弟的天性，并未因入学念书受到阻抑。

故乡原始而优美的自然环境是他们儿时无拘无束的天然乐园。

湖北以"千湖之省"著称，治下的公安县在长江中游地段的荆江南岸，享有"百湖之县"的美誉。县域之内，河流交错，湖泊密布，土地肥沃，是一个典型的鱼米之乡。北宋时期，仁宗皇帝问当朝第一名士公安人张景道："你的家乡有何胜景，所食何物？"张景回道："两岸绿柳遮虎渡，一湾芳草护龙洲。新粟米炊鱼子饭，嫩冬瓜煮鳖裙羹。"就连这位皇帝听了，也羡慕不已，差点流出口水。

袁宏道故乡长安里长安村离县城斗湖堤镇约三十公里，位于公安县最南端，属江汉平原之余绪，下承洞庭湖平原。长安里平畴万顷，大小丘陵点缀其间。祖父袁大化在村中择了一处岗地，筑了一个高台作为屋场，台边栽一棵桂花树，名桂花台。袁家房舍就建在桂花台上，三袁兄弟全都出生于此。台右一口堰塘，名叫"摆脚堰"。（摆脚，公安方言，即洗脚，脚在水中左右摆动之意。）据说袁宏道母亲龚氏十分勤劳，像男人一样经常到田间务农，她手持镰刀收割稻麦，一干就是一整天。傍晚回家，就在屋旁的堰塘清洗一番，而"摆脚"之时，手中的镰刀便顺手搁在一旁的小土台上。这个土台，后来被人称做"放镰台"。桂花台东南约一百米处，有一座不高的山丘，名叫"荷叶山"，山上"乔木千章"，建有荷叶山房，哥哥伯修曾在这里读书习字。荷叶山下，是公安县最大的湖泊淤泥湖，湖水清且涟漪，每到夏天，荷叶田田，莲花艳丽，莲蓬低垂，煞是迷人。

袁宏道与弟弟袁中道无忧无虑地生活其间，尽享孩提童稚之乐。他们常常爬到高高的树上摘果子，掏鸟窝；抓两只家里放养的山羊，骑到荷叶山上去戏耍；而淤泥湖则是他们最为向往，也是去得最多的地方，在里面打扑泅（公安方言，即游泳），捉鱼儿，摘莲蓬，采菱角，抠鸡头苞米；兴致高时，两人还跑到两三里之外的古刹——义堂寺游玩。

传说南宋初期，岳飞受命镇压洞庭湖杨幺农民起义，获胜归返途中，曾在长安里停留，在义堂寺悼念过阵亡将士，寺庙因此而得名。寺前巍然耸立一棵高大茂盛的银杏树，村里老人说，岳飞当年还在这棵树上系过战马呢，他们绘声绘色地叙说着，说得有鼻子有眼的，不由人不信。

兄弟俩不像那些神情严肃而虔诚的香客，他们进入寺庙，只管由着自然的天性，尽量玩得痛快一些，这里跑跑，那里瞧瞧。不过呢，袁宏道有时也会停下脚步，好奇地望着寺内供奉的那些神像，以及当地善男信女打躬作揖、跪地朝拜的样子，费力地思索着其中的奥妙与含义。

一次，哥哥袁宗道不知打哪弄来一本华山游记的读物，袁宏道捧卷阅读，不禁被华山壮丽险峻的山色风光深深吸引，对那鼎峙的华山三峰，更是向往不已。他的心中，从此埋下了一颗走出书斋、游历锦绣河山的种子。家乡陆路不畅，幸有河流四通八达。荷叶山后，有一条名叫孟家溪的小河，袁氏兄弟正是在此上船，南经沅水、澧水，或是北经虎渡河，进入长江，与外面广阔的世界紧密相连。

公安县位于湘鄂交界处，山高皇帝远。长安里又为公安县之边缘，位置偏远，环境闭塞，经济落后，但也因此而免受外部侵扰，长期保存着古朴而自然的原始风貌。这里不仅生长着各种繁茂的古木，还生活着雁、鹤、鹰、雅、莺、斑鸠、喜鹊、八哥、杜鹃、画眉、野鸡、野鸭以及狼、獾、野猪、狐狸、刺猬、野猫、草兔、黄鼬等各类飞禽走兽。于是，便有人不事稼穑，专以打猎为生。打猎不仅获取野物，也是一项富于冒险、带点刺激、十分有趣的活动，袁宏道与弟弟有时也屁颠屁颠地跟在大人后边，跑上山冈，奔向田野，一同捕获野物，那种开心与乐趣，真是无以言表。

那时候，长安里活跃着一种今日已十分少见的珍稀动物——老虎。

袁宏道的同窗，都是长安村从小就在一起嬉戏玩耍的调皮伙伴。一天晚上，袁宏道、袁中道、李学元（字素心）等人在杜园伏案温习功课，四周静悄悄的，只有虫儿长一声短一声地叫个不休。突然，松林里传来老虎长长的叫声。长安里属丘陵地带，老虎不是太多，但它们白天隐于深林，夜晚跑出来活动，行踪不定，神出鬼没，时不时地发出一两声低沉的吼叫，令人惊惧不已。同窗们正聚精会神地温习功课呢，一声虎啸吓得他们全都屏住声息，大气也不敢出。他们担心凶猛的老虎跃过不高的围墙，闯入杜园，闯进房舍。

有位名叫龚仲安的同学，字惟静，号静亭，又号散木，论年龄，袁宏道比他还大一岁，但龚惟静身份特殊，是他母亲的亲弟，因排行第八，不得不称他八舅。八舅惟静天性活泼、幽默诙谐、胆大机敏，经常弄点恶作剧打趣逗乐。听见虎啸的龚惟静抬起头来，见大家一副提心吊胆的样子，便想着如何给大家再来一番"雪上加霜"。脑子一转，灵光一闪，点子就冒了出来。他不声不响地走出讲堂，跑到宿舍找了条绣花被子，装模作样地披在身上，乍看上去，酷似一只吊睛白额花斑虎。然后，他又偷偷摸摸地跑了回来，模仿老虎的声音发出一声怒吼，纵身一跃，跳进讲堂。昏暗的灯光下，虎啸伴着一个花花绿绿的怪物猛然出现，大家以为真有老虎跑了进来，不禁发出声声尖叫，有的赶紧钻入桌底躲了起来，有的全身颤抖下意识地往后退缩，有的则号啕大哭不知所措……

正当大家惊魂失魄、窘态百出之时，八舅将床单一扔，发出一阵哈哈大笑。大家定睛一看，哪有什么吊睛白额花斑虎呵，原来是龚惟静在恶作剧呢。惊悸哭叫立时转为声声爆笑，众人还过魂来，骂着嚷着追赶惟静，要好好地揍他一顿不可。闹了好半天，大家才慢慢安静下来。

说到八舅，不得不提及母亲龚氏一家与袁家的交往及其影响。

龚家在当地算得上一个大族与旺族，母亲龚氏之父，即袁宏道外祖父龚大器，于明嘉靖三十五年（1556年）考中进士，授刑部主事，后任广西、江西、直隶藩臬（布政使与按察使的并称）及河南布政使等职。龚大器不论何处做官，都平易近民，人称“龚佛”。

袁宏道祖父袁大化平生不喜结交权贵，却与官宦出身，家住近邻谷升里的龚大器趣味相投，性情相似，结下了深厚友谊。还在年轻时，他们就相识、相知、相交了，那时的龚大器，是一个没有功名的落魄书生。龚家世代耕织，只是到了龚大器这辈，才开始识字断句。好不容易考了个秀才，此后应试，却一再落榜。龚大器豁达超脱，遇事不喜不怒。家境贫穷，屡试不中，也不以为意。“善诙谐，虽至绝粮断炊，犹晏然笑语。其发奇中，令人绝倒。”豪爽仗义的袁大化在关键时刻伸出援手，将他接到长安里自己家中供读。考到四十多岁，龚大器终于中了举人，进京会试又遭年轻同伴多次嘲笑，说他这么大一把年纪，以举人身份谋个一官半职算了，何必前来参加会试呢？他也不去计较，总是“笑而谢之”。没想到第二年，龚大器高中进士，吏部为官，令人刮目相看。直到七十多岁，他才离开官场，告老还乡。致仕归来，经常吟诗作赋，与子孙后人唱和不已。每逢乡村四节集会，也会前往助兴，将自己打扮得“簪袍烂然”，受到乡亲们的交口赞誉。

袁大化与龚大器的友谊延续到下一代，龚氏嫁到袁家，两姓结成了儿女亲家。袁大化总以龚大器为榜样教导儿孙，要求他们刻苦读书，求取功名，光宗耀祖。于是，三袁兄弟不仅读书吟诗受到外公影响，即使个人性情、生活态度等方面，也明显刻有他的烙印。

此外，龚家在山东嘉祥、太原等地当过县令的二舅龚仲敏（字惟学，举人）；任监察御史时仗义执言，官至兵部郎中的三舅龚仲庆（字惟长，进士），他们渊博的学识，刚正的品行，也给三袁兄弟以启迪与影响。

袁宏道在《叙呙氏家绳记》中说："吾邑不言文，而耻言文。"当"公安派"横空而出、席卷文坛之时，有人大惑不解，戏说公安县又偏又远，那里不过长着一片黄茅、白苇而已，何以突然冒出三颗光耀文坛的星辰？对此，兄长袁宗道"吃水不忘挖井人"，在《送夹山母舅之任太原序》中稍予回应："盖谬疑开辟蓁芜自我兄弟，而不知点化熔铸，毕舅氏惟学先生之力也。"

当然，"点化熔铸"是多方面的，既有自然环境的熏陶，也有家人师长、亲朋好友的引导，而三袁兄弟从小所置身的历史文化氛围，也不容忽略。

春秋战国时期，公安县属古楚国腹地。从县境北渡长江，不过十多公里，就是楚国的政治、经济、文化中心——古郢都（纪南城）。我国第一个浪漫主义诗人屈原，正是在这里，写下了许多瑰丽奇幻、优美动人、流传千古的伟大诗篇。楚文化在以郢都为中心向四周的强力辐射与传播过程之中，公安县是一个相当重要的"中转站"——一处抵达并影响湖南的必经之地。

随着楚国的灭亡，政治、经济、军事、文化中心位移，公安县变得边缘化起来，但早期浓厚的文化底蕴积淀着，总有一天会开花结果，只不过时间迟早罢了。

若论公安县最早的文人名士，便是东晋时期的吏部尚书车胤。他勤学不倦，博学多通，其名字与成语典故"车胤囊萤"是连在一起的。据《晋书》记载，车胤儿时异常聪颖，但家中十分贫穷，晚上想继续用功，无奈买不起灯油。夏天，他就准备一个白色袋子，里面装着捉来的数十只萤火虫儿，借助那微弱的光亮苦读，"以夜继日焉"。车胤囊萤的故事被写进古代启蒙读物《三字经》，激励无数读书人奋发向上。

车胤之后的另一"大腕"级人物名叫智顗。智顗，又称智者大师、天台大师，陈、隋年间高僧，中国佛教史上第一个宗派——天台宗的真正创始人。天台宗是印度佛教本土化结出的第一个硕果，可以毫不夸张地说，如果没有智𫖮的圆融整合，也就没有此后影响深远的禅宗、净土宗等各宗各派佛教的创立与发展。天台宗经鉴真和尚东渡传入日本，风行一时。日本僧人最澄入唐求法，回国之后，还在智𫖮天台宗的基础上创立了日本天台宗。

此后，公安“出产”的文人名士甚多：名列北宋全国第一名士的公安人张景，一生著书甚多，现存有《洪范》、《王霸》、《张晦元集》共二十卷，后代学者赞他“茫茫兮安究，尚立言兮不朽”；明成化年间任右副都御史、大理寺卿的王轼，执法不徇私情，时人称之为“椎头”，不仅铲除了百姓痛恨的贪官污吏，还奉旨制定司法条例。王轼后升任兵部尚书兼左副都御史，率兵征剿贵州苗民起义，封赐伯爵，死后赠太保、谥襄简，著有《平录二卷》等；明嘉靖六年（1527年）任户部尚书的邹文盛，为官清正，崇尚俭朴，不阿权贵，除奸去弊，政绩卓著，曾领兵作战，屡建战功。经常诗酒唱和，著有《琐围奏议》、《黄山遗稿》等。死后皇帝诏令祭葬于公安县牛浪湖畔（今章庄铺镇章庄村），墓地现存石碑、石人、石马，为公安县规模最大，保存最为完好的一处文化遗迹……

公安县历史悠久，文化深厚，人杰地灵，“三袁”在这片肥沃的土地上“破土而出”，既是偶然，也属必然。

三

明万历七年（1579年），即袁宏道十二岁这年，哥哥袁宗道在湖广乡试中以位居第八名的成绩，考中举人！

袁宗道从小聪慧，过目成诵，十岁即能作诗，十二岁列入乡校，见到立在这里的先达祠堂，当即豪情满怀地说道：“吾终当俎豆其间。”俎豆，祭祀、崇奉之意。受乡贤激励，他也要像他们一样供奉其中，受人景仰。

与宗道一同考试并中举的，还有三舅龚惟长，他的成绩更好，得了个第三名。不过呢，龚惟长不仅是长辈，还比宗道大十岁。三十而立，也属正常，远没有二十中举的袁宗道那么意气风发。

庶祖母余氏闻讯，高兴得合不拢嘴，她迈着小脚，逢人便讲：“还是我那个梦做得好，美人头飞到怀中，当然是上上大吉呵！”

父亲袁士瑜得知消息，一叠声地叫着“好好好”，高兴得简直不能自持。儿子年纪轻轻就超过父亲考中举人，当然是天大的好事呵。

袁家杀猪宰羊，备了十多桌酒席，大宴宾客，邀请举业蒙师及亲朋好友，热烈庆贺。

酒阑兴尽，宾客渐渐散去，袁士瑜将三个儿子叫在一块，免不了一番谆谆训诫与严加督导：“伯修呵，你虽然中了举人，但不能故步自封，当更加刻苦努力。下次会试，争取考中进士，要能夺个状元郎，那才是真正的光宗耀祖呵！中郎，还有小修，你们一定要向哥哥学习，发愤读书。大丈夫在世，不能白活，得干出一番伟业才是！”

衣锦还乡、光宗耀祖、显耀门庭，是国人天经地义的价值观念，也是激励人们向上的一种动力。好好读书吧，书读好了就能科举高中，就可选官为官。“十年寒窗无人问，一举成名天下知。”

长子考中举人的喜讯一直在袁士瑜的心中鼓荡着，他的眼前，似乎出现了一道新的曙光，不由得开始谋划一件新的重大举措。他心里十分清楚，自己的科考梦，恐怕只能做到秀才就到顶了，而三个儿子呢，天分都不错。儿子就是他的寄托与希望，为了让他们出人头地，做父亲的要尽可能地创造条件，为他们提供更加广阔的天地与舞台。就拿居住之地长安里长安村来说，虽然物产丰富，衣食无忧，可这儿实在是太偏僻了，交通不便，消息不灵，与外界联系甚少。为求发展，就不能固守在这块狭小的地盘上，应该迁往相对热闹、发达一些的集镇才是。那么，搬到哪儿为好呢，七八里外的孟溪镇怎么样？不行，孟溪镇毕竟小了点，要搬就搬到县城斗湖堤镇去吧，那里可是全县的政治、经济、文化中心呢。

一番深思熟虑，袁士瑜终于在斗湖堤镇的石浦河西岸买了一块地皮，建了一幢新房。

这年秋天，父亲袁士瑜，哥哥袁宗道与夫人曹氏，袁宏道、袁中道及姐姐袁氏，还有照顾他们的庶祖母詹氏等人，一同迁入县城新居。

三袁兄弟虽然离开了故乡长安里，但对那块养育他们的土地，总是魂牵梦萦。老家的旧屋仍然留着，袁中道后来还买下了杜园，兄弟三人时常回老家长住，从中汲取生命的养料。在诗文中，他们经常充满感情地描述长安里美丽动人的自然风光，怀念故居故人，回忆度过的美好日子。

不久，舅家龚氏也搬至县城，袁、龚两家在石浦河边比邻而居，来往比过去更为密切了。

石浦河穿越县城而过，原与长江相通，明朝时淤积为一条内河。石浦河两岸，杨柳依依，夏天涨水时，河中尚可行舟驶船。

石浦河今日已消失得无处寻觅，不仅没有半点遗迹，就连河名也只能在三袁诗文及县志中尚可一见。

那时候，公安人烟稀少，全县人口只有三万多。今日全县人口一百多万，仅县城斗湖堤镇就十万左右。当年的县城人口，具体数目不详，估计也多不到哪里去，大不了三五千吧，但与偏远僻静的长安村相比，就属熙来攘往、人声鼎沸、热闹喧嚣了。袁宏道所接触的人物，也由过去的农民变为市民。县城的生活学习，无疑让他开了眼界，长了见识。但他毕竟在学校念书，与外界联系较少，交往最多的，便是老师、同学、舅舅，再就是哥哥宗道的一群学友。

明万历八年（1580 年），二舅龚惟学在县城创立了一个文社——阳春社，社员主要是斗湖堤镇一些颇有名气的举人、秀才，袁宗道也是其中的一员。他们时常聚会，饮酒为乐，吟诗作赋，自由洒脱，优哉游哉。

袁宏道比哥哥宗道小八岁，小时候两人玩不到一块。年纪稍长，他与哥哥的接触就多了，常向这位春风得意的举人讨教。宗道自然是倾其所能地进行解答，予以提携，有时还将他带入自己的圈子，参加阳春社的一些活动。

不久，袁宗道得了一场大病，病情稍有好转，他就带着妻子邹氏回老家长安里调养去了。

哥哥一走，阳春社的一些活动就无从知晓，他也不便参加了。但他羡慕得不行，心里痒痒的，也想成立一个类似的文学团体。一番耳濡目染，他对社团的成立、活动等情况可谓了如指掌，也就"照葫芦画瓢"，邀约了一群年纪不相上下的学友，比如李学元、龙君超、龙君善等人，自然少不了弟弟袁中道、八舅龚惟静，他们聚在一起，结成一个文社，袁宏道自任社长，还订立了一些规章制度、活动守则之类的条条款款。

每至月明之夜，文社的一群社员，便相聚在城南的茂林修竹丛中，或漫步长桥，或泛舟石浦，"相对清言，间及生死，泫然欲涕，慷慨欷歔，坐而达旦。"刚开始是务虚的清谈，话题关乎生死，情绪激昂，一坐一聊就是一通宵。后来，大家觉得结社不能没有成果，便刻意于诗文。为了科考，他们所学无非《四书》、《五经》，所作皆为制文，文社自然得超乎其外。而要转型，也并不是那么容易的事情，一下子写不出多好的诗赋文章，大家就随体模拟，上自汉魏，下迄三唐的名诗名篇，被他们模仿得惟妙惟肖。这些稚嫩的诗文，虽然写得不甚成熟，更谈不上深刻，但青春的激情、天赋的灵气、率真的本性尽显其中。当然，偶尔也有写得极好的诗文，大家便相互传阅，高声诵读。

文社的影响日盛，吸引了当地不少学子参与唱和。袁宏道的声誉与威望越来越高，有的社友年近三十岁了，不仅严格遵守社规，还十分虔诚地将他视为文学老师。

袁宏道的文学才华，在创办文社、组织活动的过程中初露锋芒。这期间，他写下了不少优秀佳作，为社员们推崇激赏。诗文渐多，就将它们汇在一块，编辑成册。遗憾的是，中郎这本最早的诗文集后来失散了，仅少数诗篇得以幸存，保留在《敝箧集》中。今存最早的诗歌《青骢马》，便写于城南结社之时的明万历十二年（1584 年）。这是一首仿乐府诗作，全诗如下：

青骢马，九尺强，百金买，千金装。双蹄不着地，影灭如飞翔。借问冶游郎，何为在他乡？下马立青梧，手提碧珊瑚。千唤不知人，尽眼眄当垆。当垆岂不冶，褰衣愁晓露。五步一停骢，十步一回顾。客从远道来，赠我青鸾带。交颈复同心，白石青松在。东家好女秦罗敷，西家荡儿冯子都。鸳鸯只爱毛翎好，哪知水底有鹈鹕。

文学结社，与文学流派、文学思潮的兴衰息息相关。据统计，公安派结社共计三十多次，社事长达几十年之久，对流派的形成、发展、兴盛、传播，起到了重要的促进与推动作用，功不可没。龚惟学创立阳春社，意义尤为深远，它不仅首开公安派结社之先河，对袁宏道更是产生了不可估量的影响，正是受到阳春社的启发，他才“自立门户”。通过结社，中郎初试身手，既锻炼了组织能力，也展示了文学才华，还激发了他的创作灵感与内在潜能。城南结社，可以视为袁中郎文学创作、活动之肇始。他的诗文，渐渐为人所熟悉；他的才名，也从长安里传至县城斗湖堤镇，然后传遍整个县域。而这时，他才只有十六七岁。

第二章／儒学禅学

明万历十二年（1584年）四月，袁宏道与袁中道、龚惟静、公美等人一同从公安县城出发，赴荆州江陵，参加童子试。

谢考时，荆州知府郝汝松特地叫过他们四人，予以谆谆教诲，对袁宏道、袁中道的诗文，尤其赞赏。

不久，袁宏道、袁中道兄弟两人同时考中秀才。

府试成功，他们抑制不住内心的成功与喜悦，对未来的仕途，充满了自信与希望。

公安与荆州虽只一江之隔，县城离江陵也就三四十公里，但他们还是第一次前来。过去常在诗文中出现的古郢都、章台寺、荆州古城墙就在眼前，自然免不了一番游览。

郢都纪南城，是当年的楚国国都，二十个楚王在此执政长达四百一十一年之久。在此期间，近五十个小国被征服吞并，楚国历史上的一些重大事件，几乎全都发生在这里。作为楚国的政治、经济、文化中心，郢都繁盛无比，享有“中国南方第一大都会”之称。汉人桓谭在《新论》中写道：“车挂毂，民摩肩，市路相交，号为朝衣鲜而暮衣敝。”都城实在是太热闹了，早晨穿出去的新衣，在摩肩接踵的人海中挤拥穿行，晚上回家时就显得十分破旧了。可自从公元前278年秦国大将白起攻克郢都，这里就成了一片废墟。近两千年时光过去了，郢都遗址似乎变得更加荒凉而寂静，只有夯土筑就的断垣残壁，还有生命力格外旺盛的野草，在瓦砾土堆间一个劲地疯长不已。

郢都规模宏大，面积约十六平方公里，放眼望去，昔日轮廓依旧，护城河还在，水平如镜，波澜不兴，见不到半点激荡的历史浪花，可中国顶尖级的诸子先贤如孔子、庄子、墨子，叱咤风云的政治、军事人物吴起、苏秦、张仪、孙武等，他们的身影都曾在这里出现过，而官至左徒的屈原更是长期生活于此。

“风流总被雨打风吹去”，袁宏道等人面对故都废墟，遥想当年繁华，凭吊怀古，免不了一番感慨，正如当年杜甫所吟：“最是楚宫俱泯灭，舟人指点到今疑。”

章台寺，又称“细腰宫”，是楚灵王修建的一座离宫，他特别喜欢细腰女子，喜欢她们那曼妙的舞姿。“楚王好细腰，国中多饿死。”说的便是这里当年上演的故事。如今虽仍有寺，名未改，可楚灵王建的离宫早已毁于战乱，袁宏道等人面对的章台寺建于元泰定二年（1325年），虽属重修，却又历经二百多年，真可谓岁月易逝、人生无常。

不仅历史古迹，就连他们居住的荆州城，也非三国时期修建的情景。长江改道，古城不再临江，吕蒙此时偷袭荆州，无法利用水军，断断不会成功。荆州从关羽筑城始，东晋、南梁、荆南、宋、元都有过较大规模的重新修建，最近的一次是明洪武七年（1374 年），为防侵袭，还在城周挖了一条宽五米、深三米的护城河，城墙也由最初的土墙变为砖墙。

一行人或漫步古城，或踏青郊游，荆州丰富的人文景观，在袁宏道年轻的心中，不禁生出一种白云苍狗般的感喟，引发他对历史、人生、文化的深沉思索，变得丰富而成熟。

荆州城中，还有一处无法回避，怎么也绕不开的当代人文遗迹——张居正故宅。

张居正，荆州江陵人，故有张江陵之称。明隆庆六年（1572 年）至万历十年（1582 年）为明朝内阁首辅。朱元璋建立明朝后，为了实行绝对专制集权，借故废除宰相一职，改用皇帝兼理，并严令规定，今后谁要再提设立宰相之议，就要谁的脑袋。朱元璋废相后，功能便由内阁制替代。内阁制设内阁大学士，相当于皇帝秘书，多则六七人，少则三四人，选定一人为首辅，其他阁员称“次揆”。朝廷一切大事，皆由首辅决定。因此，首辅虽无宰相之名，却行宰相之实。

明隆庆六年（1572 年）五月，执政六年的明穆宗朱载垕去世。这一年，袁宏道只有五岁，年幼的他不谙世事，对高层政治更是无从知晓。先皇驾崩，年仅十岁的太子朱翊钧即位，是为明神宗，第二年更元万历。这一重大的人事变故，不仅对明朝，甚至对中国未来的历史走向，也产生了重大影响。

明神宗朱翊钧的名气很大，只要提起这位万历皇帝，稍懂明史的人都会知道。他的出名，主要在于创造了两个之最：一是在位时间长达四十八年之久，创明代之最；二是三十年不上朝，这一纪录恐怕称得上古代皇帝之最。黄仁宇的名著《万历十五年》，所写就是这位皇帝当政时期的人与事。

与先皇朱载垕相同，朱翊钧也是以第三子身份即位。自然也是前两位兄长夭折，他才获此资格与殊荣。朱翊钧即位时只有十岁，不懂朝政，一应事务，不得不仰仗首辅张居正大学士。他六岁被立为太子后，张居正便任命为太子太傅。张居正尽心讲读，认真辅导，对他给予无微不至的关心与培养，几年下来，小皇帝便对张居正产生了一种严重的心理依赖。

张居正是一位雄心勃勃、志向高远的政治家，他力图挽救明朝后期日益衰败的腐朽局面，也就利用这一“便利”，推行严厉的改革措施。在他执掌朝政大权的十年间，有过许多革新除弊的举措：政治上，整顿吏治，裁汰冗官，选贤任能；军事上，任用良将如戚继光等，练兵戍边，久废的边事得以振兴；经济上，重新丈量全国土地，实行“一条鞭法”；外交上，推行汉、蒙和解政策，设市通商……张居正的改革举措，给当时的朝政，注入了一股新鲜的活力，成效十分显著，社会日趋稳定，边关没有发生大规模战争，特别是经济得到了长足发展，嘉靖、隆庆时期几乎年年亏空的财政有了积余，民间萌芽的资本主义得到了进一步发展。

唯楚有才，于斯为盛。其实，明朝开国之初，荆楚这块地盘，是颇受歧视的，原因在于这里曾是明太祖朱元璋的劲敌——汉王陈友谅的根据地。到了明朝中期，既无子嗣也无亲兄弟的武宗正德帝一死，决定由最近支的皇室——武宗堂弟、兴王朱厚熜继承皇位，是为明世宗，年号嘉靖。湖北钟祥市，不仅是朱厚熜的封地，也是他的出生之地。于是，风水就这样不经意间转到了荆楚大地，“真命天子”一出，这才带动当地人才的又一轮脱颖而出，张居正便是其中的典型代表，他的才华与实绩，超过了有明一代任何一位文臣。

没有想到的是，张居正一死，神宗皇帝亲政，他所做的第一件大事，就是翻脸不认人，清算自己的首辅张居正。十年来，张居正大权在握，凡事自作主张，不把小皇帝放在眼里，连花钱也要受到他的限制，不许多花乱花，朱翊钧只有唯唯诺诺的分儿，长期的压抑使他觉得受了天大的委屈，如今总算扬眉吐气有了出头之日，加之反对派、守旧派在一旁煽风点火大肆怂恿，于是，神宗在一种严重的变态心理驱使下恩将仇报，对张居正展开总清算：将他推行的新政打入另册，旧政死灰复燃，衰朽的明朝刚刚升起的一点希望与光明，就此熄灭；他认为张居正当了十年首辅，专横跋扈，贪污腐化，私财肯定富可敌国，正好借此充实国库，于是派遣使者前来荆州江陵，封闭张家宅门，查抄张家财产。张府当然没有神宗想象的那样富有，不及明嘉靖时宰相严嵩家产二十分之一。于是，使者便对张居正家属严刑拷打，逼迫他们招供私藏的银钱，结果十多人自杀、饿死，其中就有张居正长子张敬修，他留下一份遗书后自缢身亡。而此时，离张居正逝世仅只一年多时间。

抄家约四个月后，即明万历十二年（1584 年）八月，神宗在都察院参劾张居正的一份奏疏中批道：“张居正诬蔑亲藩，侵夺王坟府第，箝制言官，蔽塞朕聪……专权乱政，罔上负恩，谋国不忠。本当断棺戮尸，念效劳有年，姑免尽法追论。”

严厉清算张居正，神宗不仅树立了自己的无上权威，也开启了独具个人特色风格的万历时代。

神宗遣使抄家之时，袁宏道一行正在江陵应试，虽未能亲眼目睹抄家惨状，但这一事件给当地带来的震动，无异于一场特大地震，大街小巷的各种消息何止千万！他们在第一时间听到的各类传闻，实在是太多了。

应完府试，查抄张家已告结束，张居正的家人，除八十多岁的老母在首辅大学士申时行的请求下，神宗“手下留情”给她一所空宅及十顷田地外，其他的不是饿死逃亡，就是充军边塞。

这日，袁宏道一行来到张居正故居，昔日大红大紫的奢靡繁华，转瞬间变成一座萧索冷落的空空宅第。他们站在门外徘徊良久，极想进去看看，但最终还是放弃了。

回到江陵暂住地，袁宏道的眼前，总是晃动着张家故宅那空空荡荡、凄凄惨惨的悲凉情景，内心怎么也不能释怀。他极力回忆、梳理、思索此次古荆州之行的所见所闻，不禁手握管毫，一挥而就，写下长诗《古荆篇》。

诗中，袁中郎对人生的潮涨潮落、历史的沧海桑田发出年轻人少有的感喟："游人恋恋无穷已，踏遍江城春万里。只解宾从集似云，哪似年光去如矢。花开花落迥生愁，郢树鄢云几度秋。"论及张居正丰功伟业及悲惨遭遇时，更是百感交集："霍氏功名成梦寐，梁王台馆空山丘。荣枯翻复竟何言，昨宵弱水今昆仑。无人更哭西州路，有雀还登翟氏门。汉恩何浅天何薄，百年冠带坐萧索。昔时嘘气成烟云，今朝失势委泥砾。"气盛的袁宏道，不惧皇权，不怕密探，竟以"汉恩何浅天何薄"之句，将矛头直接对准最高统治者明神宗，说他刻薄寡恩。年轻的袁宏道不知社会之复杂，政治之黑暗，官场之深浅，以其本能的直觉，深切地感到官场充满了难以逆料的险恶：张居正权倾一时之际，哪怕嘘一口气都可化成烟云，真可谓翻手为云覆手为雨，而一旦失势，则弃如泥沙，变得一钱不值。那么，人生的道路，该如何选择呢？"已矣哉，归去来！楚国非无宝，荆山空有哀。君看白雪阳春调，千载还推作赋才。"

望绵绵荆山，对凄凄张府，空余悲哀。他觉得，荣华富贵转瞬即逝，求取千秋功名，唯有文章永恒。

是的，如果执于从政，一心为官，其所作所为，就当前的局势而言，欲达张居正之鼎盛，实在是难之又难，更别说超越了。即使张江陵再世，也无法改变明朝江河日下的腐朽与颓势。而投身文学，情形就不一样了。

清算张居正及查抄张府事件，对袁宏道的刺激实在是太大了，就某种程度而言，深深地影响了他的人生观与世界观，决定并改变了他日后的奋斗目标及价值取向。

明万历十三年（1585 年），袁宏道在家庭的安排下做了新郎，与李氏结为夫妻。

十七八岁娶妻结婚，在今天看来是一件不可思议的事情，而在当时则极为普遍。公安民俗，对婚嫁迎娶十分重视，称之为“做大人”。也就是说，只有结婚，举行相应的仪式得到乡邻认可，才算长大成人，否则，不论男女，也不管年龄多大，在乡人眼中，都是没有成年的“伢儿”。

袁宏道妻子李氏，封安人，祖父为成都太守，算得上一位大家闺秀。像其他女性一样，李氏没有留下名字，两人自由恋爱的可能性不大，估计是媒婆或他人从中牵线，再依当地乡风民俗，合八字、过礼，然后迎娶。

此后，宏道又娶妾李氏、韩氏、王氏，但从他留下的诗文来看，对这位明媒正娶的妻子李氏，感情十分深厚。

成家、立业，二者似乎都有了。可袁宏道心中的“立业”二字，绝不止于一名秀才。尽管张居正事件使他认识到政治的黑暗无情，多少看淡了官场名利，但作为一名读书人，若求上进，在当时来说，除了科举，是没有第二条路可走的。

袁宏道别无选择，只有打点行囊，踏上了奔赴武昌参加乡试的道路。

这些年来一直与他形影不离的弟弟中道本拟同行，却因病受阻，不得不留在家中。

寂寞旅途，形单影只，中郎不禁回想起荆州府试的情景，当时一行四人，是何等地热闹开心呵。

省试考毕，好不容易等到放榜，结果一公布，袁宏道不禁傻眼了——名落孙山！

连个举人都没有考中，算什么“神童”呵！他不禁十分沮丧。

快快不乐地回到家中，父亲自然劝慰不已，说你还年轻着呢，只有十七八岁呀，未来的日子长着呢，急什么呀你！袁士瑜虽然这么说，其实内心深处，还是极为希望天赋最高的二子此次考中举人，一下就能超越自己。当然，天不遂人愿，也是无可奈何的事情。

弟弟袁中道、庶祖母詹氏及其他家人，都免不了一番劝慰。

袁宏道表面应承，装出一副无所谓的样子，可落第的打击与阴影，总是弥漫心头，一股淡淡的忧伤挥之不去。受张居正事件的影响，他的人生观多少有些改变，但世俗社会，衡量一个人的价值，多以官职大小而论。袁宏道一时间还是难以超脱免俗，并且，承平时代，从文与从政，二者实难截然分开。

明万历十四年（1586年）于袁宏道而言，可谓流年不利，省试落第，郁郁不乐，不久又身染重疾，差点撒手人寰。

中郎生来体弱多病，与其聪慧颖悟如出一辙，都属天性。长期以来，疾病与疼痛，算得上他的“家常便饭”，大多时间，他是从病疼中熬过来的。近年来的刻苦攻读、饮酒疏狂以及婚姻之乐等，对身体素质不好的他来说，无疑造成了不良影响乃至“恶意”透支。过去虽病，却无大碍，可这次一病就病得十分邪乎，延医吃药，病情不仅没有好转，反而不断加重，渐至沉疴，竟至卧床不起，形容枯槁，头发脱落。

中郎这年到底身患何病？中医对疾病的分类本来就十分笼统，加之病人对病名并不重视过问，现存资料全无记载。

关于这场病，中郎留下了诗歌《病中短歌》、《病起独坐》，对疾病本身的具体描写，比如病发于身体的哪一部位，症状反应如何等，都没有提及。他关乎的，只是病的“情状”，他在《病中短歌》中描写个人病容：“嗟吁我生年十九，头发未长颠已朽。病寒三月苦沉吟，面貌如烟戟露肘。”悲观之时，便有了作别亲友、长辞人世、化为鬼神的念头：“羸枯博得妻儿怜，七尺浪为鬼神有。箧里残书别故人，凡上龙钟关老叟。”在《病起独坐》中，他写自己的孤寂穷愁：“病家无客至，小犬亦高眠。开帙寻诗料，添衣缺酒钱。”

尽管重病在身，不时揽镜自照，担心憔悴的病容无以面见客人，但袁宏道并未被病魔击倒，他放松心态，“闭门读庄子”，看淡生死，“浮生喻泡影”；于八股制文之外，或吟诗赋篇，或整理旧稿残篇；有时，还病中作乐地喝上几口小酒……

“名岂儒冠误，病因浊酒痊。”良医与苦药，加之坚强的意志与超脱的心态，三月之后，袁宏道终于驱除病魔痊愈了，并以《病起偶题》为名，写下四首系列短诗作为纪念。

这场大病，对青年转型期的中郎来说，意义深远。因病而产生的苦痛，使他感到“色界身终苦”；因病而面临的死亡，使他觉得“世路他如梦”；因人生之梦幻苦短，使他由儒学转向老庄的自然适意与佛学的永恒探究，是再自然不过的一件事了。

万历十四年是中郎的大灾大难之年，而对哥哥袁宗道来说，则是一个大吉大喜之年——他不仅高中进士，且夺了个会试第一，官居翰林。

一般文人考个秀才都难，而要完成举人、进士的跨越，成千上万的读书人拥挤在一条狭窄的独木桥上，难度之大可想而知。袁宗道能够从万千读书人中脱颖而出拔得头筹，也经历了一番艰难而曲折的奋斗与拼搏。

中举第二年，他就赴京会试，结果落第而归。三年前，回长安里养病的他身体稍稍复原，就在父亲的督促下再次赴考，好不容易走到黄河岸边，疾病复发，不得不抱憾而归。返程时路过荆门，投宿一家旅馆，没想到半夜时分，旅店突然坍塌，袁宗道侥幸逃过一劫，却受了一次少有的惊吓。回乡不久，贤妻邹氏病逝。一连串的重大变故，弄得袁宗道心灰意懒，也就看淡浮世，进入到一种沉静内敛的境地，衰弱的身体反而有所起色。三年一次的会试又到了，袁宗道本想放弃，而将满腔希望寄托在儿子身上的袁士瑜却不肯放过，再三再四地催他赶紧上路。于是，他只得抱着一试的态度，于去年秋天，第三次踏上了赴京赶考的旅程。

来自全国各地的举人汇集于京，真可谓人才济济，强手如林。人人满腹经纶，个个充满自信，都想一举夺魁抱得状元而归。可状元只有一名，就是进士，也名额有限。袁宗道看轻结果，听凭自然，进入到一种自在洒脱的境地，结果名列第一。据《明史·选举志》所记："会试第一为会元。"二十七岁的袁宗道第二次会试，就得到了天下瞩目的会元，一时间名动京师，誉满海内。

接着参加由皇帝主持的殿试。殿试分三甲，第一名状元，第二名榜眼，第三名探花；三甲统称进士，一甲为进士及第，二甲赐进士出身，三甲赐同进士出身。据《明清进士题名碑录》记载，万历十四年当科殿试，三甲共录取三百五十一名，其中一甲三名，二甲六十七名，三甲二百八十一名。

受会试第一这一骄人成绩的鼓舞，袁宗道在殿试时发挥极佳，按说可以高中状元，最次也可得个榜眼或探花。只因张居正案发不久，袁宗道与他属荆州同乡，主考官揣摩皇帝意图，刻意将他排斥在一甲之外，结果殿试成绩名列第四，取二甲第一名。

真没想到，张居正事件不仅祸及家族，还殃及同乡，可谓荒唐之至。

袁宗道尽管做了一回乡党张居正的"牺牲品"，但会试第一、殿试第四的成绩，足以让家人、乡人为之骄傲。

根据考试成绩，袁宗道被朝廷授予翰林院庶吉士之职，留驻京城。

哥哥进士登第，置身公安县城的袁中郎受到鼓舞，于病后的虚弱与颓唐中重新振作精神，拿起搁置已久的儒学典籍，以备再战。

明万历十六年（1588年）秋，袁宏道第二次起程参加武昌乡试，受到主考官冯琦的器重。冯琦字用韫，号琢庵，历任编修、侍讲、礼部右侍郎、礼部尚书等职，著述甚多，主要有《经济类编》一百卷，《北海集》四卷，

《宗伯集》八十一卷，《宋史纪事本末》若干卷等，他对当时文坛盛行的模拟抄袭十分厌恶反感，推崇乐府、建安之风。袁宏道所写虽为制文，但自有一股清新的气息流淌其间。冯琦慧眼识珠，袁宏道幸遇伯乐，当即拔为举人。

此后，他们探诗论文，意气相投，互致信函。袁宏道曾在尺牍《与冯侍郎座主书》中写道："慨摹拟之流毒，悲时论之险狭，思一易其弦辙，而才力单弱，倡微和寡，当今非吾师谁可就正者。"师生间的情谊及相互推重，由此可见一斑。

第二年，取得会试资格的袁中郎沿着哥哥宗道当年赶考的陆路，历经近三千里长途跋涉，终于抵达京城。

哥哥早已作好迎候准备，几年不见，兄弟重逢，手足之情，尤为亲密。

袁宏道第一次前来都城，北方的风情，北京的风物，在他眼里，自然感到新鲜，只要有空，哥哥宗道都陪他一同出游，共赏美景。

会试结束，袁宏道仍逗留京城，等待放榜之日。既然专为会试而来，对结果也就寄予较大期望。榜单公布，袁宏道名落孙山。

这年，袁宏道实岁二十一，虚岁二十二。公安人计算年龄，多以实岁为准。而各种年谱、资料等以虚岁计算人物年龄，笔者只得从众。尽管参过生死，看淡功名，毕竟年轻，情绪飘忽不定，思想也不成熟，失望沮丧、郁郁不乐在所难免。其落第之情，在《花朝即事》一诗中流露无遗："雨过庭花好，开樽亦自幽。不知今夕醉，消得几年愁？一朵新红甲，四筵半百头。久知行乐是，老矣复何求？"

而哥哥袁宗道仿佛换了一个人似的，完全超然于科举、功名、利禄之外，他没有像常人所做的那样开导二弟，说些劝慰勉励之类的话语，而是与他谈起了性命之学与心性之说（禅学）。

早在九年前，袁宗道就受二舅龚惟学影响，涉足佛学了。那时，他与二舅同行，第一次参加会试。来到京城一处集市，但见一群书商，争相销售各类书籍。二舅挑来选去，买了一本大儒语录及一二册佛学典籍而归。宗道见了，不禁窃笑，说他现在买这样的书，无异于夏天兜售棉被。结果双双落第，一同返回公安，夜宿一家旅店，二舅突然向宗道感叹名声之虚浮，生命之脆弱。遭受打击的袁宗道，心中顿生同感，当即跃起道："名虚身脆，何处才是归宿之地？"这时，二舅不失时机地掏出京城所购之佛教典籍，递给他说："若要无忧无愁无哀伤，只须好好研读它们，七尺之躯有所托，人生百年不为多。"袁宗道一阅，豁然大悟，方知瓶瓿之外，别有一番天地。

此后，袁宗道从公安到京城，从重病到痊愈，从落第到会元，在大喜大悲、大起大落间浮沉不已，于是，对禅佛之学，从书本知识到社会人生，感悟更深刻。他遍阅大慧宗杲及中峰苍雪这两位禅学大师的各种著作；结识了博览群书、善为古文的状元焦竑，以及敏而好学、精研禅法的刑部主事瞿汝稷，他们一同研讨禅宗顿悟之说；而与和尚深有（李贽高足）的交往，则多次受其见性之说的启发……时间一长，袁宗道对心性之学的参悟，远在常人之上。

其实，袁宏道早就对佛教产生了极大的兴趣。当时的公安县，寺庙林立，据不完全统计，主要有二圣寺、谷升寺、太阳寺、灵化寺、天崇寺、净居寺、报本寺、法华寺等三十二座。这种浓厚的佛教氛围的形成，与智者大师的影响密不可分，他所创立的天台宗犹如一轮日晕，笼罩着公安上空，形成了一股奇妙而神秘的"场"。袁宏道置身这一特殊的佛教"磁场"，受其熏陶自不可免。

县城斗湖堤镇东面，有一座著名的二圣寺，袁宏道去得最多。十八岁那年，他就留下了组诗《初夏同惟学、惟长舅尊游二圣禅林检藏有述》，从"等闲闲法都如梦，眼底何劳觅化城"，"我亦复心求圣果，十年梦落虎溪东"等诗句来看，袁宏道对佛教不仅热情有加，其实已有较深的认识与见解。

而与生俱来的疾病及十九岁那场大病，还有两次落第的打击与痛苦，都使得他不由自主地转向佛学——既是寻找解脱的逃遁之所，也是生命意义的追寻之地。

如果说中郎以前着意于佛学，只是被动的熏陶与“有感而发”，那么经哥哥袁宗道一番点拨启悟，便进入到了一种自觉自为的研究层面与参悟境界。

中郎在兄长的引导下参禅悟道，落第后的失意郁闷顿然消失，从他所作《采莲歌》一诗，可以看出他那渐趋淡定平和的心态：

> 采莲花，花开何鲜新！映月为处子，随风作舞人。深红浅白间秋水，妬杀麻姑与洛神。采莲叶，莲叶连香檝，一片青花古玉盘，持赠秦娥与燕妾。采莲子，莲房劈破香且美，纤手分来颗颗匀，何事经年沉湖水？湖水深犹可，水浊情无那。试问南溪二月泥，妾心辛苦知不知？

家乡的莲叶、莲花、莲蓬，又该到了采摘之时吧？京城不便久留，莫如赶紧回乡去吧，早日欣赏那“接天莲叶无穷碧，映日荷花别样红”的美景。

正巧哥哥宗道也因公事返里，兄弟俩结伴同归。

漫漫旅程，两人朝夕相处，无所不谈。而聊得最多的，便是心性之说，他们沉浸其中，仿佛着了魔似的，一个劲地揣摩、深研、探究不已。回到公安，小弟中道也加入其中，兄弟三人回首往昔，研讨禅理，其乐融融，直至兄长宗道返京述职。

于是，中郎对禅宗佛理越来越感兴趣，几乎将全部精力投入其中。越探讨，就越觉其深奥无比，同时会涌出一些无以参解的疑难，便在印度释经及本土高僧所著佛典中寻求答案，结果呢，他不仅没有参透，反而越参越糊涂，愈觉茫然，“长探佛理，遍参知识，博观教乘，都无所得。”尽管如此，对心性之说，他并未放弃求解。吃饭睡觉、学问知识只是人生的表象，他要领悟人生的根源与生命的本质。于是，便换一个角度，从语言文字中那些意识行不通的地方开始参究，这样一来，时有所解，似乎走出了一条新路，而终归不能洞彻玄机。

参悟不到根本，达不到透亮的境地，便如痴如醉、废寝忘食地继续参究。一天，他读到张子韶格物，仿佛受到天启，心胸豁然开朗。

所谓张子韶格物，指杨岐派著名禅学大师大慧宗杲对宋人张九成（字子韶）居士的开导点化。

禅宗自达摩西土东来，经慧可、僧璨、道信，传至五祖弘忍，分为北禅神秀与南禅慧能。北宗逐渐衰落，南宗一系日渐坐大，再分沩仰、临济、曹洞、法眼、云门五个分支，而杨岐宗又属临济宗的一个派别。

惠能的南宗禅讲究直指人心、见性成佛，其后各宗各派都十分看重“禅机”，即以不拘一格的动作、言语教化禅者。由此出现的一则则点化、参悟故事，称为禅宗语录，也称公案。到了南宋大慧宗杲，他认为“公案禅”流于知解，失其意义，于是提倡一种更为简捷的“看话禅”（又称话头禅），后成为禅宗主流。看话禅以参究“无”字话头为主，将心力凝聚于一个字或一句话上，他曾说道：“千疑万疑，只是一疑。话头上疑破，刚千疑万疑一时破。话头不破，则且就上面与之厮崖。若弃了话头，却去别文字上起疑，经教上起疑，古人公案上起疑，日用尘劳中起疑，皆是邪魔眷属……若透得个无字，一时透过，不著问人。若一向问人，佛语又如何，祖语又如何，诸方老宿又如何，永劫无有悟时也！”

张子韶格物论是一则典型的看话禅，载于《五灯会元》卷二十《径山杲禅师法嗣·侍郎张九成居士》，现转录如下：

慧曰："公只知有格物，而不知有物格。"公茫然，慧大笑。公曰："师能开谕乎？"慧曰："不见小说载唐人有与安禄山谋叛者，其人先为阆守，有画像在焉。明皇幸蜀，见之怒，令侍臣以剑其像首。时阆守居陕西，首忽堕地。"公闻顿领深旨。题不动轩壁曰"子韶格物，妙喜物格。欲识一贯，两个五百。"慧始许可。

文中的慧指大慧宗杲，公指张子韶。禅宗讲究的顿悟，不是凭空而来的突然领悟，而是在一定参禅基础之上的灵光一闪，是量变到质变的飞跃。就一般人而言，读此论说，可能无甚特别触动之处，而于长期坚持不懈探究禅理的袁宏道而言，猛然间便开启了一扇天窗，彻悟犹如一股清新的长风扑面而来，直贯肺腑。

这则论说对袁宏道起到了振聋发聩的作用，可视为他参究禅理的一次关键性转折。在《德山尘谭》中，他曾有所记述与揣摩："问：'妙喜（指宗杲）言诸公但知格物，不知物格。意旨如何？'答：'格物物格者，犹谚云我要打他反被他打也。今人尽一生心思欲穷他，而反被他穷倒，岂非物格邪？'"

袁宏道的突然参悟，好比乘上了无底舟，进入了针孔海，觉得万卷经典，百般拨弄，不过外在的"家具"、"钳锤"而已。

于是，他将自己的禅悟心得与哥哥袁宗道一同交流。

袁宗道听后，不禁大喜过望地说道："是啊，至宝原在家内，何必向外寻求！二弟，你的见解已超越琐碎，超出常人，不是我等所能企及的了。"

然后，中郎将自己所得，对照古人微言，无不神妙毕合。于是，他以对禅宗的悟解，精选七十二则公案，"皆是百千诸佛相传之髓"，然后加以评说，汇成一部名为《金屑编》的佛学书稿。"金屑虽贵，在眼成翳。"可见袁中郎取名《金屑编》，意旨深远。他所编选的这些历代禅师留下的典型公案，如果后人不能达致神悟、妙悟、体悟、了悟、彻悟、禅悟的境界，不仅无益，反如眼中的金屑，将有碍视见，遮蔽“天眼”。

第三章／忘年之交

袁宏道根据参禅心得撰成一卷《金屑编》，踌躇满志之余，心中的疑惑似乎更多了。这些疑问不仅涉及佛学禅宗，还包括儒道、学识、诗文等诸多方面。迷雾重重，何以廓清？猛然间想到了神交已久的李贽，不禁生出专程拜望的念头。

在此，我们有必要对李贽作一番简要介绍。

李贽，号卓吾，又号宏甫，别号温陵居士，明嘉靖六年（1527 年）生于福建泉州。自二十六岁考中举人跻身官场，辗转于河南、南京、北京等地任职，当过校官、县学教谕、国子监博士、刑部员外郎、刑部主事、礼部司务等，直到明万历五年（1577 年），五十一岁的他终于升任云南姚安知府，成了朝廷的一名四品官员。

李贽性格倔犟，思想活跃，不甘摧眉折腰，不肯受人挟制，不愿巴结奉迎，所受之磨难与屈辱，用他自己的话说，就是“将大地为墨，难尽写也”。多年的媳妇熬成婆，好不容易升了一名知府，总该扬眉吐气一番了。然而，他的心中却退意萌生，不愿上任。李贽所看重的不在官职大小，而是精神，是学识，是思想。经众多友人百般劝说，他才极不情愿地勉强成行。

李贽由南京走水路前往云南姚安，途经好友耿定理家乡黄安（今湖北红安县），舍舟上岸一聚。临别前夕，李贽拟将家属留在黄安，独自一人赴任，并与耿定理约定，三年任期一满，便不再续任，将来黄安定居，专心访友求道。可妻子黄宜人要求同行，态度非常坚决，李贽没有办法，只得将她带上，但还是将女儿和女婿庄纯夫留在了耿家，为此后的隐居埋下了“伏笔”。

李贽不愿为官，并不等于他在知府任上无所作为，他勤勉对己，宽以待人，与当地少数民族和睦相处，注重社会公益事业，三年时间，竟将姚安治理得井井有条。任期一满，李贽便撂下挑子，封印闭门，停办公务，坚辞不干了。消息一经传出，当地士民“攀卧道间，车不得发”，极力挽留这位罕见的优秀“父母官”。而李贽去意已决，于是，当地百姓便特地为他建了一座生祠以作纪念。

一旦摆脱官场的名缰利锁，李贽感到了从未有过的轻松与自由。他与妻子黄宜人取道长江，经三峡，过荆江，直奔黄安。

好友耿定理已为李贽的前来隐居作好充分准备，在耿家别业“天窝”专门为李贽一家建室筑居，使他大有宾至如归之感。

李贽前来投奔好友之时，适逢耿家老太爷去世不久，在朝廷做官的耿定理兄长耿定向也回到了老家守丧。李贽与耿定向思想迥异，两人经常发生龃龉，但有耿定理从中调和，倒也相安无事。可天有不测风云，三年后，年仅五十一岁的好友耿定理突然病逝，情势急转直下。因思想不同、言语不合，尽管耿定向守丧期满已赴南京任职，但两人书信往返之中，矛盾日趋尖锐。耿定向担心李贽继续留在黄安“天窝”带坏耿家子弟，不禁生出赶走李贽之意。

邻县麻城四大望族之一周柳塘及女婿曾中野得知，出于对李贽的仰慕，他们盛情相邀，并在县城买下一间大屋供他居住。正置尴尬境地、另寻别居的李贽，也就爽快地接受了他们的邀请。

本想举家迁居麻城，可夫人黄氏坚决不从，颠沛流离一辈子，她想归返老家泉州，以求落叶归根，女儿、女婿也坚定不移地站在了母亲一方。于是，李贽只好让女儿女婿陪同夫人一同返乡，他则孤身一人前往麻城周柳塘翁婿为他提供的居所，并将其命名为维摩庵。

三年后，对佛学极有研究的李贽剃度出家，索性做了一名和尚，从维摩庵搬到离县城约三十里外的龙潭芝佛院，自号“龙湖叟”。对此，他写诗明志道：“空潭一老叟，剃发便为僧，愿度恒沙众，长明日月灯。”

从明万历十五年（1587 年）三月至万历二十八年（1600 年）冬，除外出两三年外，李贽在龙潭芝佛院一住就是十年有余，第一部著作《初潭集》在此编纂而成，尔后又创作、编辑了《焚书》、《说书》、《因果录》、《史纲评要》、《读升庵集》、《孙武子十三篇》及《藏书》的主要章节，还批点过《水浒传》、《西厢记》、《琵琶记》等小说、戏剧著作。他一生中的主要著述，大多是在这里完成的。

李贽隐居龙潭，既是他硕果累累、声名远播之时，也是他饱受争议、备受折磨之际。他剃头出家，却有意留下胡须；进了佛堂，又不认祖师；做了僧人，还大口吃肉……这些，都被时人视为异端。他广收门徒，即使女子也不避讳，信函往返不说，还亲往女徒家授课，被道学家们视为大逆不道。《初潭集》在麻城第一次刻印，就轰动一时，抢购一空，此后的《焚书》、《藏书》更是声名远播，传遍中华大地。正是这些振聋发聩之作，却被封建卫道士蔑称为“敢倡乱道，惑世诬民”的“谤书”……

袁宏道对李贽的大名，先是间接有所了解。第一次进京会试，李贽好友焦竑高中状元，焦竑与袁宗道过从甚密，这样一来，袁宏道不仅结识了焦竑，也知道了隐居龙潭的李贽是一个出奇的怪人，他不畏讥诮，公开向当时的传统儒学、封建势力及习俗流弊宣战，既然被人视为异端，他索性以“异端”自居。

明万历十七年（1589年），焦竑担心出家龙潭的李贽孤单寂寞，便托因公返乡的袁宗道绕道黄州，前往探望。焦竑将所托之事写信告知李贽，李贽在《复焦弱侯》中回道：“袁公果能枉驾过龙湖，明年夏初当扫馆烹茶以俟之。”其喜悦期待之情，溢于言表。可不知何故，回湖广公干的袁宗道只是回了公安老家，却没能前往麻城龙湖拜会李贽。

第二年，即万历十八年，李贽主要代表作《焚书》出版，从书名即可知晓书中内容，皆为不能见容于世的遭人焚毁的惊世骇俗之作。《焚书》初刻版刚一问世，李贽就寄给返乡归里的袁氏兄弟。袁宏道一阅，不觉大为惊叹，仰慕不已，在《得李宏甫先生书》一诗中写道：“似此瑶华色，何殊空谷音。悲哉击筑泪，已矣唾壶心。迹岂《焚书》白，病因老苦侵。有文焉用陷，无水若为沉。”他不仅将《焚书》视为“空谷音”，还激发了看轻富贵的认识与探究玄理的渴望，赋诗《感兴》，以为明志：“白日不可挽，黄金不可为。夙心探玄理，幽与白云期。众芳经春歇，秋草过时萎。富贵非所欲，浮丘以为师。”

其实，袁宏道早在参禅问道之时，就间接地领略过李贽那深厚的佛学造诣。

哥哥袁宗道曾向李贽的得意弟子——无念禅师学习参禅，而袁宏道于万历十七年赴京会试时，不仅知道无念，还曾当面求教于他。

无念禅师（1544—1627 年），名深有，别号西影，麻城人，曾为龙湖芝佛院守院僧，后在黄檗山开辟道场。他十六岁剃度出家，直到万历九年（1581 年），才在李贽的启发开导下猛然省悟，于是作偈道："四十余年不住功，穷来穷去转无踪。而今穷到无依倚，始悔从前错用功。"

袁宏道的禅学受过无念的精心指导，对他一直怀有敬重感激之情。受李贽启悟的弟子尚有如此禅力，据此可以推断，师傅该是何等了得！

于是，拜望李贽的心情变得更加迫切，特别是刚刚完稿的《金屑编》，虽然得到了兄长肯定，但到底写得如何，达到了何等境界，得请李贽鉴定指教，心里方能踏实。

明万历十九年（1591 年）春节刚过，袁中郎独自一人，怀着一颗虔诚之心，不畏早春严寒，不惧路途遥迢，从斗湖堤镇起程，赶往麻城县（今麻城市）龙潭芝佛院，向李贽求教。

在袁宏道的想象中，李贽定是一位不拘礼俗、倜傥不羁乃至奔放疏狂的奇人怪人，及至一见，完全出乎他的意料之外。只见他穿戴齐整，上衣下裳，皆为上等布料，剪裁极工。室内陈设，摆布得极有条理，桌椅十分精致，可谓古色生香，就连地面及墙壁，也清扫得干干净净，一眼望去，令人赏心悦目。真没想到，李贽原是一个十分严谨之人，且极爱收拾讲究，差不多爱洁成癖了。

"呵呵，原来您是一个洁癖圣人啊！"袁宏道情不自禁地赞道。

李贽爽朗一笑，回道："我就料到你会说出这句话来的，世界如此污秽，我辈岂能同流合污？"

李贽出家后一直收授女徒，外界传他男女同处，嬉戏胡闹，伤风败俗，其实这都是反对者的极力诋毁。李贽收留女徒不假，但有着洁癖的他，却半点不近女色。这对十七岁就携妓泛舟游乐，视妓乐为文人雅事的袁宏道而言，匪夷所思之际，更是叹服不已。

李贽身材瘦削，年逾六十，可他精神矍铄，精力充沛，动作迅速，思维敏捷，全身散射着一股花甲老人少有的青春与激情。当他阅过袁中郎带来的《金屑编》后，觉得大相契合，对眼前这位年仅二十四岁的来访者，不禁刮目相看，当即赋诗以赠："此路少行人，迢迢至古亭；自称通家子，叩门见李膺。"前两句说世上真正向禅的人极少，能达到一定境界的更属凤毛麟角；后两句则以东汉大名士、著名文学家、建安七子之首孔融的典故类比于中郎。孔融让梨的典故家喻户晓，李贽诗中所叙，为另一则典故。十岁那年，孔融跟随父亲来到首都洛阳拜见河南尹李膺。作为一名京畿地区的长官，李膺自然要耍点大牌，不是当世名人或通家世好，一概不予接见。婉拒门外的孔融灵机一动，便对守门人说他是李膺的通家子弟，于是受到了主人的亲自接见。寒暄过后，李膺问道："你家祖上与我们李姓有何交情？"孔融回道："我家先君孔子，与你家先君老子（姓李名耳）同德比义，互为师友，照此说来，孔李两姓，当然算得上累世通家了。"一言既出，举座惊叹，都说孔融小小年纪，竟如此聪慧，是位难得的"异童"。而撰有《金屑编》的袁宏道在李贽眼里，也是一位禅学"异童"。二十多岁年纪，其参禅所达之境界，不知超过多少毕其一生之人也！

面对少有的天纵之才，李贽掩饰不住内心的激动与赞赏之情，又赠诗一首道："诵君《金屑》句，执鞭亦忻慕。早得从君言，不当有《老苦》。"就连禅学深厚的李贽，也倾慕不已，愿执鞭相随左右。他一个劲地感叹与中郎相见恨晚，如果两人早就相识相知，便不会有老年无朋、老来孤寂之苦，自然就不会去创作什么《老苦》（今已失传）一书了。

李贽实在是太喜爱《金屑编》了，余兴未尽，再提笔挥毫，为中郎作小序一篇，予以高度评价："昔赵少年出家，壮年悟道，八十岁犹有疑，一百二十岁乃蝉蜕而去，其难也如此。今君二十学道，二十一证果，其视《法华》之龙女，《华严》之善财，有何殊也！然君无师之智，不用金口指诀，则虽善财，不敢比肩，而况赵州老子乎？因喜而书之。"

两人性情极其相投，中郎也不讲什么客气，就在龙潭住了下来，将心中疑团一一道出，以求其解。

李贽对他激赏不已，倾其所学，尽可能地为之解惑除疑。两人切磋论道，学问与境界，就在这种交流与碰撞中，相互得到提升。

其时，李贽因《焚书》的出版，正遭到以耿定向为首的封建理学家的攻击、诽谤与迫害，袁宏道不顾世俗压力，专程前来拜望，且长住下来，这种胆略与勇气，对李贽无疑也是一种极大的支持与鼓舞，使他感到了一股人间少有的温情、温馨与温暖。

若论年龄，李贽比袁宏道年长四十一岁，是他的祖父辈了。一老一少，兴趣相投，思想一致，惺惺相惜，他们之间的这种友谊，算得上典型的忘年交。

在李贽身上，包括他的日常起居、读书著文等，也与其思想一样，有着许多异于常人的独特与奇妙。中郎怀着一颗好奇之心，尽情地观察感受。他发现，李贽所读之书，既多且杂，都抄写成善本。上自《离骚》、《史记》，以及陶渊明、柳宗元、杜甫之诗，下至稗官小说、宋元名曲，几乎无所不涉，可谓广闻博览。他一边阅读，一边创作，将读与写有机地结合在一起。阅读之时，旁批眉语，逐字校评，且肌襞理分，新意时出；著文之际，则不枝不蔓，紧扣主题，要言不烦，独抒己见，从不拾人牙慧。中郎发现，李贽不写则已，一旦成文，便精光凛凛，逼人眼目；他写诗不多，但每首都讲究意境神韵；书法是他的最爱，总是先将墨汁磨得浓浓的，然后解开衣服，像个小孩似的大呼大叫，雀跃不已，运动千钧铁腕，将一个个瘦劲险绝之字，骨棱棱地挥洒在铺开的宣纸之上。

袁宏道问道李贽，获益多多，但给他启发最大的，无疑是李贽的《童心说》。这篇收入《焚书·卷三》的文章，袁宏道去年在老家公安时就已读过："夫童心者，真心也。若以童心为不可，是以真心为不可也。夫童心者，绝假纯真，最初一念之本心也。若失却童心，便失却真心；失却真心，便失却真人。人而非真，全不复有初矣……"等到见过李贽，与他长期相处，袁宏道觉得，李贽本身就是一个真人，在专制统治及封建理学的高压下，不受污染，没有变异，长期葆有一颗真心、本心与童心。李贽为人处世、下笔作文，都是发乎内心与本真，他表里如一，言行一致，绝无半点虚伪做作，真是太难得了！与李贽交往，感受其言行，深入其内心，袁宏道才真正读懂了他的《童心说》。世道为何乖张？皆因童心所障之故："童心既障，于是发而为言语，则言语不由衷；见而为政事，则政事无根柢；著而为文辞，则文辞不能达。"童心一旦遮蔽，社会盛行着的，便是假人、假事、假文，假医、假药、假病，"无所不假"，"满场是假"，举世皆然。这样的社会，还有什么廉耻道德？由此而论及文学，李贽认为："天下之至文，未有不出于童心焉者也。"针对当时文坛的复古狂潮，李贽写道："诗何必古选，文何必秦汉。"是的，时代在变，文体也变，题材内容自然也要不断发展变化，文章之优劣，不能以时代之先后而论，只要发自童心，表现真情实感，就是好文章、好作品，什么《六经》、《论语》、《孟子》，都不在话下。将历代封建统治者长期尊奉的儒家经典都不放在眼里，可见李贽的"童心说"，是多么的惊世骇俗！

袁宏道仿佛忘了归期，在龙潭一住就是三月有余。他与李贽一同饮食，一同散步，一同出行，两人朝夕相处，形影不离，长谈不倦。常言道，文如其人，袁宏道感同身受，有如夏饮冰雪，快意舒畅之际，更有醍醐灌顶之感。

终于到了话别的日子，李贽执手相送。

这一送竟送出很远，一直将他送到了二百多里之外的武昌城。

抵达武昌，两人仍不忍分离，又一同游览黄鹤楼。

就在李贽与袁宏道同游黄鹤楼时，他们遭到了一伙受假道学家指使的泼皮的围攻、辱骂与殴打。 由思想交锋，发展到人身攻击，可见假道学家的嘴脸是多么虚伪，理学思想的束缚是多么严酷！

当然，特立独行、宁折不弯的李贽既没有回避，更不会屈服。

出了黄鹤楼，再游洪山寺，两人这才依依不舍地挥手作别。

第四章／南平文社

袁中郎一心向佛，刻意参禅，属意诗文，一时间，似乎忘了科举。而岁月如白驹过隙，两年多时间一晃而过，新科会试又在眼前。功名的诱惑可以强抑抵御，而老父的督责却无从逃避，他可不能陷自己于不孝之地呵！因此，纵有千般不愿，也只好硬着头皮，好好准备一番。一段时间的参禅悟道，也使得他体验到儒佛融通之趣，认识到“两家合一之旨”。于是，他仿佛换了一个人似的，一头扎到枯燥乏味的八股程式之中，对儒学典籍更是来了一番“恶补”。

其实，中郎对科举也并非一味厌恶抵制，他的心态是十分矛盾的。由读书而科举，由科举而为官，几乎是中国古代知识分子天经地义的人生基本模式。舍此之外，谁也没有想过要去改变或探寻一条新的更好的推荐、选拔人才的方式。置身当时的社会环境，中郎一时找不到另一条实现自我价值的途径，他不可能弃文"下海"做一名地位低贱的商人，也没有可供求取的其他专业与行业。他的参禅问佛，既是病魔缠身之后的悟道，在很大程度上也是科举落第后的反思。如果求取功名一帆风顺，情形又会怎样呢？并且，科举虽然弊端重重不甚人道，但这一制度，确实遴选了一大批出类拔萃的有用之才，正如唐太宗李世民所言："天下英雄尽入吾彀中矣。"正是这些优秀的科举人才，支撑着千疮百孔的封建帝国大厦。社会是世俗的，众生是功利的，哪怕仅仅为了展示一下自己的价值，满足一下家人、亲友的虚荣，也有必要再去一搏。

明万历二十年（1592 年），袁宏道迎着料峭的北风，又一次踏上了进京的迢迢旅程。

会试结束，新科放榜，袁宏道终于金榜题名，位列三甲第九十二名。

据《明清进士题名录》所记，该科取士二百九十八名，其中一甲三名，二甲五十一名，三甲二百四十四名。中郎排名中上，成绩不算理想，自然无法与当年会试第一的兄长相比，但也成了一名响当当的进士，且比取士时的宗道年轻了两岁。对故乡、家人、亲友，特别是父亲，总算有一个交代了。一时间，袁宏道的激动与欣喜之情溢于言表，哥哥宗道特地备了一桌好菜，兄弟俩一同分享这来之不易的成功与喜悦。

考中进士，下一步便是选派官职。"进士"之意，指进授爵位之人。派官有先有后，依录取等次、排序而定。按明朝惯例，一甲立刻授予官职，状元授翰林院修撰，榜眼、探花授翰林院编修；二甲、三甲在京候选，还得等上那么一段时间，然后以"朝考"成绩为准，分别授予庶吉士、六部主事等职，不少人还将远离京城，派往全国各地任官。

袁宏道进京赶考，主要是挣一个名分，并非为了当官发财，更不急于做官，多少有点为考试而考试的味道。因此，一旦高中，他就放松了，解脱了，也不管官大官小派往何处，索性请了长假，归乡省亲。

袁宗道也告假还乡，兄弟俩又像三年前一样，结伴南行。

那些官瘾十足之人，会绞尽脑汁想尽一切办法，牢牢地抓住官位，一个劲地往上爬。哪怕父母去世，依丁忧礼俗必须弃官家居守制，他们也会耍弄手腕夺情起复。而袁氏兄弟动不动就请假辞官，两相比照，说明他们不想做官实乃发诸本心，并非口头说说、笔下写写而已。

兄弟俩回到斗湖堤镇，袁家一下迎来两位进士，这对天远地偏的公安县来说，实属罕见，成为当地有口皆碑的佳话。

袁氏举家同庆，庶祖母余氏颤巍巍地举起酒杯，她是袁家的主事人，能以二房（大妾）身份当家，已属不易，更兼家旺百事兴，孙子双双高中进士，简直高兴得不能自持，不禁流下了激动而喜悦的泪水："俺一辈子为袁家操劳，而今主持家务，老天保佑，总算有了今天，就是死，也闭得上眼了……"

高中进士，不仅了却一桩心愿，也给家人带来喜庆，中郎高兴异常。洞房花烛夜，金榜题名时，衣锦还乡日，此乃人生三大乐事幸事，他都一一拥有，此生此世，更复何求？欣喜之际，自然免不了一番开怀畅饮。喝着喝着，不知不觉就感到了一股莫名的空虚与悲哀。人生如白云苍狗，转瞬即逝，难道仅为这所谓的三大乐事幸事奔波忙碌？一晃悠，二十五年光阴匆匆而逝，真正充盈于胸、抓握在手的东西，又是什么呢？天地间，是否存有超脱世俗、超越时空的永恒？当然有的，功名易逝，唯有文章永恒！想于此，中郎不由自主地打了个冷噤，全身一激灵，酒意顿然全消，不禁从眼前虚幻的陶醉中挣脱而出。告假还乡，心境安宁，环境清幽，再也没有《四书》、《五经》及八股制式的纠缠与困扰，正是天马行空、挥洒性情、自由创作的大好时光呵！此时尚不振作奋发，更待何时？“莫等闲，白了少年头，空悲切。”吟着岳飞的《满江红》，中郎感奋不已，全身充满了一股“待从头，收拾旧山河”的激情与豪迈。

经过一番鼓动，一如当年那样，袁宏道作为发起人，哥哥宗道、弟弟中道极力支持，又在公安县成立了一个新的文学社——南平文社。

当然，今日之文社，已远非少年之时的城南结社可比。

在此，一个重要的事实必须澄清，有研究者想当然地以为南平社是因为“社在公安南平”，或因公安南平古镇而命名，实则谬矣。

公安南平，离县城斗湖堤镇三十多公里，是公安县的第二大集镇，曾长期作为县城：清同治十二年（1873 年），松滋县江水决堤，殃及公安，县城斗湖堤镇被洪水冲毁，不得不迁至唐家岗（今南平镇）。第二年大兴土木，修筑城墙城门，此后便长驻于此。直至抗日战争时期的 1938 年 11 月 11 日，日机轰炸南平，官署城墙全毁，于是辗转迁往狮子口、王家厂、支苏堡、申津渡等地，1945 年抗战胜利后又迁回南平。1949 年新中国成立后，公安县政府驻地仍在南平，1955 年迁至斗湖堤镇，至今未变。

可见南平文社成立时，南平镇既非此名，也非县城。而文社不仅成立于县城斗湖堤镇，且活动范围也在城内或周边地区，从未跑到当时的南平镇——唐家岗去过。

之所以将新成立的文学社命名为南平社，实因五代十国时期，荆南节度使高季兴以所辖荆州、归州、峡州之地（今湖北西部、重庆东部）建立割据政权——南平国。南平国都城江陵（今荆州），是当时最小的国家之一，公安为其属县，中郎等人便以“南平”为名。

南平社成员主要为袁家、龚家之人，袁家除三袁兄弟外，父亲袁士瑜也参与其中；龚家有致仕还乡的外公龚大器，闲居在家的二舅龚惟学，因张居正案受到牵连赋闲在家的三舅龚惟长，还有八舅龚惟静等。而参与南平文社活动的，并不局限于文社成员，邹伯学、王辂、崔晦之、李学元等外围人员，也经常参与，时相唱和。

南平社成员的文化层次、身份地位相当之高，论功名，有进士袁宗道、袁宏道、龚大器、龚惟长四人，举人龚惟学一人；论地位，龚大器官居河南布政使，龚惟长任职福建道御史，袁宗道任职翰林。

文社虽由袁宏道发起，因属家庭性质，一切得以礼教伦理为准，自然要论资排辈，大家一致推举年高德劭的龚大器担任社长。

“长江后浪推前浪，一代更比一代强。”龚大器看到在自己的影响下，一批年轻后生茁壮成长，前途不可限量，自是乐在心头，喜上眉头。他虽然垂暮老矣，但也不甘寂寞，不顾年迈体弱，认真而自觉地担当起社长之职，表现得相当活跃。

南平社始于明万历二十年（1592 年），止于明万历二十二年（1594 年），前后约三年时间。“三年之间，时时聚首畅饮，极尽山林之乐……放浪诗酒社中。”回首南平文社，袁宗道在《龚寿亭母舅》中如此写道。

南平文社的集社活动，开展得丰富多彩、有声有色，总括而言，不外乎诗酒唱和，挥洒性情；谈禅论道，各显其学；寄情山水，游目骋怀。

袁、龚两姓，同居县城斗湖堤镇，同住城中的石浦河畔。袁宏道家住河东；袁宗道与袁中道比邻，住在河西；龚大器及诸位舅舅也住石浦东西两岸，往来十分便利。后来，袁宗道索性以“石浦”为号，又以“石浦河袁生”自称。他们朝夕聚首，每聚必饮，或家宴，或野炊，且每饮必畅，把盏赋诗，分韵为乐，直到兴尽而止。中郎《归来》一诗，写的就是当日情景：“归来兄弟对门居，石浦河边小结庐。可比维摩方丈地，不妨扬子一床休。蔬园有处皆添甲，花雨无多亦溜渠。野服科头常聚首，阮家礼法向来疏。”

当然，除吟酒赋诗而外，还要谈禅论道。既为文社，袁、龚两家，不再是一般的亲戚往来，就有了切磋学问、相互探讨的氛围。南平社的成员，兴趣十分广泛，于经术、仙道、佛禅，无不涉猎。袁氏三兄弟于性命之学和佛禅之理精研细究；龚惟学“好仙学，喜为黄白术”，“旁通天文地理医卜百家之学”；龚惟静“亦信佛法”，“高谭性命，躬行檀度”……他们聚在一起，“终日以论学为乐”。大家畅所欲言，各抒己见，不同的学问思想在此碰撞，其内在个性也显露无遗。比如袁宗道认为人生在世，应当收敛锋芒，与世抑扬，周密慎重，才能安亲保身；袁宏道则以为凤凰不与凡鸟同巢，麒麟不与凡马共食，大丈夫在世，应当独来独往，不可受制于人……不同的争辩，不同的声音，反映出文社成员不同的个性。

若论徜徉山水，他们时而在石浦河上荡舟寄兴，时而相偕出城踏青郊游，城外去得最多的地方主要有两处——二圣寺与彩石洲。

二圣寺是公安县最大的一座寺庙，居全县三十二座古寺之首，建于东晋太和二年（367 年），位于离城不远的长江中沙洲，初名天宁寺，后改为二圣寺。地址、庙宇历经多次变迁。因中沙洲长期受江水冲刷，明洪武建文元年（1396 年），基塌寺陷，不得不迁至公安油江梅园坊。明英宗正统二年（1437 年），由商人捐资，在原址对旧寺进行改修，装饰一新。后虽遭火灾，又经募捐重修，规模逐渐扩大。明嘉靖四十五年（1566 年），基址再遭江水冲噬，迁至县城东南，其中藏经阁、二圣阁由袁宏道三舅龚惟长带头捐资修建。明崇祯元年（1628 年），二圣寺遭遇一场大火，又迁回中沙洲原址。其后，兵荒马乱，寺中所藏经书图册、奇书异画，大多散失。又因洲在江中，水流冲击，河床变化，寺基崩毁，僧人离散，二圣寺渐次衰落无存。直到 2003 年，才重建于城东两三里外的长江岸边，新修的二圣殿、天王殿、大雄宝殿、念佛堂、客堂、会议厅等殿堂楼阁，可容纳上千信众。

二圣寺属佛教庙宇，其建筑格局、供奉朝拜等与一般佛寺并无二致，但寺名之由来，却与一则道教传说有关。

相传天宫两位仙童，一位名青叶髻如林，一位叫卢至德如来，两人禁不住诱惑，偷吃太上老君的仙丹而触犯天规，被玉皇大帝贬下凡尘，离开天宫飞往人间。住惯了美丽的天堂，享受了仙景的福分，哪怕沦落凡尘，他们也要寻一个美妙的去处。于是，一边在天空飘来飘去，一边瞪大眼睛四处搜寻，迟迟不肯落地。飞来找去，发现万里长江的中沙洲头，有一座刚刚落成的寺庙，里面的神位空着，还来不及供奉神像。他们觉得庙宇宏伟，装修精致，周围的环境也不错，典型的鱼米之乡呢，也算得上人间天堂了。两人一合计，决定就在这座新庙安身。于是，先托梦给江边居住的百姓，对他们说："明天清晨，江面会漂来两位大圣，要在新修的庙宇落脚，汝等必当恭敬迎候，不可冒犯神灵。"

第二天清早，江边站满了黑压压的人群，他们一边惊讶而重复地述说着昨晚相同的梦境，一边虔诚而专注地望着滚滚东流的江水，等待神灵的出现。等啊等，一直等到早饭时分，也没有奇迹发生。有人打起了退堂鼓，可一想到梦中仙人的严厉告诫，唯恐不慎冒犯神灵惹来灾祸，也就继续耐心地等候着。等着等着，汪洋恣肆的江面，出现了两个小小的黑点。黑点慢慢移动，终于漂到了近前，众人一看，原来是两根木头，不禁大失所望。正在这时，一位和尚突然现身了，指着江水中的木头说："这可不是一般的木头呵，你们不要错过机会哟，赶快捞吧！"大家一听，七手八脚地将两根湿漉漉的沉香木头打捞上岸。仔细一看，果然奇特，两根木头的长短、大小、形状，酷似男人。于是，大家高声欢呼起来，又争先恐后地将它们抬进庙中。

两根木头刚入寺庙，万里无云的晴天突降大雾，笼罩四野。和尚赶紧关闭庙门，疏导众人离去。浓浓的大雾弥漫着久久不肯散去，庙宇隐没其中，难觅其踪。直到第七天，天边突然掠过一道金光，浓雾立时消散，庙宇重现人们眼前。庙门大开，众人一拥而进，但见两个新雕而成的金刚，威严地站在和尚身旁。大家见了，纳头便拜。和尚道："我是护龙法师，现已超度完毕。两位大圣从天而降，借木脱胎，将为汝等带来幸福。"和尚言毕，转瞬消失……

从此，公安县这座新修的寺庙便叫二圣寺，中沙洲也改名为"二圣洲"。寺中供奉的两位大圣，据说经常化作牧童显灵，帮助百姓惩治贪官，保护众生摆脱苦厄，香火十分旺盛。

袁宏道被这有趣的神话深深吸引，袁宗道还将这则故事采录成文。这个神话故事作为一种生动活泼的口头文学，至今仍在公安县流传。

南平社的成员出游二圣寺，不同于一般的信众朝拜。他们从不拘泥于烧香磕头、祈求神佛等世俗的外在形式，只是借助这一场所，参禅论道，超尘脱俗，追求生命的本真与本质。他们来到这里，暂与红尘隔绝，恍若置身仙境，或阅览藏经阁佛经，或欣赏前人所遗书画，或品啜清茶研究佛理，或赋诗挥毫一抒胸臆……

在二圣寺僧人眼中，他们全是一些难得的贵宾——既是施主，又是禅学深厚的行家里手，半点也不敢怠慢，特别是对修建藏经阁、二圣阁的有功之臣龚惟长，更是毕恭毕敬。每次前来，方丈要出具茶果，有时还备上丰盛的素餐，盛情款待。寺院僧人虽为佛家弟子，但对禅学佛理，哪有南平文社的成员们研究深刻、参悟透彻呢？殷勤之余，虚心求教，有时还请他们吟诗题字。

颇有趣味的是，明万历二十二年（1594 年）清明节，袁氏三兄弟与龚氏三兄弟六人相约，出东门踏青，前来此地，袁宗道见到了少时留在二圣寺的一首题壁诗，因时间久远，已是"霉渍虫蛀"，自己都差点认不出来了，还以为是古人留下的"墨宝"呢。

正是这次郊游，袁宏道创作了一首《寒食饮二圣寺》："东风随处有亭台，寺古无僧花也开。一百五日逢寒食，三十二相礼如来。珠池宝地都成劫，汉陇秦封且举杯。石火电光只如此，白杨何事起愁哀？”

除二圣寺外，南平社成员郊游去得最多的另一处所在，便是彩石洲。

彩石洲，又称石洲、锦石滩，是一座江心自然小岛，位于城东约五公里的长江中心，在二圣寺下游不远处。该洲呈长方形，面积约三平方公里，岛上遍布形状各异的五色卵石，有的洁白如玉，有的红黄透明，有的彩纹斑斓，漂亮极了。江水向东，不舍昼夜，可对这一江心小岛却没有多大的冲淤变化，彩石洲至今犹存。

县城百姓，稍有雅兴，常出游至此，或上洲挑选彩石，把玩不已；或泛舟游冶赏月，以寄情思。“石洲待月”，乃当时“公安八景”之一。

一日，南平社员相约，一同出游彩石洲。考虑到龚大器年逾七旬，江中激流汹涌，舟船颠簸难耐，大家便将他给撇下了。

三袁兄弟及舅舅惟学、惟长一行五人，乘波踏浪，驾船顺流而东。来到彩石洲，他们一边谈天说地，打趣逗笑，一边瞪大双眼，精心挑选那些四处散落，令人赏心悦目的五彩奇石。挑着拣着，不知是谁发现湍急的江面，一条小船正追波逐浪地顺流疾驶而来。大家定睛一瞧，但见驾船的艄公，竟是一位老头，似乎一边摇动船桨，一边还向他们不停地招手致意呢。于是，他们停止拣拾，望着那快速驶近的小船，互相猜测着，这位不惧风浪的老头会是谁呢？猜来猜去，就是没有猜到来者会是三袁的外公、三龚的父亲、他们的社长——龚大器！

直到小船靠近洲边，他们才认了出来，惊喜之际，不禁异口同声地高声叫道：“外公，你怎么跑来了？”“爸呀，这大的风浪，你就不怕翻船？”“哎呀呀，都这么一大把年纪了，还逞什么能呀您！”

龚大器并不答话，只见他泊好船，停牢，系稳，这才不紧不慢地面向朝他跑来的晚辈们，故意板着脸说道：“你们几个跑来玩耍，这等好事，怎把老子一人给忘哒?!”

一句话，逗得大家哈哈大笑。

龚大器的加入，使得彩石洲上的气氛，变得更加活跃，更加愉快。老人家犹如一位活泼调皮的顽童，一会儿讲几句笑话惹得大家捧腹不已，一会儿舞几道拳脚令人刮目相看，还要求每人作一首记游诗，最好是当场吟咏，最迟不能超过明天……

这一天，他们在彩石洲玩得十分尽兴，直到深夜才逆流而上返回家中，并约好下次出游的日子。

当然，成立南平文社的目的并不在于游玩，而是借聚会、饮酒、游乐的形式，吟诗唱和，讨论艺文，探研学问，取长补短，互相启发，不断提高。他们常因心中的疑问，或者不同的观点发生争执，激动之时，也就忘了祖孙、父子、舅甥的长幼尊序，有时争得面红耳赤也不肯罢休，非要参个明白，弄个究竟，讨个“公道”不可。

第五章／再访麻城

袁宏道于麻城龙湖拜访李贽之后，受到他的深刻影响，加之南平文社自由活泼的聚会切磋，使得他的文风发生了极大变化，写下了不少质朴自然、明快秀丽的优美诗句，比如“青溪六七里，白恰二三人”；“稻熟村村酒，龟肥处处家”；“东风随处有亭台，寺古无僧花也开”；“白雾迷荒楚，青流带远空”等。

对他这一时期创作的转向与巨变，袁中道在《吏部验封司郎中中郎先生行状》一文中写道：“先生既见龙湖，始知一向掇拾陈言，株守俗见，死于古人语下，一段精光不得披露。至是浩浩焉如鸿毛之遇顺风，巨鱼之纵大壑。能为心师，不师于心；能转古人，不为古转。发为语言，一一从胸襟流出，盖天盖地，如象截急流，雷开蛰户，浸浸乎其未有涯也。”

南平文社的活动，纯以参研文学、性命之学为要，不沾科举八股，不带任何功利色彩。三年结社，袁中郎的创作日趋成熟，独特的文学观点与理念正在形成。正是这一时期，他开始对李梦阳、何景明以来的文学复古运动及模拟之风提出质疑，在《答李子髯》中写道：“草昧推李何，闻知与见知……模拟成俭狭，莽荡取世讥。直欲凌苏柳，斯言无乃欺。”并对民间文学予以高度评价：“当代无文字，闾巷有真诗。却沽一壶酒，携君听竹枝。”

身居公安，亲人团聚，谈诗作文，其乐融融。尽管如此，袁宏道心中，仍惦记着他的忘年之交李贽。

此次高中进士，请假返乡，袁宏道的主考官、座师焦竑又托他抽暇再次前往麻城，探望李贽。焦竑真不愧为李贽的知己与挚友，身居高位，总是热切关注、大力支持这位被世俗目为狂人、异己与另类的孤傲老人。袁宏道忘不了李贽的启发，忘不了他们之间那超越年龄与功利的真挚友谊，当然，也没有忘记焦竑的嘱托，一直牵挂、惦念着李贽，寻找机会再访麻城。

心中所念，有感而发，付诸文字，袁宏道写了一首《怀龙湖》：“汉阳江雨昔曾过，岁月惊心感逝波。老子本将龙作性，楚人元以凤为歌。朱弦独操谁能识，白颈成群尔奈何。矫首云霄时一望，别山长是郁嵯峨。”

明万历二十一年（1593年）初春，弟弟中道乡居，袁宗道、袁宏道前往看望，留宿村中。三人相聚，免不了谈学论道。聊着聊着，平日心中所积疑惑如疙瘩般难以解开，如淤塞的河流，大家渐感滞涩，用袁中道在《东游纪事》一文中的话说，就是“殊不得力”。这时，兄弟三人不约而同地想到了李贽——卓吾先生或许能助他们“一臂之力”呢。于是，中郎提议前往麻城，一则践行座师焦竑相托，二则寻师访道解惑明理，可谓一举多得。哥哥袁宗道当即响应，他对上次公务返乡焦竑所托看望李贽因故未能成行之事一直耿耿于怀，总想找个机会补偿一下呢。而袁中道三年前在武昌与李贽曾有过短暂的一面之交，深为推许，也想再次问道龙湖。

兄弟三人一拍即合，返回县城，便开始了远行的一应准备工作。袁中道家里的大米快吃完了，不得不准备十多石谷子留在家中。袁宗道路子广，通过关系租了一艘合适的楼船。

消息在亲友中传开，不少人也想跟随前往。八舅龚惟静心中有疑，对李贽尤为仰慕，这样难得的机会，自然不肯错过；袁宏道的举业师王辂想借机游览沿途美景，尽享山水之乐，于是成员增至五人。

原定三月十日发舟，突然下起一场大雨，一连下了八九天，真可谓春雨绵绵。十九日，好不容易盼来了天晴。二十日，中郎一行乘坐租来的楼船，踏上了专程拜会李贽的麻城之旅。

久雨初霁，江水猛涨。“江草青青江水流，荆州何日到黄州？”刚一上船，中郎便按捺不住江水般澎湃的激情，恨不能插上翅膀，即刻飞抵麻城龙湖。

船行途中，两次被风雨所阻。船泊江岸，但见乌云翻滚，风吼浪急，潮打船舷，中郎不免觉得“潇湘风雨动人愁”。他们一行之所以“敢向乾坤寻胜览”，不惧山重水复路途遥远，“只因李耳在西周”。是的，在中郎等人眼里，他们前往拜访的李贽，就是昔日写下《老子》五千言的李耳。

风雨稍止，“寻访团”又解缆出发了，经石首、君山、嘉鱼等地，抵达武昌。然后舍船登陆，望东北方向前行。

到达麻城县城，一行人稍作调整，又马不停蹄地赶往三十里外的龙潭。

龙潭，又名龙湖，是一个幽美僻静的好所在，宽大的瀑布如风吼雷鸣般奔泻而下，与山脚岩石冲击，久而久之，激而成潭。潭深十多丈，潭水青青，一眼望不到底，仿佛有蛟龙潜卧其间，故曰龙潭。龙潭四周，群山莽莽连绵起伏，树木苍翠遮天蔽日。龙潭右岸，依山傍水建有一幢漂亮的房屋，这栋精舍，便是李贽寄身养命、讲学求道的芝佛院。

这些天来，大家风雨兼程，水陆并进，到得龙湖，本当好生歇息，却被眼前这别有洞天的美丽风景所吸引，一时间全都忘了疲劳。大家一边欣赏，一边惊叹，恨不能将四周美景尽收眼底，纳入胸中。就连一向沉稳的袁宗道也激动不已，后来，他还舞动生花妙笔，写了一篇名为《龙湖》的美文，认为龙潭山水之美，实在超乎他的想象，出乎他的意料之外，其中有语道："余本问法而来，初非有意山水，且谓麻城僻邑，当与孱陵、石首伯仲，不意其泉石幽奇至此也。"他们认真地欣赏着，一时间，似乎弄清了李贽何以隐居于此的缘由。这里不仅山高水长，树木葱茏，风景优美，环境幽静，适合隐居，还贯注着一股激发创作灵感的内在神韵呢。龙潭龙潭，龙游水底，真不愧一块藏龙卧虎的风水宝地呵！一眼相中此地，可见卓吾先生不仅是声名卓著的思想家、文学家，还是名副其实的阴阳家兼风水师呢。奇人，真乃大奇人也！

袁宏道虽在这里住过三月，仍被老师、舅舅、兄弟等人的情绪感染了，不禁再次陶醉其中，并作《龙潭》诗一首："孤舟千里访瞿昙（瞿昙即释迦牟尼），踪迹深潜古石潭。天下岂容知己二，百年真上洞山三。云埋龟岭平如障，水落龙宫湛似蓝。爱得芝佛好眉宇，六时僧众礼和南。"

"有朋自远方来，不亦乐乎！"李贽对袁宏道一行五人的专程来访，简直可用"欣喜若狂"一词加以形容了，赶紧将众人延至芝佛院休息。

大家进入其中，但见上殿供奉阿弥陀佛，下殿供奉韦驮尊者，并非正规寺院，用李贽的话说，"即人间之家佛堂也"。

一阵寒暄过后，李贽又命人备置酒菜。僧尼吃素，可李贽不拘泥于外在形式，百无禁忌，不遵戒律，不禁荤腥。

接风宴上，李贽虽然生性不喜饮酒，为表诚意，还是把盏临风，满满地敬了众人一杯。

这次专访，目的并非游冶宴乐，而在切磋论道、探究学问。于是，袁宏道在将别后思念之情一吐为快后，又将两年来的治学收获一一告知，并与袁宗道、袁中道、龚惟静、王辂一道，就一些疑惑、古奥的问题与李贽展开深谈，或请他解说，或相互探讨，求索真谛。

袁宏道等人这次在龙潭一住又是十天。

正是这次拜访，李贽通过谈话、观察与感受，对袁氏三兄弟的个性特征各有了解，评价甚高：伯修稳重朴实，中郎、小修英伟出众，都是天下名士。特别是中郎，识力胆略异于他人，仿佛横空出世，真是一个英灵男子！

据现有资料所载，袁宏道与李贽有过三次会面。第一次是袁宗道、袁宏道、袁中道三兄弟同访，时间为明万历十八年（1590 年）春，地点在郢中；第二次是明万历十九年（1591 年）春，袁中郎独自一人前往麻城专访；第三次，即袁氏三兄弟与八舅龚惟静、举业师王辂五人共访。

就三袁兄弟与李贽的交往而言，除共访外，袁中道还单独与他有过两次见面：明万历二十年（1592 年）拜会流寓武昌的李贽；明万历二十九年（1601 年）龙潭芝佛院被焚，李贽出走麻城，落脚北京通州马经纶家，袁中道前往探望。

袁宏道与李贽的三次会面，后两次准确无误，唯有第一次的三兄弟同访，无论时间，还是地点，都大可质疑。三袁探访李贽的记载，详见《柞林纪谭》。这篇题为“公安袁中道编”的七八千字长文，当时即有学者认为是伪作。比如萧士玮在《春浮园别录》中写道：“近日伪书流传，如《龙湖闲话》、《柞林纪谭》诸刻，真可恨也。”然而袁中道本人却不曾否认，他在记录个人游历行迹的《游居沛录》卷十中写道：“昨夜，偶梦与李龙湖先生共话一堂。是日，有人持伯修、中郎与予共龙湖论学书一册，名为《柞林纪谭》，乃予兄弟三人壬辰岁往晤龙湖，予了草记之，已散佚不复存，不知是何人收得，率尔流布。夜来之梦，岂兆此耶？”从中我们可以看出，《柞林纪谭》早已散失，在流传过程中，出现了不少誊抄本，因袁中道当时所记“了草”（潦草），传抄时免不了以讹传讹。他对“原版”本来就不甚满意，面对新的“手抄本”，也只好无奈地长叹一声，写下“率尔”二字作罢。尽管如此，袁中道还是将《柞林纪谭》作为附录二收入个人文集《珂雪斋集》中（并见《李温陵外纪》卷二）。

除具体细节所叙不实及流布过程中的以讹传讹外，袁中道基本认可了《柞林纪谭》所记属实，可见三袁兄弟确曾有过共访李贽之事。

《柞林纪谭》全文，主要记录了他们前往拜访的经过、求教解惑的对谈，生动详尽，神形毕肖。李贽在该文中，用的是化名，称为“柞林叟”，说他遍游天下来到郢中。“郢”为古楚国都城（纪南城），又代指楚国。郢中，即楚国中心，当指荆州江陵，也有人认为是公安县城。据《柞林纪谭》所记，柞林叟（李贽）常提一个竹篮，一旦喝醉就在街上游走，说话颠三倒四，言行多有狂悖。明万历十八年（1590 年）春流落于一座村落野庙，袁氏三兄弟得知后同往拜访。稍一交谈，便觉他是一个“大奇人”，于是兴趣陡增，三人就心中疑惑虚心求教，老叟既不推辞也不拿捏，倾尽满腹学问及个人好恶，一一作答。大家相谈甚欢，久之方散。等到下次再去探访时，竟无从寻觅，不知这孤怪老头跑哪儿去了。

关于这次三袁兄弟同访，有人认为是明万历十八年春，有人说是明万历二十年春。无论是明万历十八年春还是明万历二十年春，这段时间，李贽皆隐居麻城，从未到过荆州（仅短暂流寓武昌），更不用说前往公安县城斗湖堤镇了。再则，如果是明万历二十年春，袁中郎正在京城参加会试，放榜后还逗留了约两个月才与袁宗道一同南归，根本不存在拜会李贽的可能。

况且李贽素有洁癖，也不喜饮酒，时间地点、人物性格都不吻合。哪怕记忆有误，作为对李贽颇为了解的袁中道而言，也不会出现他醉游郢中这样常识性的错误。如此疏漏，在将《柞林纪谭》收入个人文集《珂雪斋集》时，只要稍作更正、修改即可，可袁中道仍然保留原样。于是，我们的解释只有一个，那就是有意为之：故意隐去李贽姓名，代之以"柞林叟"；将麻城与荆州混为一体，为的是缩小友人之间的距离；李贽常出奇语，言人所不言，被封建卫道者视为大逆不道，《柞林纪谭》便说他醉后胡言，"语多癫狂"……袁中道如此"混淆视听"，原来"事出有据"——当时确有一位不知来自何地、姓名何许的醉叟在公安县活动，并与袁宏道、袁中道交往多年，他们经常一同游历，中郎还为他写过一篇《醉叟传》（见《瓶花斋集》卷七）。

其实，只要我们稍加留意，便可发现，《柞林纪谭》其中一段所记，并非三人，而是五人共访情景："十五夜月色明，伯修、以明、寄庵、中郎并予坐于堂上饮酒。"至于相会地点，《柞林纪谭》写道："叟坐谓予曰：'此去荆州千有二百里，太远矣。安得朝夕与商榷乐忘死邪！'"如果在郢中，柞林叟还会说此地离荆州一千二百里之遥吗？荆州至麻城，虽同属湖北一省，但一在东北，一在西南，以今日裁弯取直之公路，尚有四百多公里，而当年沿九曲回肠之荆江，过石首、岳阳、洪湖、嘉鱼，在武昌登岸，步行抵达麻城，真可谓千里迢迢，难怪李贽要发出"太远矣"的慨叹。因此之故，所谓三袁的第一次共访李贽，实为五人，拜会之地点，即麻城龙潭。《柞林纪谭》所叙，其实就是明万历二十一年（1593 年），袁氏三兄弟与龚惟静、王辂的五人共访。只是出于某种需要，袁中道有意张冠李戴，他所看重的，并非如何会面、时间地点之类的表面形式，而是坐而论道的具体内容，这才是他回忆并加以记叙的主要而真实的意图。

综上所述，笔者以为，中郎与李贽一生仅有过两次会面，即两次前往麻城的专程拜访。

因有《柞林纪谭》存世，中郎一行龙湖问道的内容及情景，便生动地呈现在我们眼前。袁中道文中所记，也并非他们的某一次探讨，而是待在龙湖的十天时间里，多次切磋问答的综合记录。其实，李贽在《柞林纪谭》中的思想观点，也散见于他的一些著作之中。

写到这里，笔者突然想到了一个饶有兴趣的问题——语言。李贽出生泉州，说的是闽南方言，这一方言虽与中原（河南）有着密不可分的渊源，但就表面而言，与普通话差不多属于两套完全不同的语言体系。笔者在厦门工作生活近十年，于当地的闽南方言，听得懂的不到一半。公安方言属北方方言区，除个别字音、语调外，与普通话相差无几。如果没有普通话这一媒介，双方各操方言母语，显然是无法沟通的，因为他们根本就听不懂对方在说些什么。会试高中，派往全国各地为官的进士，都得操一口“官话”（与今日的普通话接近），否则无法交流。就现有资料而言，古时没有专门的语言培训机构，也没有今日通行的字母、拼音等，要过语言关，只好无师自通。李贽与袁宏道一行论道时，肯定是操了一口官话，只是这官话说得如何，笔者就不敢恭维了。哪怕今日闽南人说普通话，用他们的话说，都会带有一股“地瓜腔”，因此不少家庭，从小就不让孩子讲当地方言，以免普通话说得不够标准。

因此，我们可以推想的是，李贽的“闽南官话”初听起来会有一些障碍，慢慢地就会明白晓畅了。

先是伯修向李贽发问：“圣人与凡人的不同之处在哪里？”

李贽道：“不必谈圣人与凡人的异同，你认为什么是圣，什么是凡？圣即是凡，凡即是圣，它们之间，哪有什么截然之分！”

小修问：“先生遍游天下，最看重、推崇的是什么人？”

李贽说：“什么人也不推崇。古往今来，难有真正的豪杰，即便有，也算不得彻底的好汉。”

话题由此展开，李贽对古代名士如荆轲、田光、管仲、晏子、张良、韩信等人，自有一番独到的评价与见解。

然后，他们又谈到了杜甫与司马迁。李贽认为杜甫不仅诗歌写得好，胸中更有一股不屈服于淫威的大丈夫英雄豪杰之气，令人叹服；他对司马迁的评价很高，说他是一位少有的天下大侠。

谈到“六经”，李贽说：“《易经》乃圣典学脉，《书经》是史官文饰之书，而《春秋》不过是一时的褒贬之案罢了。”

接着转入学问之道的探讨。

伯修问：“学道是不是一定要做一个豪杰？”

李贽说：“如果这样，便是死路一条，每人各有自己的独到与精彩之处，学既成章，便是豪杰，世上哪有一个固定的可以学成豪杰的准则呢？”

小修问：“学道要不要根器与天赋？”

李贽答：“当然要！根器天赋就是骨头，人有了骨头才可以学道。”

伯修问：“做学问的人，要不要求取功名呢？”

李贽答：“治世的事，能够求取到手的，有什么难？唯有大学问才是自己受用，非言语所能辨析也。”

伯修问：“学道后就不怕生死了吗？”

李贽道：“别人怕不怕不知道，但我是怕的。”

伯修再问：“怕也是天生的，比如我从小就怕放铳。请问先生，不知怕生死之怕，与这怕放铳之怕，是否同一码事？”

李贽说：“怕从小就有，难道不是一样？”

伯修道：“看来这胆气也是天生的，由不得自己。”

李贽点头说：“不错。”

这时，中郎却对李贽的看法表示了不同意见。刚才都是伯修、小修问得多，说得多，而一旁的他，则很少开口，不过偶尔插句把话而已。中郎认真地倾听着，用心感受当时的氛围，尽力揣摩李贽那既独特又深刻的人生见解。

"先生这一看法，我可不敢苟同。"中郎道，"人的胆量即便是天生的，也与后天环境及培养有关。比如乡村小孩，见人就怕，后来搬到闹市住个两三年，见的人多了，自然也就不怕了。可见这胆气，也是可以培养的。"

李贽闻言，心中一惊，当时将目光转向中郎，开颜笑道："你这看法不错。说到底，人只是一个见识，见识多了，胆子自然也就大起来了。"

中郎说："人生在世，也不能太胆小，太怕事。"

伯修不同意他的观点："不怕事，必坏事。"

弟弟小修也附和大哥道："怕事并不是坏事，比如行船，遇上风浪必得小心谨慎。当然，如果风平浪静，仍四顾踌躇，担心倾覆之灾，就一辈子也不能航行。又譬如骑马，上坡过桥自然应该小心谨慎，若平坦直路仍担心失足，则终生便与骏马无缘了。"

李贽对小修之说也表示赞同，认为人生在世，既怕事又不怕事，才是天下第一等有筋骨之人。

由此，中郎对李贽的认识又深了一层。李贽毫无忌惮，我行我素，敢于与一切邪恶势力挑战，看似一个胆大无比、横冲直撞的猛夫、莽夫，实则一位粗中有细、进中有退、张弛兼备、刚柔结合之人。只有这样的人，才是天下第一等筋骨之人。

论及生死大事，李贽对众人说："诸公既来，何以教我？"

大家便将个人对生死的看法一一道出，就正于李贽。

谈到后来，自然要涉及性命之学的内容，他们谈到了佛祖释迦牟尼及禅宗五祖弘忍。

往来问答，看似随意而率性，但都倾尽平生学问与见解。三袁兄弟之问，涉及的范围非常广泛，包括为人处世、治学之道、佛教禅宗、老庄之学等诸多方面。李贽既不矫饰，也不掩饰，向客人敞开心扉，或对他们的问题一一解答，或循循善诱，或有意反诘，阐述博大精深之至理。李贽还谆谆告诫袁氏兄弟："做学问不能流于清议空谈，要真实受用才行。不然，停留于道理上的纠缠，如何了得？"又说："天下之事，怕只怕事理不通，事理既通，做起来就没有多大难处了。"论及自身，李贽说他既冷又热，平生讨厌流俗之人，见了唯恐避之不及，这时的他，便冷若冰霜；若遇志趣相投之人，便以豪杰相待，披肝沥胆，这时的他，则仿佛换了一个人似的，热忱之至。他说世上没有十全十美的完人，人人都有缺点，人若没有缺点，就是死物一个，换个角度，缺点即是你的好处……

他们纵论古今，旁征博引，相互切磋，妙趣横生，渊博的学识、超人的智慧与深邃的哲理在无拘无束的对谈中时时流溢闪烁，正所谓"一时嬉笑怒骂，壁立万仞之机锋，如写生照"。

十天时间一晃而过，宏道一行告别李贽起程回乡，真可谓乘兴抱惑而来，兴尽释疑而归。

还在麻城时，中郎便写了一组《别龙湖师》的短诗八首，其一曰："十日轻为别，重来未有期。出门余泪眼，终不是男儿。"宾主难舍难分，真可谓执手相别泪眼，李贽又是一路长送。中郎告别诗之二写道："惜别在今朝，与君去遥遥。一行一回首，踟蹰过板桥。"李贽当即回赠短诗八首，其二曰："无会不成别，若来还有期。我有解脱法，洒泪读君诗。"

聚散离合乃人之常情，李贽期待着他们再寻机会前来龙湖。没有想到的是，世事变幻，神秘莫测，此次离别，除八年后小修与李贽在北京通州有过一次短暂重逢外，其余四人，皆成永诀。

第六章 / 新官上任

明万历二十二年（1594 年）初秋，中郎离开故乡，以新科进士身份，赴京谒选。

此时，伯修休假期满，拟归京任职；小修赴武昌应乡试，并欲出外游览山水；于是，袁氏三兄弟一同起程北上。

历经三年的南平文社，随着三袁兄弟的离开公安，就此自动解散。

此次结社，与阳春社及城南社相比，主要成员没有多大变化，外围圈子更小，仅局限于家庭内部，但时间比以前更长；

内容比以前要单纯一些，属真正的文社，不必像以前那样考虑科举功名；而诗文成就，随着三袁兄弟的成熟，自然远超过去之上；更为重要的是，赋诗论学、互相探讨的热烈氛围，培养了他们独立思索、勇于创新的性格特征，为以后自觉担当起反对拟古派的重要使命奠定了思想基础，区域性的结社活动为日后的全国性结社及公安派的诞生积累了丰富的实践经验。

三人到达武昌，小修留下参加省试，中郎与伯修继续望北前行。

刚到京城，袁宏道便写了三首《忆弟》诗，其中的“万里南征路，扁舟去不来”，“东来书一纸，读罢泪如丝”，表达了兄弟朝夕相处，一旦分离后的深切思念之情。

北方的秋天比江南相比，在中郎心中，自有一股更深的萧瑟与落寞。他在给八舅的诗《寄散木》中写道：“只觉悲秋苦，哪堪别赋工。予瞻南去雁，尔望北来风。寒日疏篱菊，清霜落井桐。江湖夕照里，登眺许谁同？”

当时惯例，新科进士派官，依名次先后而定。一甲当即进入翰林院，二甲、三甲候选，二甲或有机会留京任职，而三甲一般而言，只有选派“外官”的分儿了。以袁宏道名列三甲第九十二名的成绩，毫无疑问只能外放，派个知县或教官了。

候选一般在八九月间，中郎虽然请假“歇”了两三年时间，可朝廷并未马上给他派官。他对当官本来兴趣就不大，于选派何处自然不甚特别看重，也就听天由命地静心等候。这段时间，他与汤显祖、王图、曹学佺、董其昌、王一鸣等一班朋友游京郊，登高山，过古寺，宿僧房，欢聚游宴，日子过得十分逍遥而自在。

当然，中郎独自一人时，想到即将派放之官，大不了一个七品县令，心里多少还是有点郁闷。为求排解，他挥笔写了一首《京师夜坐》：“兀坐醒醒闷，读书字字难。竹枯知凤馁，瓶涩验天寒。事往心方省，穷来交渐宽。微官犹窘我，羸马日长安。”

虽无半点从政经验，但从终日上朝、疲累不堪的哥哥伯修及其他熟识的朝廷官员，即可推知官场之累，还在候选期间，他就写了一首《为官苦》：“自羽落青松，玄霜化秋草。燕市多冲飙，日暮红沙道。男儿生世间，行乐苦不早。如何囚一官，万里枯怀抱。出门逢故人，共说朱颜老。眼蒿如帚长，闲愁堆不扫。”

弟弟小修武昌省试未中，北上游历燕地，于冬天也来到了北京。

兄弟三人又在京城聚首了，大家欢欣无比。

十二月的一天，中郎来到吏部，终于等到了谒选结果——授吴县知县。

吴县属苏州管辖，“上有天堂，下有苏杭”，能到“天堂”去做一名父母官，总比派到穷山恶水之地强似百倍。这样一想，中郎不觉感到了几分宽慰。

明万历二十三年（1595 年）二月六日清晨，北风凛冽，白霜覆地，寒气逼人。中郎离开京城，踏上了南下赴任的旅程。哥哥宗道、弟弟中道将他送到城外，置酒南岗，举杯话别。

宗道性情温和，待人真诚，稳重老成，他以兄长身份，希望中郎就任后，做一位勤勉的好官，钱谷出入要慎重，不可挥霍浪费，更不能结党营私。中国以县治为单位进行管理，一县之长，位卑权重，事关百姓民生，责任十分重大。

中道性情洒脱，人又年轻，酒量虽大，可几杯下肚，说话就有点狂放之态了。他反驳宗道说，大哥呵你不要婆婆妈妈的啰里啰唆，人生在世，就要活得洒脱，按自己意志行事，切不可过分压抑扭曲自己，也不必为官场上一些无谓的约束所左右。坐看云卷云舒，卧听潮起潮落，任凭荣枯兴衰，管它浮沉起落！

常言道，一母生九子，九子九个样。袁宏道的性情，可谓宽猛兼济，觉得兄长、小弟所言，皆有道理。他说人生在世，谨慎也罢，潇洒也好，总之不论何时，都不能消沉颓废，而要刻意精进，砥砺前行。

兄弟情深，一举杯就滔滔不绝没个尽头，不忍轻言话别。眼看红日西沉，不能再饮下去了，何况还有同行的友人等在一旁呢。于是狠狠心，站起身来，各自跨上骏马。一时间，“马尾对马尾，东西倏异位”；回头相互挥了挥手，“欲哭近妇人”；那么还是将泪水咽进肚中，强作欢颜吧，可“一笑飞寒泪”，真个伤心欲碎也。袁宏道在《出燕别大哥三哥》一诗中，将兄弟分手的悲痛难舍之情，描绘得淋漓尽致、入木三分。

与袁宏道一同南下任职的友人，还有汤显祖、王一鸣、江盈科、汤沐、黄兰芳、沈凤翔等人，他们或为外放的新派县令，或为上京述职后回任及调任的官员。

这群人中，中郎与汤显祖、江盈科过从最密，感情最深。

汤显祖（1550—1616 年），字义仍，江西临川人。曾任太常寺博士、礼部主事、浙江遂昌知县等职，他是赴京述职后返回浙江遂昌，而与中郎一同南下的。汤显祖是明朝著名的戏曲家、文学家，今存戏曲五种，诗文多部。主要成就为戏曲，是继元代关汉卿、王实甫之后中国古代又一位伟大的戏剧家，代表作为《牡丹亭》、《南柯记》、《邯郸记》、《紫钗记》，合称“玉茗堂四梦”，又名“临川四梦”。其中《牡丹亭》影响最大，从古至今，上演不绝，几乎达到了家喻户晓的程度，并传至海外，享誉世界。汤显祖明确提出文章应以“立意”为主，将思想内容放在首位，强调文章之妙在于“自然灵气”，是反对复古派的重要人物之一。他在遂昌当了五年知县，将一个虎患连连、破败贫穷的山城，治理得井井有条。为此，汤显祖曾不无得意地写道：“山也清，水也清，人在山阴道上行，春云处处生；官也清，吏也清，村民无事到公庭，农歌三两声。”流芳千古的《牡丹亭》，便是他在遂昌任上所作。汤显祖与袁宏道，一在江西遂昌，一在江苏吴县，两人书信往来，互相唱和。袁宏道称汤显祖的诗“凌厉有佳句”，与徐渭并列第一；汤显祖则说他“极服楚才，以为不可当”；他们互相推崇，共同砥砺，共创一代文学之新风。

江盈科（1553—1605年），字进之，湖南桃源人。生于农家，从小颖慧，读书十分刻苦，与袁宏道为同科进士，选派长洲知县。长洲与吴县接壤，治所同在苏州。江盈科文学修养深厚，文笔甚健。江盈科为袁宏道的早期三种著作《敝箧集》、《锦帆集》、《解脱集》写过序，袁宏道也为他的《雪涛阁集》作序，对其文学成就予以高度评价：“进之才高识远，信腕信口，皆成律度，其言今人之所不能言与其所不敢言者。”还说他的文章“超逸爽朗，言切而旨远，其为一代才人无论”。江盈科是地位仅次于三袁兄弟的公安派健将，对流派的开创与拓展，立下了不可磨灭的汗马功劳。江盈科创作甚丰，今存《雪涛阁集》、《雪涛诗文辑佚》、《雪涛阁四小书》、《明皇十六种小传》等作品约八十万字，且质量颇高，袁中道说他“诗多信心为之，或伤率意，至其佳处，清新绝伦，文尤圆妙。可爱可惊之语甚多，中有近于俚语者，稍为汰之，精光出矣”。难能可贵的是，江盈科于诗文之外，还创作了不少小说、寓言、笑话等体裁的通俗文学作品，这于当时的正统文人士大夫而言，是一个重大突破。

且说袁宏道等人与送行的宗道、中道等亲友在南岗告别之后，他们望南迤逦而行，过卢沟桥，夜宿涿州，又经河间、沧州、高唐、东阿、滕县等地，马不停蹄，日夜兼程，在运河舍马登舟，顺流而下。

过镇江时，趁船靠岸停留之机，中郎与江盈科一道，游览了当地名山——金山与焦山。游毕回船，随即赋诗四首，写景状物，抒发情感，表达思想，自然而精到，充分展示了中郎日益成熟的诗艺。如《登焦山逢道人》一首写道：“问君何计得心休，口不能言但点头。潮去潮来分子午，花开花落验春秋。窗间低穴常穿隼，灶下残炊每下猴。敝衲如烟身似鸟，过年将作武夷游。”

袁宏道抵达吴县任所时，已是桃花盛开的暖春三月。面对眼前美景，按捺不住心头的喜悦之情，写了一首颇有趣味的《渐渐诗》，并将它题在壁上：“明月渐渐高，青山渐渐卑；花枝渐渐红，春色渐渐亏；禄食渐渐多，牙齿渐渐稀；姬妾渐渐广，颜色渐渐衰。贱当壮盛日，欢非少年时。功德黑暗女，一步不相离。天地犹缺陷，人世总参差。何方寻至乐，稽首问仙师。”

此次南下赴任，行程三千多里，历时一个多月，沿途游览了诸多山水名胜，写下了不少颇有价值的优美诗篇，袁宏道将其全部收入《锦帆集》中。

吴县前任县令任僖，已升为刑部主事，作了一名京官。而他留给袁宏道的，却是一堆剪不断、理还乱的棼丝。

吴县自古繁华，这里出产丰富，但赋税特重，加之一些不法官吏从中作恶，巧取豪夺，本应生活得十分幸福的小民百姓，却受尽盘剥，怨声载道。

吴县县府与长州县府、苏州州府同设苏州城内，这里官吏多、富豪多、名士多，关系盘根错节，异常复杂。所谓牵一发而动全身，袁宏道要想管好治好吴县，谈何容易！

对吴县情形略有所知的京城师友，不禁为他深感担忧，一介性情洒脱的风流名士，受得了官场的规则与束缚，治理得了那些狡吏猾胥吗？会不会深陷其中同流合污，贪图享乐，不能自拔呢？或者形同摆设虚掷光阴，不管不问，无所作为？

而有过多次失望的吴县官民，对这位新来的年轻县令，能否革除弊政，带来新的气象，也持一种怀疑态度。

人，有时真是一个复杂的矛盾体，想是一回事，说是一回事，而做又是另一码事。芸芸众生，极少人能将想、说、做三者和谐完整地集于一身。任职吴县的袁宏道也是如此。还在京师候选时，便觉外派县官，官小而事杂，心情颇为郁闷。他十五六岁即成立文学社并任社长，卓越的组织管理才能早已露出端倪，志存高远的他，对七品芝麻官着实没有多大兴趣。可当他接任吴县县令之后，面对腐败官场与受困百姓，顿感肩头责任重大。毕竟，此时的中郎还不到二十八周岁，正值年轻气盛之时，“新官上任三把火”，他决心整顿吏治，改革现状，放手大干一番，上不负朝廷所托，下不负百姓期望。于是，满腹牢骚、忧郁烦闷不觉一扫而空，变得热血沸腾、豪情满怀。

初来乍到，情况不熟，他将这一弱点与不足尽可能地转化成一种优势，利用别人尚不认识、了解他这位县太爷的时候，不露声色地深入民间，调查了解真实情况，在第一时间掌握第一手资料，找出症结所在。

一番明察暗访，中郎发现吴县主要存在三大问题：衙役成群，人浮于事；苛捐杂税，多如牛毛；奸吏猾胥巧立名目，在本已沉重的赋税之上增收新的捐税牟取暴利。针对这些弊端，他以快刀斩乱麻的凌厉之势，采取了一系列行之有效的改革措施，严加整顿。

首先拿县衙“开刀”，裁汰冗员，肃清纪律。

他对县衙所有官员进行甄别考核，分成几种类型，分别对待处理。对那些廉洁自律、克己奉公、才华出众的官员，根据他们的能力与经验，量才器使，安排在合适的岗位。而对那些不学无术的庸官冗官、办事拖沓的懒官闲官，袁宏道不得不讲究一定的艺术与策略。

说到底，庸官懒政是封建专制暴政下的产物，仅靠他一人，根本解决不了问题的实质。哪怕一定程度的改革、改进与改良，也只能在可控的范围内步步为营，慢慢推进。中郎不可能一下子将这些人全部扫地出门，矛盾一旦激化水火不容，可以预见的是，改革不仅不能成功，他本人还将招致无端的诬陷乃至不择手段的攻击。

于是，他先将他们搁在一旁，薪俸照发，闲置不用。这些人平时懒散惯了，不用干活银子白拿，自然乐得如此，便三五成群地聚在一起，或饮酒作乐，或四处闲逛，优哉游哉。派了一个月的银饷，中郎就借故停发了。囊中羞涩，日子慢慢不大好过起来。可是，干活拿饷，不干扣发，此乃天经地义，不便强求，更不便闹事，他们只好无可奈何地枯坐衙门，或请求派点活儿干干。而县衙之内，一个萝卜一个坑，官位已满——那些留用的干练能吏，虽然一人干着过去几个人的事情，却也办得有条不紊、圆圆满满，根本用不着太多的人手。

自知理亏，自觉没趣，自然心虚气短。日子一长，这样干耗着也不是个事儿，这伙人只好另寻出路，主动离开县衙，作鸟兽散。

袁宏道略施小计，没有遇到多大阻力，便以“柔”制胜，顺利地达到了精简人员、节省开支的目的，根除了县衙人浮于事的现象。接着趁热打铁地制定县府官吏严格遵守的规章纪律，彻底改变了吴县官场散漫腐化的沉寂局面，树立起清正廉洁的崭新形象。

如果说整治衙署使用的是“软”计谋，那么改革赋税，采取的则是毫不留情、坚决打击的“硬”措施。

官署所派赋税本来就多，加之乡师里胥从中搜刮，妄收多收，百姓如何承受得了？又怎能不怨声载道？朝廷所征之税，以中郎一介小小县令，自然不敢抗旨不遵，也无法变更减免。他所能做的，就是铲除障碍，理清渠道，照实收缴，以此减轻百姓税收负担。

他了解到，乡师里胥作弊的主要方式，一是弄虚作假伪造名册，对上瞒报户口；二是巧立新的税收名目，横征暴敛。通过瞒上欺下的手段，以权谋私，贪污获利。

吴县位于江苏南部，长江三角洲中部，太湖之滨，县域历代有所变化，袁宏道任职时，全县面积一千五百多平方公里。适宜的气候、丰富的物产、便利的交通等优越的自然地理条件，决定了吴县自古以来，经济十分繁华。于是，高额税收，也就成为官府财政的可能与“依赖”。日久生弊，长期以来形成的瞒上欺下模式，已成习见的一种“惯例”，全县乡师里胥，概莫如此。

吴县面积虽不大，但若全县乡镇同时清理整顿的话，县衙人手肯定不够。于是，袁宏道决定先从其中某一乡镇入手，积累经验，总结教训，然后以点带面，扩至全县。

一天，他带领一行人马来到一个乡镇，命人叫来当地的几位税务官，查看他们所造税收簿册。他认真地翻阅着，马上就发现了其中的几处破绽，突然将脸一板，桌子一拍，厉声质问到底是怎么回事。

既然造假，他们也就作了准备与对策，尽管吓得浑身发抖，还是拿出编好的一套谎言，支支吾吾地应付狡辩。袁宏道有备而来，又是一声令下，命人叫来长期遭受欺压忍无可忍的数位百姓，当堂对质。在铁的事实面前，税务官员瞒上欺下、横征暴敛的丑恶行径暴露无遗。

眼见这位新来的县令虽然年轻，但明察秋毫十分了得，他们知道纸包不住火，为求宽大处理，便将过去的种种舞弊行为，一五一十地全盘招供。

以此为开端，袁宏道一鼓作气，从一个乡镇到另一个乡镇，在全县范围内开展了一场大规模清理赋税、彻查奸吏的严厉措施。

在聚光灯下，那些贪赃枉法的乡师里胥无从逃遁，个个原形毕露。袁宏道命人将他们押解至县，一一结案，然后投入大牢，绳之以法。

这次整治税收的清理行动，共查获额外税收近十万银两。袁宏道将其暂入官库，然后贴出告示，凡被强征多收的百姓，可自报数目，只要属实，县府如数退还。

吴县百姓闻讯，莫不奔走相告，举额相庆，都说上天有眼，终于给他们派来了一位清明廉洁的“父母官”，并称他为“袁青天”。

袁宏道的改革措施，虽有益于广大民众，受到当地百姓的热烈支持、极力拥护与高度赞颂，但因触及少数官吏的既得利益，自然遭到他们的嫉恨与反对。一天，他收到了一封没有落款的信函。拆开一看，信中所书，对他在吴县轰轰烈烈开展的整顿吏治、清理赋税等措施，大肆攻击，恶毒谩骂。袁宏道轻蔑地笑笑，将匿名信揉成一团，顺手扔在一旁。阻力、谩骂、攻击，早在预料之中，要是没人跳出来反对，那才怪呢。行动之初，就已做好了挨骂、攻击、捣乱，甚至是挨整、撤职、查办的思想准备，那么，一纸谩骂又算得了什么？因此就没把它当回事儿。

但是，树欲静而风不止，攻击谩骂乃至诬蔑诽谤的匿名信却一封接一封地投入县衙。第一封已经扔了，后来投入的，中郎便留了个心眼，将其保存下来，置于案头。刚开始还是没把这当回事，而投得多了，便不得不引起他的重视。信的内容大同小异，或攻击新政，或辱骂中郎，语言恶毒肮脏。他将这些信函放在一起比对，发现每封字体虽有变化，但间架结构如出一辙，从用笔习惯、落笔力度来看，极有可能出自同一人之手。然后，他又慢慢研究揣摩，终于证实了自己的猜测——是的，没有多人参与，只能是单独一人所为！他决心弄个水落石出，将此人从阴暗的角落拎将出来。

一连几天，都没有查出什么结果。

这天，袁宏道外出归来，见县衙旁边有一占星卜卦摊点，他没有径入衙门，而是往旁一踅，朝卦摊走了过来。

他从不看相算命，也不信占星卜卦这一套。他的参禅问佛，是对生命内在本质的一种追求，并不拘泥于烧香跪拜等外在形式，与卜卦占星之类的迷信风马牛不相及。他走向卦摊，也并非一时心血来潮占卜什么，只因摊主身材瘦削，腮留长须，身穿长袍，一副道士打扮，想到过去自己病重时探究的性命之学，突然就想与他攀谈攀谈。

没有想到的是，卦师一见中郎移步而来，神色骤变，马上慌了手脚，急忙收拾摊子，就要离开。

难道辖下小民胆怯畏惧，担心县太爷问罪不成？可透过占星人惊慌失措的神态，内里分明藏着一副鬼胎。袁宏道一声断喝，命他站下。卦师闻言，四周望了望，如若违命，估计难以逃脱，只好止步站在原地。

袁宏道走上前来，厉声问道："我来求卦，为何逃跑？"

卦师支吾其词，说并非逃避，而是去办其他事情；又说天色渐晚，正要收摊，没想到县太爷过来了；还说能为老爷效劳，那是他求之不得的荣耀。

袁宏道冷冷地听着，将他从上到下好好打量一番。为了弄清事实真相，本不想算命的他，只好"将计就计"，请他占上一卦。

卦师一边念念有词、煞有介事地推算着，一边写写画画。

袁宏道当然不必管他装模作样地说了些什么，他所专注的，是他握笔的姿势，运腕的力度，下笔的习惯，以及那落在纸上的笔画、字迹。占星人虽然故意狂放潦草，不让中郎看出破绽，可怎么逃得过中郎那副"火眼金睛"呢？他当即断定，那一连串针对县政改革的匿名信，全部出自眼前此人之手。

真是"踏破铁鞋无觅处，得来全不费功夫"，一个偶然的机会，就使得匿名信事件昭然若揭。"够了，不要再往下表演了！"中郎向他做了一个打住的手势，然后威严地说道，"无耻刁民，你不仅天天写信骂我咒我，还把摊子摆到县衙门口示威来了，胆子可真不小啊！"当即命令衙役将他拿下。

在确凿的证据面前，卦师不敢抵赖狡辩，只得一一招供：他不仅多次投写辱骂信函，还利用职业之便，四处散布反对新政改革的诬蔑言论。一些不明真相的百姓受到蒙蔽蛊惑，差点上当受骗。

那么，卦师何以屡屡要跟县令过不去，故意惹是生非、顽抗硬对呢？

原来，他是此次新政改革利益受到损害的少数人之一。卦师的儿子，是一个狡猾的里胥，在全县乡镇清理赋税的严厉措施中，瞒上欺下、贪赃枉法、中饱私囊的行径被查获，不仅打到大狱至今没有获释，还受到查抄家产的处分，也就难怪这位里胥之父痛恨辱骂袁宏道了。

卦师诽谤县令案很快传遍吴县，一些受蒙蔽的人清醒过来，转而拥护、支持新来的县令。那些违法乱纪、心怀不满之徒，也不得不有所收敛。于是，全县百姓，都说袁宏道明察秋毫、办事果断、措施得力、治理有方，称他为“升米公事”。

同在一城的苏州知府孙成泰，得知袁宏道整肃官场、清理赋税大见成效，对他的改革措施不禁大加赞赏。没有发生任何动乱，冗官顺利裁汰；没有减少朝廷分文收入，百姓的苛捐杂税却得以减轻。这些切实可行的手段、措施与经验，不是值得全府学习、广泛推广吗？于是，孙成泰一声令下，苏州府传示所辖各县，皆以吴县为榜样，裁撤冗员，核实赋税，减轻百姓负担。

袁宏道受到鼓舞，又办了不少利于百姓的好事。不到一年，就将一团乱麻般的吴县治理得井井有条，官员勤勉有为，百姓安居乐业，政治清明，经济振兴，昔日的繁盛景象，得以重现于世。

中郎的治吴政绩传到京城，那些为他担忧的亲友先是释然，后是欣然、雀然，称赞他是一位有志、有才、有为之士。

当朝首辅、吴籍人士申时行听说袁宏道的治吴事迹后，情不自禁地叹道：“吴县二百年来，还从没出过这样清明能干的县令呢！”

第七章／文学革新

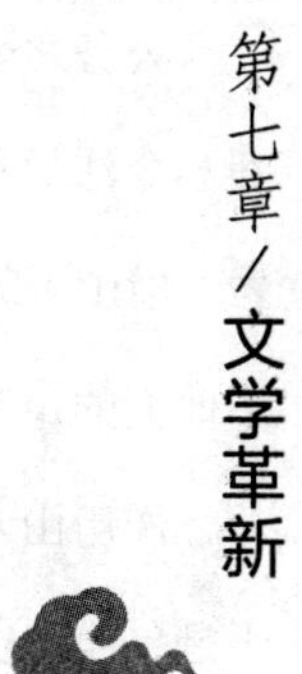

一

袁宏道任职吴县期间，其功绩不仅表现在政治革新，更体现在文学上的拓荒与创新。

就任吴县伊始，袁宏道较之以前，仿佛换了一个人似的，他以一个政治家、改革家的身份，大刀阔斧，革除弊政。当棼丝理顺、政令畅通、成效初现，一切走上正轨之后，袁宏道的文人之气，又开始露头了。

只有从文，才是他安身立命的根本。说到底，他的骨子里头，更多的是一股士人墨客之风。

公务之余，袁宏道不仅与门客方子公等人饮酒对弈，还与同居一城的长洲县令江盈科一道游历为乐，周边的诸多名胜，比如虎丘、上方、天池、灵岩、横山、天平、西洞庭、东洞庭、锦帆泾、姑苏台、百花洲等地，都留下了他们的足迹。

游历山水，于中郎而言，往往是创作的酵母，每有所感，必形诸文字。于是，他将这一时期的诗文整理成辑，并以其中的一景命名，称为《锦帆集》。江盈科为之作序，予以高度评价："君诗词暨杂著载在兹编者，大端机自己出，思从底抽，摭景眼前，运精象外，取而读之，言言字字无不欲飞，真令人手舞足蹈而不觉者。"

袁宏道的诗文，自初次拜晤李贽之后，即有了质的突破；再经南平文社历练，又是一变，皆出自内心，发乎真心、本心；外放吴县为令，事务繁剧，疲惫不堪，而作为补偿的诗文，则变得更其空灵浪漫，所谓"言言字字无不欲飞"，当然，也更趋成熟了。

诗文创作，只是袁宏道文学活动的一个方面。他这一时期的文学状态与内在主题，便是改革与创新。政治革新，清除积弊，文学也不例外。中郎针对晚明盛行一时的复古模拟之风，毅然举起文学改革的旗帜，正式提出"独抒性灵，不拘格套"的"性灵说"，形成了自己独特而完整的文学理论体系。

行文至此，我们对袁宏道所处的晚明时代及文坛现状，有必要介绍一番。

明朝，与中国古代历史上交相更替的其他王朝一样，开启之初，君王总是吸取前朝教训，休养生息，励精图治，显得勃勃生机；而承平日久，则腐化堕落，弊政丛生，江河日下。

二十岁的万历刚一亲政，即刻翻脸，对恩相张居正展开总清算。人亡政息，张居正的十年改革成果一旦付诸东流，也就意味着早已疲弱衰朽的明王朝再无中兴之望，只能苟延残喘地一步步走向崩溃的终点。

短暂的勤恳、兴奋与激情过后，万历皇帝因立储一事与群臣发生矛盾冲突，开始了长达三十年之久的“消极怠工”。他深居内宫，既不上朝召见大臣，也不披览处理各种奏章，哪怕军情紧急仍然无动于衷。万历怠政最严重的后果之一，便是朝廷官员的任免长期处于半停顿状态，在职命官无以考绩升迁，空缺之位不能及时补充。皇帝借口有病在身，宁可与宦官一起玩掷银游戏，也不肯上朝理政；而官员呢，干与不干、干好与干坏一个样，官心涣散，吏治松弛，贪污腐败；上自朝廷，下至各级政府机构长期处于瘫痪状态，国家机器无法正常运转。加之天灾濒发，西北、华北地区遭受大面积旱灾、蝗灾，“赤地千里”，于是，全国各地大小冲突连续不断，各种矛盾日益尖锐：失地农民与豪强地主水火不容，长期对峙；为缓解入不敷出的财政困难，明廷巧立名目增收赋税，兴起的矿工、织工等市民阶层，主体意识日益觉醒，掀起了抗税罢工的反抗斗争；农民起义、兵变时有发生，民族矛盾更加激化，东北少数民族——满族起兵叛明建立后金政权，东南沿海倭寇侵扰不断……所有这些，都在蚕食、动摇、威胁着大明王朝的统治根基。虽然风雨飘摇、日薄西山，但当时谁也没有想到的是，仅仅半个世纪之后的1644年，明朝便在如潮水般汹涌入关的满清铁蹄的践踏与席卷下分崩离析、土崩瓦解了。

明朝中后期，社会风尚也在发生急剧变化，“承平日久，民佚志淫”，“浮华渐盛，竞相夸忘情诩”，“狱讼嚣繁，善俗渐衰矣”。随着商品经济的萌芽、发展、发达，明初有关车马、居处、器皿、服色、首饰之类的禁令已成一纸空文，封建礼制受到了挑战，不仅富裕阶层奢侈挥霍，就是普通庶民百姓也以新异奢靡为荣。这些，已成为全国各地的一种普遍现象，经济发达的江南地区尤其突出，而杭州、苏州、临清、湖州等以商业为主的城市则更加厉害。

此外，打牌赌博、狎妓宿娼、宠幸男色等恶习也成为一种时尚。比如赌博，据田艺蘅《留青日札摘抄》所记：“小者金银珠玉，大者田地房屋，甚至于妻妾子女，皆以出注输去与人……而苏常一路尤甚，士大夫归家者，则开赌坊，盖避禁也。”关于娼妓，谢肇淛在《五杂俎》中写道：“今之娼妓布满天下，其大都会之地动以千百计，其他穷州僻邑，在在有之，终日倚门献笑，卖淫为活，生计至此，亦可怜矣。两京教坊，官收其税，谓之脂粉钱。隶郡县者则为乐户，听使令而已……又有不隶于官，家居而卖奸者，谓之土妓，俗谓之私窠子，盖不胜数矣。”该书对男宠也有记载：“今天下言男色者，动以闽、广为口实，然从吴、越至燕、云，未有不知此好者也。”

昔日的行为规范一旦突破，封建等级、尊卑观念随之动摇，正如钟薇《倭奴遗事》所言：“五十年来，沧桑一变，酿成薄恶之俗。日尚浮靡，耻闻俭素……贵贱无等，长幼无伦，风日下趋，莫之能挽。”作者所写乃松江、苏州一带情状，正是袁宏道治下的民风实况。

在商品经济的冲击下，人们的思想观念、价值取向也必然相应地发生改变，商业、商人受到重视，对金钱、财富的追逐与崇拜，成为整个社会的狂潮，“金钱之神，莫甚于今之时矣”。薛论道《林石逸兴》（卷五）收入的《题钱》歌，便是当时民众心态及社会价值的真实写照：

人为你跋山渡海，人为你觅虎寻豺，人为你把命倾，人为你忘忠信；细思量多少不仁，铜臭分明是祸根，一个个将它务本。

人为你心烦意恼，人为你梦扰魂劳，人为你易大节，人为你伤名教；细思量多少英豪，铜臭分明是祸苗，一个个因他丧了。

哲学，是时代的概括与反映。主体意识的觉醒，人性的复归，私欲的膨胀，猛烈地冲击着长期占主导地位的所谓正统思想程朱理学。随着封建传统道德伦理观念的没落，取而代之的是一种具有庞大理论体系的新的哲学——心学。因其代表人物为王守仁，又称“王学”，其主要命题“心即理”、“致良知”、“知行合一”，直接针对的就是朱熹的道统观念。以“心即理”反对朱熹的“知先行后”，以“致良知”反对朱熹的“格物致知”，冲决“存天理，灭人欲”的纲常伦理束缚，提倡“知行合一”，由异端渐至发展为晚明哲学主流，“门徒遍天下，流传逾百年，其教大行。”

李贽的哲学思想，便是心学发展中的重要一环。王守仁的弟子因对他的学说有着不同的理解，于是形成了浙中王门、江右王门、泰州学派等不同的派别。而对明朝中后期产生重大影响的是泰州学派，由泰州人王艮、颜钧传至何心隐、罗汝芳。何心隐认为物欲是合理的，追求声色安逸是人的天性，提倡“寡欲”、“育欲”，满足本有的欲望而有所节制。罗汝芳提出“赤子之心”说，“天初生我，只是个赤子。赤子之心浑然天理，细看其知不必虑，能不必学”，并将心学引入禅宗。李贽是王艮之子王襞的学生，受何心隐、罗汝芳影响较深，但又有所突破。比如李贽认为自私既是人的本能，也是社会发展的动力，这就不仅与程朱理学背道而驰，也突破了属于儒学分支的心学的范畴；比如他在罗汝芳“赤子之心”的基础上，提出自己的“童心说”，反对一切假人、假事、假言、假文，锋芒直指儒教，认为正是那些所谓的儒学经典，导致了后世道学家们的伪善：“六经、《语》、《孟》，乃道学之口实，假人之渊薮也。”

哲学是时代的前驱与先声，适应、改变乃至引导着社会的前进与发展。

晚明士人作为一个特殊的群体，在时代风尚与哲学主流的影响下，发生嬗变实乃势所必然。价值的多元、政治的险恶、官场的腐败，使得士人心态从过去的热衷功名，发展到绝意仕进、弃官不就，出现了一大批名士、狂士、隐士，他们或纵情声色、嗜酒如命，或寄托山水、怡情自足，或出入佛老、求禅问道。

哲学，是文学的基础与先导。与朝政没落腐败相对应，晚明文坛也是一派萧瑟衰朽，长期把持文坛的是以“前七子”、“后七子”为代表的复古主义。在具有启蒙性质的哲学思想引导下，晚明文学正酝酿着一场巨大变革。

其实，前后七子出现之初也曾发挥过一定的积极作用，有着不可磨灭的进步意义。

“文以载道”是中国自古以来的文化传统，与明初高度集权、文化专制相适应，文章的定义是“明道致用”，标准是“合道”，从理论上排斥六经以后的几乎所有文学作品。明廷网罗了一大批御用文人，专门歌功颂德、溜须拍马、粉饰朝廷，形式讲求平正典雅、纡余婉折、开合有度。于是，出现了一种新的文体——台阁体。

台阁体一味掩盖矛盾、点缀太平，缺少真情实感，空洞无物、千篇一律、寡淡无味。正是这一陈陈相因、平庸靡弱的文体，把持文坛近百年之久。长期的枯燥沉闷、死水一潭，必然激起强有力的反弹与反击，“前七子”便是针对台阁体而出现的一个新的文学群体。

前七子出现在明弘治年间（1488—1505 年），主要代表人物有李梦阳、何景明、徐祯卿、边贡、康海、王九思、王廷相七人。他们结成一个文学团体，认为“诗至唐而古调亡”，“宋儒兴而古文废”，由此提出了“学不得古，苦心无益”的论调，影响了整个文坛。

前七子的出发点与主观愿望是好的，他们都是进士，颇负气节，怀着强烈的使命感，发出了否定台阁体的声音，欲为当时的文学指出一条新路。他们选择的路径是复古，从古人的诗文——汉魏、盛唐诗歌中汲取营养，以“拨乱反正”。

广大文人深受台阁体之害，因此，前七子的复古主张一出，很快风行天下，掀起了一场文学复古运动。但他们对文学的独创性缺乏深刻认识，李梦阳在《再与何氏书》中写道："夫文与字一也。今人摹临古帖，即太似不嫌，反曰能书。何独至于文，而欲自立一门户邪？"以书法类比，强调文学的模拟性，并将古人的一些结构形式视为固定法式。设若人人不敢"自立门户"，文学何能与时俱进、发展创新？

在前七子之后的明嘉靖年间（1522—1566年），以李攀龙、王世贞、谢榛、宗臣、梁有誉、徐中行、吴国能为首的七人继续提倡复古，他们犹嫌前七子的复古分量不够，提出了"文必秦汉，诗必盛唐，大历以后书勿读"的文学主张，继续推波助澜，比前七子声势更为浩大。为与前七子相区别，称其为"后七子"；因出现在嘉靖年间，又名"嘉靖七子"。

后七子接过前七子的复古大旗，将这一运动推向极端，其弊端也就更甚。他们认为诗歌至盛唐达到高峰，散文至西汉臻于鼎盛，自此以后，诗文便不足观。因此，今人吟诗作文，只须模仿古人，"琢字成辞，属辞成篇"就行了，其他的什么意蕴呀，成法啦，过去都有，就不必再费心机了。

严格说来，前后七子标榜的所谓"复古"，实为"拟古"，以模拟为创作法门，作品既缺乏创新形式，更缺乏创新精神。比如后七子主要代表人物王世贞的一首拟古乐府《上邪》，其中的"上邪，与君相知，譬彼结发而盟，山摧海枯志不移"，便明显套用了汉乐府中的"上邪，我欲与君相知，长命绝衰。山无陵，江水为竭，冬雷震震，夏雨雪，天地合，乃敢与君绝"，从句式到内涵太过近似，实难称之为创作。这样的例子较多，比如李攀龙的拟《陌上桑》更甚，除个别字词、句子外，几乎就是照抄了汉乐府《陌上桑》。

前后七子把持文坛近一个世纪，以致"天下推李、何、王、李为四大家，无不争效其体"。于是乎，文人以复古为圭臬，以模拟相标榜，雕琢日盛，抄袭成风，严重窒息了诗文的生机与发展。本以反台阁体为目的，结果重蹈覆辙，发展到后来，使得晚明文坛更加萧条沉寂。

当然，也有不少有志、有识、有勇之士奋起抗争，对前后七子的复古论调加以反对，甚至猛烈抨击。比如前七子时的画家兼诗人唐伯虎、文徵明，后七子时的散文流派“唐宋派”王慎中、唐顺之、归有光等人，就发出了反对复古主义的声音，只因势单力薄，难以形成强有力的冲击与颠覆，前后七子的主张，仍嚣甚尘上。此后的徐渭、李贽、焦竑、汤显祖等人，也曾激烈反对，他们在哲学思想、文学创作上都有新的突破，但仍旧没能彻底撼动复古主义的顽固根基。

二

晚明时期，是一个衰朽堕落、喑哑沉闷的时代，也是一个呼唤人才、亟待转型的时代。社会，唯有革故鼎新，才能向前发展，文学也不例外。

袁宏道对前后七子早就不满，在诗文中时有流露。他十分清楚，如果没有大的动作与规模，仅仅发点牢骚写点小诗，这种“小打小闹”根本无法改变盛行的复古文风。经过一段时间的积蓄、酝酿与准备，他的文学革新观点不断明晰，且日渐系统，但是，他还在等待，以寻找一个合适的机会，向前后七子的复古主义宣战。

明万历二十三年（1595 年）九月，袁中道从山西大同来到江苏吴县。袁宏道三月抵吴就职，父亲袁士瑜得知消息，马上从公安老家赶来，一住就是四个多月。父亲离开不久，弟弟又来了，这种天伦之乐，使得中郎在繁忙的公务之余，感到了少有的温馨与喜悦。

袁中道自武昌府试落第后，一直云游四海，日子过得率性而自在。于游山玩水、友人聚会、饮酒作乐之际，他的诗文却没有废弛，写得更勤了。这次与二哥相聚，自然带来了近期创作的大摞诗稿。

中道虽然科举不顺，比两位兄长坎坷多了，但他才华出众，十多岁就写下了长赋《黄山》、《雪》，洋洋洒洒五千余字。他为人不拘小节，处事收放自如，性情极其洒脱，所写诗文虽多，却不善保管，随写随丢，包括备受中郎称道的长赋《黄山》与《雪》，也不甚珍惜，不知散落何处无处寻觅。中郎不知说过他多少次，有时还代为他收藏，中道这才将所写诗文有意识地留存下来。

夜深人静，中郎读着弟弟近期创作的诗歌，觉得他的创作与前相比，又大有长进。袁中道游历的山西、河北等地，好多都是中郎没有到过的，但从诗中，不仅能感受到北国的雄奇壮美，更能感受到中道那发自内心的真挚之情。他的这些诗歌，全为个人心声的自然流露，没有一首矫揉之作。担心这些上乘之作再次散失，中郎觉得有必要帮他印行出版。

于是，将以前留存的诗稿汇在一起，兄弟俩一番斟酌，终于辑成了袁中道的第一部诗稿。

按当时的刊刻惯例，总得有篇序言才是，由中郎作序，自然是再合适不过的人选了。读着编定的袁中道诗稿，于弟弟的成长与成熟，中郎喜不自禁，同时，他又如鲠在喉，觉得有许多话要说。突然间，中郎灵光一闪，何不趁此作序之机，由中道的诗歌实践，亮出自己深思熟虑的文学革新主张？

中郎找到了一个良好的契机与突破口，一篇名为《叙小修诗》的序言一挥而就。

《叙小修诗》以辩证发展的思维观审视文学变迁，主张诗歌创作应发乎真情，出自作者本色，针对文坛抄袭模拟的复古思潮，旗帜鲜明地提出不拘格套、独抒性灵的文艺观点。

《叙小修诗》是袁宏道刺向复古主义的一篇“亮剑”之作，全文仅一千来字，但语言生动，论述精辟，说理透彻，逻辑严谨，文风犀利，不仅浓缩了袁宏道文学思想之精华，也可视为公安派向前后七子复古主义发出的挑战宣言：

弟小修诗，散逸者多矣，存者仅此耳。余惧其复逸也，故刻之。

弟少也慧，十岁余即著《黄山》、《雪》二赋，几五千余言。虽不大佳，然刻画饤饾，傅以相如、太冲之法，视今之文士矜重以垂不朽者，无以异也。然弟自厌薄之，弃去。顾独喜读老子、庄周、列御寇诸家言，皆自作注疏，多言外趣。旁及西方之书、教外之语，备极研究。既长，胆量愈廓，识见愈朗，的然以豪杰自命，而欲与一世之豪杰为友。其视妻子之相聚，如鹿豕之与群而不相属也；其视乡里小儿，如牛马之尾行而不可与一日居也。泛舟西陵，走马塞上，穷览燕、赵、齐、鲁、吴、越之地，足迹所至，几半天下，而诗文亦因之以日进。大都独抒性灵，不拘格套，非从自己胸臆流出，不肯下笔。有时情与境会，顷刻千言，如水东注，令人夺魂。其间有佳处，亦有疵处，佳处自不必言，即疵处亦多本色独造语。然予则极喜其疵处。而所谓佳者，尚不能不以粉饰蹈袭为恨，以为未能尽脱近代文人气习故也。

盖诗文至近代而卑极矣，文则必欲准于秦、汉，诗则必欲准于盛唐，抄袭模拟，影响步趋，见人有一语不相肖者，则共指以为野狐外道。曾不知文准秦、汉矣，秦、汉人曷尝字字学《六经》欤？诗准盛唐矣，盛唐人曷尝字字学汉、魏欤？秦、汉而学《六经》，岂复有秦、汉之文？盛唐而学汉、魏，岂复有盛唐之诗？唯夫代有升降，而法不相沿，各极其变，各穷其趣，所以可贵，原不可以优劣论也。且夫天下之物，孤行则必不可无，必不可无，虽欲废焉而不能；雷同则可以不有，可以不有，则虽欲存焉而不能。故吾谓今之诗文不传矣。其万一传者，或今闾阎妇人孺子所唱《擘破玉》、《打草竿》之类，犹是无闻无识真人所作，故多真声，不效颦于汉、魏，不学步于盛唐，任性发展，尚能通于人之喜怒哀乐嗜好情欲，是可喜也。

盖弟既不得志于时，多感慨；又性喜豪华，不安贫窘；爱念光景，不受寂寞。百金到手，顷刻都尽，故尝贫；而沉湎嬉戏，不知樽节，故尝病；贫复不任贫，病复不任病，故多愁。愁极则吟，故尝以贫病无聊之苦，发之于诗，每每若哭若骂，不胜其哀生失路之感。予读而悲之。大概情至之语，自能感人，是谓真诗，可传也。而或者犹以太露病之，曾不知情随境变，字逐情生，但恐不达，何露之有？且《离骚》一经，忿怼之极，党人偷乐，众女谣诼，不揆中情，信谗齎怒，皆明示唾骂，安在所谓怨而伤者乎？穷愁之时，痛哭流涕，颠倒反覆，不暇择音，怨矣，宁有不伤者？且燥湿异地，刚柔异性，若夫劲质而多怼，峭急而多露，是之谓楚风，又何疑焉！

袁宏道的文学革新主张，在此前的诗文、书信中，可谓比比皆是，但在《叙小修诗》中反映得更为集中。 他先破后立，反对以模拟为特征的古典主义，建设以性灵说为基础的浪漫主义，其理论思想主要体现为四点：一、反对模拟；二、不拘格套；三、提倡性灵；四、注重内容。

关于反对模拟之风，中郎在致友人丘长孺的一封信中说得最为直接而痛快：

唐自有诗也，不必选体也；初、盛、中、晚自有诗也，不必初、盛也；李、杜、王、岑、钱、刘，下迨元、白、庐、郑，各自有诗也，不必李、杜也。赵宋亦然，陈、欧、苏、黄诸人，有一字袭唐者乎？又有一字相袭者乎？至其不能为唐，乃是气运使然，犹唐之不能为选，选之不能为汉、魏耳。今之君子，乃欲概天下而唐之，又且以不唐病宋。夫既以不唐病宋矣，何不以不选病唐，不汉、魏病选，不三百篇病汉，不结绳鸟迹三百篇耶……

中郎认为，时代在变，诗歌的内容、形式也随之改变。一味模仿古体古制，句比字拟，帮凑成诗，实乃创作的忌讳与大敌。

再看不拘格套。所谓“格套”，是指古诗文的规律与格调，被当时的复古派文人视为圭臬。前后七子的所谓“文必秦汉，诗必盛唐”，就是以秦汉古文、盛唐诗歌为楷模、标准、格式，来规范、衡量当时所有诗文。如此一来，必然言之无物，陷入形式主义泥淖。

袁宏道是一自由洒脱之人，怎肯牺牲自然情感与独特思想，甘受日趋烦琐的格套之束缚？因此，他一任才情纵横，想说什么就说什么，想写什么就写什么，无拘无束，无挂无碍，绝不拾人牙慧。他认为格套并非一成不变，“以不法为法，不古为古”，才是高妙的境界，“故善画者，师物不师人；善学者，师心不师道；善为诗者，师森罗万象不师先辈。”他在《答李元善》中写道：“文章新奇，无定格式，只要发人所不能发，句法、字法、调法，一一从自己胸中流出，此真新奇也。”

前两点重于“破”，指陈复古派的僵化与荒谬，击中“穴位”与要害；而后两点提倡性灵、注重内容则在于“立”，阐述文学革新主张，高扬“性灵”大旗。

性灵说是公安派文学观的精髓与核心，文学若没有性灵，便如人没有灵魂一样，不过一具行尸走肉而已。中郎在《识张幼于箴铭》中写道：“性之所安，殆不可强。率性而行，是谓真人。”内在的“性”与“真”，外现为作者的情趣与灵感，便是文学的性灵。

江盈科在给袁宏道文集《敝箧集》撰写的一篇序文中，将性灵与文学的关系，以及性灵对文学的作用，阐述得十分具体而透彻：

> 诗何必唐？又何必初与盛？要以出自性灵者为真诗耳。夫性灵窍于心，寓于境。景所偶触，心能摄之；心所欲吐，腕能运之。心能摄境，即蝼蚁蜂虿，皆足寄兴，不必雎鸠、驺虞矣；腕能运心，即谐词谑语，皆是观感，不必法言庄什矣。以心摄境，以腕运心，则性灵无不毕达，是之谓真诗……盖新者见嗜，旧者见厌，物之恒理。唯诗亦然，新则人争嗜之，旧则人争厌之。流自性灵者，不期新而新；出自模拟者，力求脱旧而转得旧。由是以观，诗期自性灵出尔，又何必唐，何必初与盛之为沾沾哉！

唐诗虽是诗歌的高峰，但不是唯一标准。唐诗再好，只知模仿，也脱不了陈旧的窠臼，令人生厌。只要出自本心，发乎性灵，流于真情，这样的诗歌就是新诗、真诗，当然也是好诗。中郎心中的好诗好文，至少应具备三个标准：抒写性灵，讲究趣味，出新出奇。

当时的文人，只知寻章摘句、模拟剽窃、无病呻吟，写出的文字，自然涂脂抹粉、虚情矫饰、华而不实，根本就没有什么“货真价实”的内容可言。对此，袁宏道提出了“文以质胜”的观点。质，即真实的内容与情感，注重“真”与“实”的相互结合，才有可能写出千古流芳的永恒之作。

三

袁宏道以“不拘格套，独抒性灵”的性灵说，发展为公安派完整的文学理论体系，进而成为晚明文学新思潮的理论核心，既有无数前人、社会环境的重要影响，也是他善于学习、不断吸收、取长补短、广采博纳、锐意创新的结晶。

早在南北朝时期，就有了性灵之说。颜之推在《颜氏家训》中认为“文章之体，标举兴会，发引性灵”，《梁书·文学传论》也有“夫文者妙发性灵，独抒怀抱”，这里的性灵，仅指个人性情及审美情趣而已；唐宋时期，文学批评强调明道致用，性灵便很少提及，偶尔出现，也被框定为合乎封建礼教规范的中正平和之性情；明初宋濂曾以性灵论诗，指远离尘世、清淡冲远的情怀，一种没有矫饰的自然天德；明代中叶，心学盛行，谈性灵者便多了起来，但其理解主要偏重于自然真实的感情。直到袁宏道之前，关于性灵的论述都是片段而零碎的，并未形成明晰的概念与思想。

袁宏道完整的性灵说既承袭了传统性灵论，所谓“喜怒哀乐嗜好情欲”，即人固有的自然本性、心灵直觉、真实情感，同时加以丰富深化，于文学创作，则体现为日常的“韵”、“趣”、“淡”、“质”等美学范畴。“夫性灵窍于心，寓于境。境所偶触，心能摄之；心所欲吐，腕能运之。”袁宏道提倡的性灵，是外部感性世界与内在精神世界相互作用、相互激发、相互协调的结果，“以心摄境，以腕运心，则性灵无不毕达”。

袁宏道性灵说也受到了佛学的浸润与影响。对佛学特别是禅宗有着深入研究的他，深得其内在精髓，比如禅宗强调“本心”，佛性即本性、本心，“佛是自性作，莫向身外求”，“自性悟，众生即是佛”，这种自心、自性显然对袁宏道产生了重要影响。他对《宗镜录》作过认真研究，著有《宗镜摄录》一书，《宗镜录》之“心”有别于禅宗之“心”，强调以一心为终始，以一心圆摄一切法的主体性。于是，他以性灵为本原，而“性灵窍于心”，他的诗歌便“出自灵窍”，由此可清晰地见出《宗镜录》的心本论与性灵说一脉相承的关系。

袁宏道的性灵说还得力于李贽“童心说”的直接影响。公务之余，李贽的著作是他的常读之书，吴县上任后，中郎在给李宏甫（李贽字宏甫）的一封信中写道：“幸床头有《焚书》一部，愁可以破颜，病可以健脾，昏可以醒眼，甚得力。”《童心说》见《焚书》卷三，自然也是中郎读得最多的一篇力作。李贽在《童心说》中认为，童心即真心，“夫童心者，绝假纯真，最初一念之本心也。”他以童心为标准衡量为人与为文，“若夫失却童心，便失却真心；失却真心，便失却真人。”而真正的大道理与好文章，也是出自于童心。袁宏道的性灵说认为作文应源于自性、本性，而不假外求，与童心说可谓如出一辙。李贽的“童心说”向封建文化、儒家理学挑战，“性灵说”则在文学领域对前后七子的传统规范进行突围，他们都对旧有的精神传统，对现存的思维习惯、行为准则进行破坏乃至颠覆，提倡人性的解放，树立个体的尊严。

中郎在吴县敢于挑战复古派，亮出自己的文学旗帜，这种勇气与信心，明显受到了李贽疏狂叛逆、挑战正统、冲决罗网的大无畏精神鼓舞。但是，他也从李贽的身世与遭遇中，吸取了不少教训。李贽以“异端”自居，不惜一切乃至生命，以前所未有的决绝姿态，向整个封建专制发起挑战，结果命运多舛，时常遭受无端的攻讦与打击。于是，袁宏道就不得不讲究一点斗争的策略与艺术。李贽身上，有着闽南人强烈的反叛精神，但又不乏一点“胡闹”的味道。袁宏道因袭了楚文化的浪漫风骨，那种有如天马行空的无拘无束、自由洒脱，其实与李贽有着一定的区别。袁宏道虽然服膺、崇敬李贽，但没有达到盲从的程度。长期以来，他保持着自己的个性与认识。随着对李贽的认识渐深，便觉得他“性甚卞急”，其思想与见解多少有些偏激，“尚欠稳实”，特别是历经吴县县令的一番“磨炼”，“遭横口横事者甚多”，深感人心之险恶，社会之复杂，有时达到了难以想象的地步。封建文化几千年来的长期积淀，实非一朝一夕所能改变，只能在有限的范围内作出相应的调整与改变。袁宏道将宽泛的“童心”，缩小至“性灵”这一文艺领域之内，强调“矫枉”与“救穷”，集中火力猛批前后七子的复古思想。封建文化的积淤太厚，社会不可能复归“童心”，不可能不受任何约束地奔放自如。而文人学士吟诗作文追求“性灵”，倒是可以做得到的。因此，李贽批判整个社会基础的“童心说”四处“碰壁”，而袁中郎提倡的“性灵说”文学革命则获得了极大成功。

当然，哥哥袁宗道的影响更其深远。如若追根溯源，袁宗道实为公安派的发起人，首开性灵说之先河。清人朱彝尊在《明诗综·袁宗道》中写道："伯修才不逮二仲，而公安派实自伯修发之。"于复古派的"文必秦汉，诗必盛唐"，袁宗道早就不满，"与同馆黄辉力排其说"，并写有批驳前后七子的《论文》上、下篇。在《论文》上篇，他写道："口舌代心者，文章又代口舌者也。展转隔碍，虽写得畅显，已恐不如口舌矣，况能如心之所存乎？"袁宗道不仅认为文章是心灵、口舌的反映，也是时代的产物，"夫时有古今，语言亦有古今，今人所诧谓奇字奥句，安知非古之街谈巷语耶？"如果脱离心灵与时代，所写之文肯定词不达意、空洞无物。在《论文》下篇，宗道以为时下文坛的模拟之风，"然其病源，则不在模拟而在无识。若使胸中的有所见，苞塞于茅，将墨不暇研，笔不暇挥，兔起鹘落，犹恐或逸，况有闲力暇晷，引用古人词句耶？"如果文章有感而发，自心灵流出，内容充实，一挥而就，不仅没有模拟，即使引用古人词句，也无闲暇之功呢。

袁宗道极喜白居易、苏东坡，将自己的书房称为"白苏斋"，唯一的一部文集，也命名为《白苏斋类集》。对此，朱彝尊在《静志居诗话》中写道："自袁伯修出，服习香山（白居易号）、眉山（苏东坡为眉山人）之结撰，首以'白苏'名斋，既导其源，中郎、小修继之益扬其波，由是公安派盛行。"白居易、苏东坡的诗文，属"性灵"一系，可视为公安派文学实践之先导。受袁宗道影响，古代所有作家中，袁宏道最为推崇的就是苏东坡。在他看来，无论李白，还是杜甫，均不及苏诗卓绝千古。他从才、学、识三方面对苏轼与李白、杜甫的诗歌加以比较，认为苏诗兼有李、杜之长。中郎的观点自有其商榷之处，但可看出他十分注重才、学、识三方面的修养，并身体力行。

中郎虽极力推崇苏轼，也不贬斥李、杜。事实上，他以虚怀若谷的态度，对一切具有个性的优秀文学家、艺术家，都抱有一种学习与接纳的态度。比如他对徐渭的态度，就很有代表性。

徐渭（1521—1593 年），山阴（今浙江绍兴）人。他多才多艺，于诗文、戏剧、书画均有造诣，且独树一帜，达到了常人难以企及的高度。徐渭一生坎坷，连个举人也不曾考取，中年因精神分裂、发疯发狂杀害妻子，下狱七年。晚年穷困潦倒，靠变卖字画为生。袁中郎治吴时，徐渭抱病离世已有两年。

一天晚上，袁宏道在友人陶望龄家做客，从书架上随意抽取一书，借着灯光一看，是一本名为《阙编》的诗集。书籍因保管不善，“烟煤败黑”，稍稍看得见字形。可读不过数行，袁宏道不觉大为惊异，当即叫道：“《阙编》作者为谁，是今人还是古人？”陶望龄闻言，凑过来翻翻诗集道：“哦，原来是我同乡徐文长（徐渭字）先生的一本诗集呢。”于是，两人在灯下捧卷共读，每遇精彩之处，都要大叫不已。“读复叫，叫复读”，把熟睡的童仆都给惊醒了。此前，袁宏道既不知徐渭其人，更没读过他的作品，第一次见到不禁惺惺相惜，大叹相识恨晚，将其诗文视为明朝第一，奉为“南面王”。此后，中郎不仅读遍了徐渭的所有存世之作，还大加赞颂，为这位命运不佳、湮没无闻的狂傲之士写了一篇《徐文长传》，“大足为文长吐气”。

可以毫不夸张地说，如果没有袁宏道的发掘，身世坎坷的徐渭也许就长期湮没无闻了。经过中郎的广为宣传，徐渭的多种才华受到各方专家的褒扬，除诗文外，他的戏剧《四声猿》、《歌代啸》受到汤显祖的极力推崇，而书画作品则尤为郑板桥敬服青睐，徐渭自号“青藤山人”，郑板桥便自刻一印，上书“青藤门下走狗”。

袁宏道既善于发现，更善于吸收；既吸收古人，也向友人焦竑、屠隆、汤显祖等人虚心学习，取长补短，融会贯通。

吴县一带，“山川之秀丽，人物之色泽，歌喉之婉转，海错之珍异，百巧之川凑，高士之云集，虽京都亦难之”，这种独特而浓郁的吴越文化氛围，对性灵说的孕育滋养与脱颖而出，毫无疑问有着一定的推动之功。

此外，“性灵说”的诞生还有一个非常重要的因素，那就是中郎善于向俗文学、民间文学学习。

袁宏道从小受到庶祖母詹氏丰富多彩的民间文学熏陶，稍长，便喜爱荆楚民歌，可熟记长达数百句的《四时采茶歌》。“当代无文字，闾巷有真诗。话却一壶酒，携君听竹枝。”这首早年诗歌，既流露出他对民间文学的深情与挚爱，也体现了他独特的文学认知。

就职吴县时，苏州一带的民间歌谣、说唱艺术正处于鼎盛时期，据沈德符《万历野获编》所载：“不问南北，不问男女，不问老幼良贱，人人习之，亦人人喜听之，以致刊布成帙，举世传颂，沁入心腑。”被中郎称为“真声”的《打草竿》、《擘破玉》，便是当时最为风行的两首吴歌。《打草竿》唱道：“隔河看见野花开，寄声情哥郎，替我采朵来。姐道我郎呀，你采子花来，小阿奴奴原捉花谢子你，决弗教郎白采来。”《擘破玉》也是一首不加掩饰、直抒心怀的情歌：“俏冤家，我咬你个牙厮对。平空里撞着你，引的我魂飞，无颠无倒，如痴如醉。往常时心似铁，到而今着了迷，舍生忘死只为你。”

这些充满了真情实感，不做作、不掩饰的口语化歌词，与那些佶屈聱牙、曲里拐弯、虚饰矫情的所谓高雅之作相比，显得质朴纯真、大胆活泼，令人耳目一新，以致中郎对吴歌之喜爱，几乎达到迷恋的程度，“朝夕命吴儿度典佐酒”。

作为一名士大夫、县太爷，中郎不惜放下“身段”，与百姓大众打成一片，从俚语口语、通俗文学中汲取养分。他的性灵说理论的形成与突出的创作实践，于此得益甚多。从另一角度而言，也可视为俗文学为雅文学输送、补充了新鲜血液，是俗文学向雅文学的一种有力而成功的渗透。

四

晚明时期，口语化的小说与通俗化的戏曲因源于民间，贴近百姓，深受大众喜爱，用“小说发达，戏曲勃兴”予以形容，一点也不为过。而在文人学士眼中，小说、戏曲皆属民间文学、通俗文学范畴，是不入流、不登大雅之堂的庸俗之作。

袁宏道长于乡村，来自民间，于小说、戏曲有着一种本能的亲切，常常阅读、欣赏。他虽然没有亲手创作此类作品，但独具慧眼，不遗余力地推介、宣传，扩大了小说、戏曲的影响，渐渐为雅文学所接纳。比如长篇小说《金瓶梅》、《水浒传》，戏曲《西厢记》等，就被他视为“奇文”，奉为“奇书”，击节赞赏。

就现有史料记载，中郎是推崇、评论《金瓶梅》的第一人。

《金瓶梅》的出现，在中国古代小说史上是一大突破与转变。尽管现今仍不能确定署名兰陵笑笑生的作者到底是谁，但可以肯定的是，《金瓶梅》出自个体文人之手，有别于那些说书场中众口相传，而后成书的大众小说。《金瓶梅》以细致的笔触，状写普通日常生活场景，是古代小说由叙写历史、神话、传说、故事等题材内容向描摹社会现实、世俗生活转变的一个标志。《金瓶梅》借《水浒传》中武松杀嫂的一段故事延伸拓展开来，对官僚、富商、恶霸西门庆的家庭生活进行了详尽而生动的描写，反映了明代中叶社会的黑暗与腐朽。作者的创作笔法，带着一股浓厚的自然主义倾向，在真实反映社会现实的同时，夹杂着大量细腻而露骨的性生活描写。正因如此，《金瓶梅》被不少所谓的正统文人视为洪水猛兽，称为市井之“极秽者”，避之唯恐不及。而袁宏道与他们的态度则截然相反。他从好友董其昌手中借得半部《金瓶梅》，展卷一阅，不禁拍案叫绝，爱不释手，当即提笔给这位颇负盛名的书画家写了一封信，其中有言：“《金瓶梅》从何得来？伏枕略观，云霞满纸，胜于枚生《七发》多矣。”在他看来，《金瓶梅》不仅摇曳多姿，好读好看，其价值还要胜过被视为汉赋奠基之作的枚乘《七发》。这在当时，不啻为惊世骇俗、发聋振聩之语。上部如此精彩，意犹未尽，自然勾起了中郎阅读下部的强烈欲望，不禁继续写道：“后段在何处？抄竟当于何处倒换？”

除内容外，中郎还十分看重《金瓶梅》的语言风格，作者运用鲜活的市民口语，极富个性，神情逼肖，充满浓郁的俚俗化、市井化气息。这种不加矫饰的语言，正是袁宏道所期望的。因此，《金瓶梅》受到他的激赏，也在情理之中了。他对《金瓶梅》评价之高，于沈德符在《万历野获编》中所言可见一斑：“袁中郎《觞政》以《金瓶梅》配《水浒传》为外典，予恨未得见。”

当然，中郎推崇《金瓶梅》，并非着意于那些细腻而淫秽的性生活描写，而是赞赏《金瓶梅》像一幅真实生动的画卷，细致入微地描绘了西门庆的奢侈生活，揭示了豪门贵族的腐朽堕落。同时，他还预见小说这一新兴体裁，能自由抒发作者的真情实感，较少传统观念的束缚羁绊，大有成为文学主流之趋势。

因有二哥推崇，袁中道对《金瓶梅》也产生了浓厚兴趣，称它“琐碎中有无限烟波”。

对待此书，当时的传统文人学士，态度几乎一致，那就是查禁封杀，哪怕传书之人董其昌也认为《金瓶梅》“决当焚之”；袁中道的态度是“不必焚，不必崇，听之而已”；唯有袁宏道，不仅激赏，还将整本《金瓶梅》抄录，广为传播。

一次，友人谢肇淛将他认真抄录的此书借去颇久，一向潇洒大方的袁宏道，竟送去一信，大有“兴师问罪”之意：“《金瓶梅》料已成诵，何久不见还也？”可见中郎对《金瓶梅》一书是何等看重！

由于袁宏道的发现、赞赏与宣传，《金瓶梅》不仅被称为天下第一奇书，还掀起了一股抄阅热潮。

此后，《金瓶梅》虽长期列为禁书，但经由袁宏道激发、引领的这股潮流沉潜于民间底层，绵绵不绝。作为中国文学史上一部里程碑式的作品，《金瓶梅》至今已被公认为中国第一部白话长篇小说，第一部个人创作的长篇小说，第一部网络结构小说，第一部由人物类型化向人物典型化过渡的小说，影响波及海外，被世界最知名、最权威的百科全书——《不列颠百科全书》（又名《大英百科全书》）称为“中国第一部伟大的现实主义小说”。

除《金瓶梅》外，袁宏道对长篇小说《水浒传》的评价也很高。他在《东西汉通俗演义序》中写道：

> 人言《水浒传》奇，果奇，予每检《十三经》或《二十一史》，一展卷即忽忽欲睡去，未有若《水浒》之明白晓畅，语语家常，使我捧玩不能释手者也。若无卓老揭出一段精神，则作者与读者千古俱成梦境。

在他眼中，那些被奉为“高头讲章”的儒家经典与《水浒传》一比，便顿觉逊色。哪怕一直受人称道的司马迁之《史记》，也没有《水浒传》那样富有文采。正如他在《听朱生说水浒传》一诗中所言：“少年工谐谑，颇溺《滑稽传》。后来读《水浒》，文字益奇变。《六经》非至文，马迁失祖练。一雨快西风，听君酣舌战。”

袁宏道重视小说、戏曲、民歌、俚谣等体裁的通俗文学作品，发现它们皆属真性情、真声音的本真之作。面对“真人”创作的“真品”，他看到了文学的巨大力量，感到了文学的灵魂与精髓所在，将其中富有生命活力的内核引入高雅文学，在雅与俗之间，找到了最佳契合点。

性灵说崇尚自然，推崇本真，倡导新奇坦率，与时代精神相呼应，也是当时市民思想意识、审美趣味的一种反映。

如果没有台阁体，就不会有前后七子；如果没有前后七子的复古主义，也就不会有袁宏道的革故鼎新。一部文学史，便在这样的不断否定与创新中迤逦发展，向前迈进。

袁宏道在吴县振臂一呼，发出文学革命的新声与先声。“性灵说”一出，对文学团体公安派的形成有着号召、导引的重要作用。公安派正是在“性灵说”的旗帜下，会聚、组织在一起，形成一股强大的力量，向复古主义的顽固壁垒发起猛烈冲击，横扫淤积近一个世纪之久的文坛污泥浊水。

一股清新自然的长风掠过大地，驱散天空阴霾。以袁宏道为首的公安派拉开了扭转一代文风的帷幕，彻底改变了前后七子“文必秦汉”的复古局面。晚明文坛立时呈现出生动活泼、明媚灿烂的可喜局面。对此，袁中道在《袁中郎先生全集序》中写道：

> 自宋元以来，诗文芜烂，鄙俚杂沓。本朝诸君子出而矫之，文准秦汉，诗则盛唐，人始知有古法。及其后也，剽窃雷同，如赝鼎伪觚，徒取形似，无关神骨。先生出而振之，甫乃以意役法，不以法役意，一洗应酬格套之习，而诗文之精光始出。如名卉为寒氛所勒，索然枯槁，而杲日一照，竟皆鲜敷。如流泉壅闭，日归腐败，而一加疏瀹，波浪掀舞，淋漓秀润。至于今天下之慧人才士，始知心灵无涯，搜之愈出，相与各呈其奇，而互穷其变，然后人人有一段真面目溢露于楮墨之间。即方圆黑白相反，纯疵错出，而皆各有所长，以垂之不朽，则先生之功于斯为大矣。

“扫时诗之陋习，为末季之先驱。”历史选择了袁宏道，以他为首的公安派由此开创、谱写了一段新的文学史章。

第八章／尴尬县令

既在其位，便谋其政。袁宏道在吴县做了一年多县令，政绩斐然，有口皆碑，这自然与他的兢兢业业、勤勉努力密不可分，他在给友人陈所学的一封信中写道：“生在此繁苦不堪道，大略鸡鸣而起，三更而息，每困顿时，辄思世间有长夜鼾睡者，不知定是何福修得。”既要勤政为民，又要精心作文，其苦其累，可想而知。此前的他，虽也秉烛夜读，虽也勤奋为文，但没有政务缠身，所谓“无官一身轻”，何曾受过现今这等折磨“繁苦”？

身为一县之长，与他打交道的，不是“鹑衣百结之粮长”，就是“簧口利舌之刁民，及虮虱满身之囚徒”。一年多的官场生涯，时间虽不长，但对百姓的疾苦无奈，对官场的腐朽黑暗，认识得更加深刻了。袁宏道置身官场，常常是身不由己，与往昔清静淡雅、闲云野鹤般的生活，形成鲜明对比：“上官如云，过客如雨，簿书如山，钱谷如海。”为百姓操劳，繁忙辛苦，倒算不得什么，最不能忍受的，是与上司打交道时，得压抑自我、小心翼翼、如履薄冰，“朝夕趋承检点，尚恐不及。”因此，他觉得“人生作吏甚苦，而作令为尤苦，若作吴令则其苦万万倍，直牛马不若矣”。

官场如此束缚痛楚，袁宏道无意久留，为此，他给自己又取了一个号——六休。因司空图《休休亭记》有六宜休语，故以“六休”为号，“志无忘山中冷云耳”。

袁宏道的为官之劳累、辛苦与无奈，在给友人丘长孺的一封信中，描写得最为深刻生动：“弟作令备极丑态，不可名状。大约遇上官则奴，候过客则妓，治钱谷则仓老人，谕百姓则保山婆。一日之间，百暖百寒，乍阴乍阳，人间恶趣，令一身尝尽矣。苦哉！毒哉！”瞧，这就是一名七品芝麻官的情状，哪有半点“父母官”的影子？像奴隶，是妓女，似老人，如媒婆，角色因情景而不时变换，无论扮演什么角色，就是没有本真的自我。

公事繁剧，如履薄冰，身不由己，作践、狠恶、辛苦，可谓百味尝尽。这于做官本来就无甚兴趣的袁宏道而言，不啻为一种难堪的折磨与难忍的痛苦。于是，他的内心深处，对做官，特别是做一名七品县官产生了强烈的厌倦乃至厌恶之情。在给舅舅龚惟长的信中，袁宏道坦陈心迹道：“甥自领吴令来，如披千重铁甲，不知县官之束缚人，何以如此。……甥宦味真觉无十分之一，人生几日耳，而以没来由之苦，易吾无穷之乐哉！……直是烦恼无聊，觉乌纱可厌恶之甚……”

如果仅只这些，倒也罢了，咬咬牙，忍一忍，也就过去了。不曾想又碰到了一桩十分棘手的案子“花山公案”，更是弄得他心灰意懒：“唯有一段没证见的是非，无形影的风波，青岑可浪，碧海可尘，往往令人趋避不及，逃遁无地，难矣，难矣。”（见袁宏道《与沈广乘书》）

花山，又名天池山。花山公案中，案件的诉讼一方是名冠吴中的名士赵宧光，他虽一生不仕，但作为宋王室后裔，活动能力相当之大，“虽号隐居，而声气交通，实奔走天下。”另一方既然与他抗争，在当地自然也颇有几分势力。双方诉讼的焦点，为争夺花山的一块宝地而起。

袁宏道接手案子后，便积极介入其中，深入多方调查，了解真情实况。其实，“花山公案”的案情并不复杂，复杂的是诉讼双方那盘根错节、纠缠不清的人际关系。随着掌握的材料、知晓的内情越来越多，中郎很快就理清了案子的来龙去脉。一番梳理，几经分析，综合判断，胆识过人的他秉持公道，并未偏袒同为士人的赵宧光，而是将宝地判给了对方。

也是合当有事，一向支持他的苏州知府孙成泰此时突然离职。袁宏道的意见一经出台，马上遭到同事、上司的极力反对。如果换上别人，也就委曲求全，隐忍作罢。可中郎不愿就此低头，明明是自己正确，为何要屈服于人？而意见相左的一方——他的同事与上司手握实权，势力强大，互通声气，作为刚来不久、立足未稳的“外来户”，中郎自然是“胳膊拧不过大腿”。怎么办？既然不能主持公道，又不愿扭曲自己，那么，最好的选择，便是暂避锋芒。于是，积愤郁闷的他，索性当起了“甩手掌柜”——闭门谢客，不理政事。

急流勇退，倒也不失为一条明哲保身之法。

当然，只有袁宏道这样典型的浪漫文士，才会摆出如此“派头”。

其实，名士赵宧光著书颇多，算得上一位真正的学人，他精六书，工诗文，善书法，于篆书尤绝。袁宏道吴县任职期间，虽有一场官司将他们牵扯在一起，但双方并不相识，彼此无从了解。明万历三十四年（1606年），早已离开吴县的中郎，在给吴县友人袁无涯的一封信中谈及赵宧光说："读凡夫（赵宧光字）诸作，信佳也，恨不识之。花山公案何如？往日凡夫愿力过于吴令，故成毁顿异。但宝地既复，则当平气处之。天下事不患不成，患居成者耳，幸为凡夫道之。"往事过去了十年，当他读到赵宧光的诸多文章后，感觉甚佳，以未能相识相交引为憾事。而一旦提及当年的花山公案，袁宏道还是话中有话，意气难平：花山公案又能怎样？赵宧光的意愿之力、活动能量远远大于他这位县令，既然那块争执的宝地已经收回，当以平心静气的态度待人处世。天下之事，不成无忧，成则反生忧患。信中，袁宏道明确希望友人袁无涯将这番话转告给赵宧光。

而十年之前，袁宏道杜门两月之后，才复出视事。其实他早为自己谋好了"后路"——辞官而去。

唯有如此，才能摆脱七品县令的诸多繁忙辛劳、烦恼痛苦。

当然，即使辞官，也得有一个适当的理由。

一旦去意已决，"由头"自然不难寻找，"机会"说来就来。

这时，家中仆人袁东从老家公安千里迢迢地赶赴吴县，带给中郎一个不好的消息：庶祖母詹氏重病缠身，危在旦夕。

袁宏道自小丧母，是詹氏一手将他抚养成人。为了照顾、养育袁家子弟，詹氏可谓费尽精力、耗尽心血。在中郎眼里，詹氏不仅是他的祖母，也是他的母亲，比亲生母亲还要亲热。他对詹氏，始终怀有一股深深的敬爱与孝顺之情。

闻听詹氏病危，中郎心如刀绞。当年形影相依的一幕幕感人情景，不禁浮现眼前。袁宏道小时体弱多病，每一发病，詹氏就伤心得无法控制，生怕有个三长两短，总是紧紧地将他搂在怀中，一边失声痛哭，一边祈求上天保佑……如今，年迈的詹氏身染重疾，他却身在吴县，远隔千里，不能报答养育之恩。于是，他一个劲地询问詹氏染病的详情，袁东一一作答后，便叙说他前来吴县离开家门时的情景：听说家仆要出远门给中郎送信，詹氏拉着他的双手，身子虚弱的她，不知哪儿涌出一股劲儿，将他攥得紧紧的，久久不肯松开。早已哭得红肿的双眼，又流出了两行浊泪，她边哭边说："俺今年已是七十多岁的人了，闭眼死去，不过早晚间的事儿。可俺死前要是见不到你的主人，就是到了九泉，也闭不上眼呵……"

袁宏道听到这里，悲从中来，再也控制不住自己的感情，不禁大声哭了起来。妻子儿女受到感染，也跟着一起失声痛哭。

袁宏道不再犹豫，很快作出辞职决定——赶返老家，探望庶祖母詹氏。

明万历二十四年（1596 年）三月三日，袁宏道向上司递交了第一封辞职申请书。这，便是收入《去吴七牍》中的《乞归稿一》，其中写道："独祖母詹所倚靠者唯职，职一日不回，则一日不乐；一日不乐，则病一日不痊。职何难去此官，以救此垂危之性命哉！"庶祖母的性命，重于县官之职。中郎认为只要自己返回公安探视，詹氏必定快乐无比，百病全消。因此，他希望上司怜惜祖母詹氏"垂白之余生"，体察他"不容已之至情"，向朝廷报告，"照例休致"，以便"早还乡里"。

然而，因重病者詹氏并非中郎父母，只是他的祖母，还是庶祖母，不能援引养亲条例，上司没有批准。

不久，他又呈上第二封辞职书。

在这封《乞归稿二》中，他说祖母与母亲相比，自然稍有疏远，而庶祖母更甚，此乃人之常情。可他与别人不同，从小不识有母，全赖詹氏抚养，其恩远胜于母，以致而今思念母亲必有感而发，而思念詹祖母"则无一日而不九回也"。然后，他将探视庶祖母一事，上升到了孝廉的高度："夫朝廷所以待士，与士所以自待者，曰孝曰廉。有如当此情景，恬不动念，是逆也。恋一命之荣，而忘生育之大恩，是贪也。贪且逆，世之大戮，朝廷将何赖于若人而用之？”面对恩甚于母的庶祖母之病危，他怎能无动于衷，贪恋职位，不管不顾呢？ 那不是将自己推入不孝不廉的悖逆之境吗?!

话已说到这种地步，上司仍然没有“恩准”。

辞职未成，这消息不知怎么传播出去，被吴县百姓知道了。 大家一传十，十传百，很快传遍全县。 真挚淳朴的百姓记住了这位县官的仁慈练达，忘不了他整顿吏治给吴县带来的恩惠，舍不得他就此离去。 他们弄清县太爷之所以挂印离去，是他的祖母重病在身，危若风中之灯。 为了挽留袁宏道，心地善良的百姓自发地组织起来，出资捐款，设置道场，在吴县境内的所有寺庙挂上旗幡，点上神灯，供上佛香。 他们虔诚地祈求神灵保佑县太爷的庶祖母詹氏转危为安，早日康复，愿以吴县民众平均每人少活时日的代价，以延长詹氏十年寿命，从而留住这位仁明的父母官。

面对此情此景，袁宏道大为感动，尽管辞职心切，也不好违拂民意，只得暂留吴县。

这年六月，苏州一带出现了罕见的旱灾。 一连几月，骄阳似火，天无降雨，田地干裂，庄稼枯萎，旱情十分严重。

袁宏道忧心如焚，觉得只有更加刻苦勤勉地履行自己的职责，才对得起吴县百姓的深情与厚望。 他走出衙门，顶着烈日，冒着酷暑，深入民间，在吴县的阳山、穹窿、天平等重灾区实地考察，但见堰塘干涸，河水枯浅，田如龟腹，不禁忧心如焚。

怎么办，咱们该怎么办啊？ 受灾百姓眼巴巴地望着县太爷，不禁连连发问。

袁宏道告诫吴县百姓，不要被眼前的旱灾所吓倒，应振作精神，开展抗灾自救。

于是，农民们利用水车、水桶、脚盆、脸盆，甚至饭碗、茶杯等各种工具，引水灌溉，尽可能地保住那些早已晒得蔫蔫耷耷、无精打采的禾苗不被枯死。

晚明农业，虽经几千年发展，但仍停留在依赖自然、靠天吃饭的水平，生产力十分低下。天，是农民的主宰，自救毕竟只是权宜之计，解决不了缺水的根本问题。于是，他们便烧香叩头，求神拜佛，祈求上苍，普降甘霖。

无论多么虔诚，上天就是不应，悬在空中的太阳像个扣在头顶的炭火盆子，烤得人口舌生烟，而田里的庄稼，是越发枯萎了。怎么办？他们无计可施，只好向当地父母官求情——他们的“面子”肯定比百姓的要大一些，若肯出面祈风求雨，说不定就感动上天了。

瞧着百姓的疾苦，中郎也极渴望天降大雨，驱除旱情，于是，也就依照吴地乡俗，与邻县好友、长洲知县江盈科一道，随苏州知府孙成泰前往白龙祠求雨。

白龙祠位于苏州阳山西侧山脚，又称龙母庙，今已不存，废于20世纪50年代。相传东晋时期，当地民女生了一条白龙，后人建庙祭祀，名白龙寺。每逢旱灾，当地农民前往祈祷，白龙总是施展神威，呼风唤雨，十分灵验。可今年情况特殊，也不知是哪里得罪了它，每每祈求，不予理睬。当地知府及两县县令出面，白龙是否“买账”？

烈日当空，万里无云，热浪扑面，哪有半点下雨迹象？可袁宏道一行却管不了那么多，常言道，心诚则灵，只要怀有一颗悬壶济世、救助百姓的赤诚之心，白龙或许开恩，像往常那样招来片片乌云，唤来阵阵喜雨呢。

在庄严的仪式中，袁宏道等人祈祷完毕，不见天空出现半点异常。怎么办？尽人事，听天命，他们也莫可奈何。江盈科颇为失望，中郎多少也有些郁闷，便提议既然来到阳山，不如乘此游览一番吧。两人刚刚攀到山顶，但见遥远的天边，突然出现一片乌云。然后是两片，三片，乌云越积越多，它们连成一体，越积越厚，如波涛般翻卷着汹涌而来，很快就遮住了耀眼的烈日，明朗的天空，顿时变得昏暗起来。山间掠过一阵凉风，夹着几点细碎的雨滴。看来白龙终于被几位父母官感动了，并给足了他们“面子”，在逐渐加大的风势中，豆大的雨点洒落而下。

袁宏道与江盈科见状，全然不顾县太爷的矜持与威严，两人高兴得像孩童般手舞足蹈。

风助雨势，大雨哗啦啦地下个不停，干裂的田地开怀畅饮，枯萎的禾苗渐呈生机。

中郎心里清楚，眼前的奇迹并非神灵开恩，只是他们机会好，碰巧赶上了一场少有的阵雨，一种纯粹的巧合罢了。长期的旱情，已严重影响庄稼的正常生长，阵雨根本解决不了问题，今年的收成，肯定要大打折扣了。灾患已然形成，他所能做的，就是想方设法，尽量减轻荒情。

一场祈得的喜雨过后，旱情稍稍得到缓解，然后又是长时间的干旱。吴县灾情十分严重，农民田地歉收，粮食及经济作物全面减产。

袁宏道早已预先作了准备，他根据各地不同的受灾程度，大幅减免赋税。比如灾情最为严重的穹窿，“每年课税，征十之五”。

所谓天灾人祸，天灾的出现，总与人祸连在一起。只要早作预案，避免人祸，就能够将天灾的危害减少到最低程度。由于措施得力，百姓没有出现饥荒，社会并未发生动荡，吴县依然井井有条。

自闭门复出之后，袁宏道经历了庶祖母病危、辞职不准、抗旱救灾等诸多大事。而他在职一日，则勤勉操劳，一日不辍。各种压力袭来，郁火焚心、内忧外疲、劳累不堪，袁宏道不得不艰难地支撑着，而那与生俱来的疲弱多病之躯，大有不堪重负之感。明万历二十四年（1596年）八月十三日，袁宏道突然染病。不容他有半点喘息，十四日“病遂大作”。虽延医吃药，病情不仅没有好转，反而愈加沉重，“旬日之内，呕血数升，头眩骨痛，表里俱伤。”

他只好请假调理。一连延请三名医生，诊治数月，并无疗效，“精血耗损，瘦骨如戟，愈补愈虚，转攻转盛。”

中郎认为疾病的起因，一是自己天生体弱，二便是身居县令，过度操劳那些繁杂琐碎的事务所致。而延请的几名医生，也一致认为县令之病，并非药饵针石所能治愈，唯有不管世事，断绝俗念，静心休养，才有望康复。

于是，辞职的念头又不依不饶地冒了出来，袁宏道呈上了他的第三封辞职申请。

这次，他写的不是《乞归稿》，而叫《乞改稿》。

三十不到，就要归隐，似乎有点不妥，不如请求上司改派轻闲一点的官职吧。“容职病痊之日，改授教职。”他在《乞改稿一》中如是写道。

明代教职分为三级，府学教官为教授，州学为学正，县学为教谕。中郎进士出身，按其资历可出任府学教授。教官十分闲散，可免去繁剧的事务应酬及官场的压抑扭曲。

中郎以重病在身难以承担繁重公务为由，申请改官。《乞改稿一》上呈，省府两级十分看重他超群的政治才干与组织能力，执意挽留，不肯改派。

中郎无奈，只得继续留任，抱病视事。病了几月，公务堆积如山，紧要的事情得尽快处理才是。不然的话，既愧对吴县百姓的赤诚与期望，也愧对朝廷发放的薪俸呵！

十月十日，袁宏道身披一件黑粗布棉袄，步履踉跄地来到案牍积压的桌旁，刚一坐下，就觉手脚发冷，全身涌过一阵难以抑制的战栗。他强打精神，时而翻阅案卷，时而悬笔在手，勾画圈点。支撑了一会，身子由冷到热，又发起了高烧，额角滚烫滚烫的，头晕目眩，他只得搁下毛笔，推开案卷。这时，一口浓痰涌上喉咙，不禁吭吭吭地咳嗽起来，虚汗直往外冒，神情恍恍惚惚，身子摇摇晃晃，差点一头栽倒在地。左右见状，惊惶不已，赶紧将他扶住拥入后堂……

调养休息了十来天，十月二十一日，病情稍有好转，袁宏道会同县衙的徐县丞、詹主簿等人至后堂盘点库存。不一会儿，又感体力不支，只得命人封银入筒。回到私衙，寒热大作，鼻血涌流。好一阵忙乱，才勉强止住鼻血。全身发冷发抖，上下牙齿得得打战，他赶紧躺在床上，盖了几床棉被。“小愈之人，至此又奄奄一息矣。”

从中郎间歇性寒热发作的病情来看，当为疟疾，还伴有并发症。疟疾，俗称“打摆子”。在古代，疟疾的发病率、复发率及病死率都较高，即使今天，疟疾仍是人类最大的杀手之一。治疗疟疾，西医疗效最佳，而中郎之时，只能是服用中药，疗效十分缓慢。

这时，抱病已达五月的袁宏道不得不写下第四封离职申请——《乞改稿二》，再次申明他的决心：“职宁抱头逃遁，为褫职之废民；不愿悴死他乡，作无依之馁鬼也。职之肝腑，至此吐尽矣。”

仍是不准！

同僚江盈科、吴推官等人闻讯，皆来探视。吴推官一见，当即义愤填膺，认为上司太不体恤下属了，中郎病重如此，既不准辞职，也不准改职，实在不近人情。江盈科则同情不已，不时叹息，屡为下泪。

不久，中郎突然接到一封讣告——并非庶祖母詹氏，而是年迈的外祖父龚大器辞世。

想到外祖父对他的帮助影响，不禁“一痛几绝”。上次外祖母仙逝时，他在龙湖问道；这次外祖父去世，又在吴县任职，他对自己未尽孝道，没能为外公外婆送终吊唁而深感痛惜。

这时，袁宏道的去意更其坚决了，任是谁，无论何种情形，也无法将他挽留。于是，他认真做好离任前的诸项准备工作，将一应库藏，盘明封识；公案文档，系统归类；清点衣物，整理行装，装载入舟，随时准备离开。

然后，他递上了《乞改稿三》。

等了好久没有答复，中郎只好安排家属先行离开，前往无锡，自己则孤身一人待在吴县，等候批复，再次呈上《乞改稿四》：“职此时如釜中之鱼，欲活不能，欲死不可，展转思之，惟有逃遁而走，可以保身全躯耳。”然而，如果真的抱病而逃，将使吴县公事荒芜，他本人也将因此而革职。欲全职名节，为日后留一线之路，他恳请上司能以仁者不忍人之心，早作裁决。

一方坚辞而去，一方执意挽留，双方僵持不下，仿佛进行着一场考验毅力与韧性的持久“竞赛”与“较量”。

仍是没有回音，袁宏道不觉郁火延伸，初见好转的病情又发作了：“心如战马，睡不贴席，坐不支床，痰嗽带血，脾气久虚。”于是，他不得不递上第七封辞官申请，也即《乞改稿五》。在信中，他分析自己病重日盛的原因：“骨体脆薄，本不堪世务，一入樊笼，便尔抑抑，抑而不已，痨瘵遂作。是职之病起于郁，郁之因起于官，若官一日不去，病何得一日痊哉？一切药饵，皆为治标，唯有解官，是攻病本。若云在假调摄，则是重职之郁，死无日矣。”写到这里，中郎不得不放出“狠话”，如若再不批复，就只有封好大印，前往府衙交投，自行解职，掉头离去。

这封《乞改稿五》终于发挥效力，明万历二十四年（1596 年）年底，袁宏道获准离任，并上报朝廷。

明万历二十五年（1597 年）初春，《罢官报》下达，朝廷正式解除袁宏道县令一职。中郎以七次不折不挠的恳辞感动上司，与诸葛亮“七擒孟获”，似有异曲同工之妙。

第九章/纵情山水

袁宏道解职后，马上离开吴县，与早就移居无锡的家属团聚。

七次辞职，终至获准，无官一身轻，他一直念想着的轻松自由与无拘无束，又回来了，不禁高兴万分。在给友人黄绮石的一封信中，他掩饰不住内心的激动之情写道："乍脱尘网，如巨鱼纵大壑，扬鳞鼓鬣。"他反思自己做县令差点成为"吴鬼"的情形，"不唯悔当初无端出宰，且悔当日好好坐在家中，波波吒吒，觅什么鸟举人进士也。"别人求之不得的举人进士于他而言，反成束缚，悔不当初。在给江盈科的信中，他说“已将进士二字，抛却东洋大海”。

在吴县，中郎忙得连给友人写信的时间都没有，如今有了空闲，便可一一“还债”了。在无锡，他留下了不少信札，除江盈科、黄绮石外，还有王百谷、朱司理、徐渔浦、范长白、倪崧山、李本建、聂化南等人。信中所叙，多为辞职后的轻松与喜悦，对文字、佛禅仍萦怀于心。在《朱司理》中，他坦陈内心：“万念俱灰冷，唯文字障未除。”在《聂化南》中写道：“败却铁网，打破铜枷，走出刀山剑树，跳入清凉佛土，快活不可言，不可言。投冠数日，愈觉无官之妙，弟已安排头戴青笠，手捉牛尾，永作逍遥缠外人矣。”

心情愉悦，病魔退隐，但久病之后身体仍然虚弱，只能静静地待在无锡，一边调养，一边读书。他将早已读过的《史记》、《水浒传》、《杜甫文集》、元人杂剧之类书籍找了出来，准备重读一遍，认真研究。但病体正在恢复，总感精力不济，加之眼力不佳，稍读一会，便觉体倦力乏，头昏眼花，只好长叹一声，无可奈何地合上书页。

那么，就到外面去走走吧，晒晒太阳，呼吸新鲜空气，对调理会大有裨益。

中郎隔壁，住着一位姓朱的老汉，很会讲故事，每至精彩之处，或扣人心弦，或催人泪下，或令人欷歔，极备其妙。有时，中郎将他请至家中，说上那么一段，他常被故事中的人物、情节深深吸引，听得津津有味，从中吸收了不少民间文学的素材与养分，获益匪浅。

一晃悠，袁宏道的耳畔，响起了阵阵春天的脚步声。天气变暖，草长莺飞，桃枝绽红，冰冷了一冬的江南，抖落残梦，露出盎然生机。中郎禁不住这春天的诱惑，不顾仍未复原的病体，雇了一条小船，带上儿子开美及门客方子公，一同外出游览。

方子公，名文僎，新安人。是弟弟袁中道于明万历二十二年（1594年）赴武昌赶考时在友人潘之恒处认识的。其时，子公在潘之恒处做客，并向他学诗。子公非常贫困，中道见到他时，农历九月了还身着一件单衣，对他十分同情。中道考试落第北游，想到异地为官的二哥身边无人照顾，而子公善诗文，颇文雅，便写信将他推荐给中郎。子公来到吴县，中郎将他留在衙舍，收为门客，帮助料理笔墨，闲暇之时，两人常常下棋为乐。中郎早期文集《敝箧集》、《锦帆集》都是交由方子公收集编排付梓的。当然，中郎会将自己的薪俸分给他一份，以供花销。而子公生性豪爽，银子刚一到手，就"治衣裘，市冶童，招客饮，不数月又贫矣"。中郎对此并不嫌弃，觉得他为人质朴忠诚，文字功底深厚，办事勤勉认真，总是将他留在身边，相伴左右，解官后出游，也将他叫在一起。

袁宏道等人上船稍作安顿，艄公便将竹篙一点。小船离岸，船桨摇动，一行人向无锡东郊的惠山进发。

惠山位于太湖之滨，山间泉水叮咚，僧院耸立，宁静幽远。袁宏道一入山中，便被眼前秀美的湖光山色所吸引，耳目为之一新，精神为之一振，顿觉心旷神怡。"湖水可以当药，青山可以健脾。逍遥林莽，欹枕当壑，便不知当却多少参苓丸子矣。"他认为山水疗疾，胜于草药，可以治疗顽疾。事实也是如此，他在惠山僧房住了两晚，只觉眼目之昏聩与心脾之郁结一扫而空。满眼所触，一片清明淡雅，置身其中，"色色可怡神"，心境一片宁静，体力、精神似乎得以恢复。

兴尽而归，又接到故乡公安寄到无锡的来信，说庶祖母詹氏的疾病已经痊愈。父亲袁士瑜特意叮嘱，现在不必赶回老家了。想当初，得知二子病重，刚从吴县返家不久的父亲惊悸不已，两次遣人来吴，生怕出现什么意外，嘱中郎急回公安调理。其后中郎解官病愈，而今詹氏康复，袁士瑜放下心来，不禁重提功名，希望中郎改授官职，并说哪有不到三十便解甲归田之理？

中郎得信，自然不好回到老家，而遵父之意补官，也得等待一段时日，便趁无官无职、无挂无碍、无忧无虑之际，邀约一干友人，畅游吴越山水。

吴县为官两年，中郎勤勉于公，除朝廷下放应得的薪俸外，没为自己捞取半点私产，算得上一名典型的清官。出游需要资金，手头拮据，只好找朋友借了一百两银子。

他将家属从无锡移居仪征，仪征位于长江岸边，离扬州不远，无论是逆江而上西归公安，还是顺大运河北赴京城，都十分便利。他将借得的银子分留一部分给妻子作为居家费用，其余的作为出游盘缠。

明万历二十五年（1597 年）三月十日，袁宏道携方子公从无锡出发，前往杭州，开始了他一生中最愉快、最自由、最洒脱的一次山水之游。

袁宏道一生游历颇多，但多为谋官求职，或肩负重任之余暇，奔走匆匆，难有优游之心境与充裕之闲暇。唯有这次，不为公干，不抱目的，不受约束，称得上一次纯粹而本真的旅游，可以任意、任性、任情地融入山水。

在杭州待了一月，他与陶望龄、陶奭龄兄弟观赏满城春花，游览西湖美景，“不忍极言其乐”。然后，与早就约好的陶氏兄弟、虞长孺、僧孺、王静虚等禅友，以及汪仲嘉、梅季豹、潘景升、方子公等诗友，一班人南下萧山、绍兴、诸暨，西游天目山，进入歙县、休宁之境，再沿新安江而下，由越返吴，兜了一个大圈。

此次游历吴越，中郎一行耗时三月有余，行程两千多里。沿途见到了不少名山、秀水、怪洞、奇貌，在给友人吴敦之的信中，中郎叙写所游风景道：

山则飞来南屏、五云、南北高峰、会稽、禹穴、青口、天目、黄山、白岳。水则西湖、湘湖、鉴湖、钱塘江、新安江；而五泄为最胜，在诸暨县百里外，百幅鲛绡，自天而挂。洞则玉京、烟霞、水乐、呼猿之属；而玉京奇甚。泉则龙井、虎跑、真珠之属。其他不记名者尚多。

袁宏道生于荆楚大地江汉平原之南绪，故乡多丘陵，但不甚巍峨。离他的出生地长安村不远，有一座与安徽黄山同名的山峰，尽管公安黄山是县境最高的一座山峰，但海拔高度仅三百六十四米。故此，中郎在给哥哥宗道的信中道："平生未尝看山，看山始于此。"又在写给吴敦之的信中说："东南山川，秀媚不可言，如少女时花，婉弱可爱。楚中非无名山大川，然终是大汉、将军、盐商妇耳。"

此次出游，没有琐碎的俗务、卑劣的欲念、利益的计较与自私的盘算，率性相投的诗友禅友聚首，面对秀美如画的山水，三个多月来，他们"无一日不游，无一游不乐，无一刻不谈，无一谈不畅"，并吟诗唱和，有时还欣赏柔美迷人的吴歌越曲，可谓酣畅淋漓之至。

虽在闲适自如地游山玩水，但中郎几乎每天都在吟诗作文，率真的情怀，新奇的感受，自然的陶冶，审美的愉悦，相互的激励……多重因素交会在一起，对他的诗文创作产生了深远影响，以至于"诗学大进，诗集大饶，诗肠大宽，诗眼大阔"。

吴越之游于袁宏道而言，一个最丰硕的成果，便是《解脱集》的诞生。

收入《解脱集》中的诗文，不仅比此前的《敝箧集》、《锦帆集》更为成熟，且一扫模拟、矫饰之风，是心与境的结晶，是"真人"留下的"童心"之作，是出自纯净心灵的天籁之音。

中郎在杭州待的时间最长，前后四个多月，畅游西湖三次，每次都住宿湖上，在昭庆住了五夜，在法相、天竺各宿一晚，其余则留宿净慈寺经房。于西湖美景，他不仅白日出游，还于黄昏时分荡舟，观山间夕岚；或于月夜漫步湖堤，登亭过桥，赏西湖夜色。因观赏细致，感受深刻，他笔下的西湖，也写得最佳最妙。

下面以《西湖》系列之二《晚游六桥待月记》（又名《春游西湖》）为例稍作赏析。

西湖最盛，为春为月。一日之盛，为朝烟，为夕岚。今岁春雪甚盛，梅花为寒所勒，与杏桃相次开发，尤为奇观。石篑数为余言：傅金吾园中梅，张功甫玉照堂故物也，急往观之。余时为桃花所恋，竟不忍去。湖上由断桥至苏堤一带，绿烟红雾，弥漫二十余里。歌吹为风，粉汗为雨，罗纨之盛，多于堤畔之草，艳冶极矣。

然杭人游湖，止午未申三时，其实湖光染翠之工，山岚设色之妙，皆在朝日始出，夕舂未下，始极其浓媚。月景尤不可言，花态柳情，山容水意，别是一种趣味。此乐留与山僧游客受用，安可为俗士道哉！

全文仅二百三十多字，但西湖之奇妙雅静、山岚波影、蓊郁空濛不觉跃然纸上，且自然景物与社会风情，烟云秀色与作者的灵性真情水乳交融，意境超拔，引人入胜。

著有《陶庵梦忆》、《夜航船》的明末清初著名文学家张岱，将袁宏道与郦道元、柳宗元并列为古代三大山水高手。

袁宏道与另一被称为旅行家、探险家、地理学家的徐霞客，两人虽处同一时代，但其游历方式、出游目的却迥然有别。

徐霞客是晚明出游时间最长、范围最广、经历最奇之人，从二十二岁起到五十六岁逝世的三十四年间，游踪涉及现在的十九个省市。一般来说，他每年三季出游在外，仅秋冬时节待在家中。徐霞客出行不走官道，先审视山川大势，然后历其一丘一壑、一水一脉。他不求伴侣，不避风雨，不怕虎狼，不计行程，饿了以野果充饥，困了就宿石树之间……其游历带有溯源、探险、科考、求道等性质，所著《徐霞客游记》，对所游之地的自然景物、山川地貌记载详尽，于古代地理科学是一个重要而突出的贡献，被后人称为“千古奇人”。

而袁宏道的出游，显然有别于徐霞客的探索之旅，是弃绝百事、置身物外、暂忘尘世，身与心怡情于山水的游世、无执、自足之旅。

如果说袁宏道在吴县提倡性灵之说，亮出旗帜，创立了革故鼎新的文学理论，那么吴越之游创作的大量诗文，便是他有意实践自己文学革新主张的一个良好开端。

文学理论的高扬，必须有相应的创作实践作支撑。自倡导性灵说向复古主义挑战以来，袁宏道一直跃跃欲试，要以实际行动呼应、践行自己的文学主张。但在当时，身为吴县县令，公务缠身，杂事琐碎，每天不得不为之绞尽脑汁、穷尽心机，哪有时间、精力潜心创作？虽与江盈科等人时相唱和，也偷闲写点诗歌、短文、书信之类，但多属应酬之作，上不得“台面”，形不成“气候”，并且受官场有形无形的束缚与羁绊，天然的性灵，无法流溢而出，更不用说自由发挥了。他深切地体验到了文学个性与官场案牍之间的对立与冲突，官职与文心的背离与乖张。而文人与官僚，在几千年的封建社会，又恰恰是二位一体的。科举以“文学”取士，取士则步入官场。亦文亦官，亦官亦文，官吏与文士，文士与官僚，长期以来，奇妙地统一于历朝历代的无数个体身上。纵览中国历代文人，当文心与仕途发生冲突之时，大多采取了调和、共容的态度。长此以往，何以产生独立的文学意识？经过一番矛盾挣扎，袁宏道的内心深处有了一番清醒的认识。因此，他选择了辞官一途。冲突以反传统的方式，从另一维度得以解决。那蒙在“真心”、“实心”、“童心”之上的灰尘，由此吹拂而去，本真的性灵得以张扬，翱翔在没有边际的蓝天。他唯有挣脱官场，摆脱俗务，才能达致无拘无束的创作境界，才有可能实现自己的文学主张，廓清复古主义的迷雾，开创一代清新活泼、自由洒脱的文风。

他的最后一封离职申请刚一获准，还没接到正式解官通知，病情大有霍然而愈之感，便以“吴客”身份，沉下心来，追记宦吴之游。创作激情如同井喷，袁宏道一口气写了十八篇。

就袁宏道的所有作品而言，最有影响的当数山水游记。他的这些作品，无论写景抒情，还是叙事议论，皆笔墨灵活，挥洒自如，清新流畅，自然淳美。请看他追记宦吴之游最有代表性的《虎丘记》，这篇游记已收入多种版本的大学、中学教材：

虎丘去城可七八里，其山无高岩邃壑，独以近城故，箫鼓楼船，无日无之。凡月之夜，花之晨，雪之夕，游人往来，纷错如织，而中秋为尤胜。每至是日，倾城阖户，连臂而至。衣冠士女，下迨蔀屋，莫不靓妆丽服，重茵累席，置酒交衢间。从千人石上至山门，栉比如鳞，檀板丘积，樽罍云泻，远而望之，如雁落平沙，霞铺江上，雷辊电霍，无得而状。

布席之初，唱者千百，声若聚蚊，不可辨识。分曹部署，竟以歌喉相斗，雅俗既陈，妍媸自别。未几而摇首顿足者，得数十人而已。已而明月浮空，石光如练，一切瓦釜，寂然停声，属而和者，才三四辈。一箫，一寸管，一人缓板而歌，竹肉相发，清声亮彻，听者魂销。比至夜深，月影横斜，荇藻凌乱，则箫板亦不复用。一夫登场，四座屏息，音若细发，响彻云际，每度一字，几尽一刻，飞鸟为之徘徊，壮士听而下泪矣。

剑泉深不可测，飞岩如削。千顷云得天池诸山作案，峦壑竞秀，最可觞客。但过午则日光射人，不堪久坐耳。文昌阁亦佳，晚树尤可观。而北为平远堂旧址，空旷无际，仅虞山一点在望，堂废已久，余与江进之谋所以复之，欲祠韦苏州、白乐天诸公于其中，而病寻作，余既乞归，恐进之之兴亦阑矣。山川兴废，信有时哉！吏吴两载，登虎丘者六。最后与江进之、方子公同登，迟月生公石上。歌者闻令来，皆避匿去。余因谓进之曰："甚矣，乌纱之横，皂隶之俗哉！他日去官，有不听曲此石上者如月。"今余幸得解官，称"吴客"矣。虎丘之月，不知尚识余言否耶？

《虎丘记》中，袁宏道以个人心灵的主观感受为线索，写客体的山水少，写游历过程及内心触动多，以虎丘景观（包括自然景观与人文景观）对作者审美意识所形成的重与轻、强与弱、浓与淡为铺陈，笔随心转，腾挪闪跃，张弛有道，详略得当，流畅自如，突破了山水散文受所写对象规范、约束的传统笔法，是一篇直抒胸臆、独抒性灵的成功之作，也是一篇晚明时期颇具典范的山水游记。

紧接着，便是解官之后游历吴越而创作的《解脱集》问世。

中郎的所谓"解脱"，是多方面、多层次的解脱，包括政治的解脱、思想的解脱、心灵的解脱、文风的解脱、身体的解脱……总而言之，他要解脱的对象，是一切违反人性、束缚天性的桎梏。

《解脱集》中的诗文，一个最为突出的特点，便是率真：写真实的生活，抒发真实的情感，一一从心间自然流溢而出。

当代一位文学评论家对《解脱集》曾有过如下评价：

这是另一类文学的表现，这是心性同物境的会通，这是空灵对充实的拥抱。这里跳动着心灵挣脱羁绊后的狂喜，洋溢着自由的个性与愉悦，更浸透人与自然互相观照的由衷赞叹。清新、飞逸、神秀……就像一缕清晨的海风，一片雨后的绿茵，一串童稚的欢笑。

江盈科于《解脱集》“每读一章，未尝不欣然颐解，甚或跳跃叫啸不自持”，他由衷地赞道：“噫，甚矣，中郎言语妙天下也！”

《解脱集》的意义于袁宏道及公安派而言，无论怎样肯定、形容都不过分。

长达四个多月的吴越游历结束，已是夏末。

袁宏道从杭州取道无锡、常州，来到仪征，与安顿在此的家人团聚。

不久，袁中道从家乡东游至此。兄弟重逢，把酒吟诗，手足情深，其乐融融，不在话下。

在仪征，中郎的日子过得十分快活。他平生喜欢高楼，而这里的居所，有楼房三间，高爽洁净不说，更可享受东南西北吹拂的四面来风。仪征临江，杨柳依依，“江上柳下，时时纳凉赋诗，享人世不肯享之福，说人间不敢说之话，事他人不屑为之事。”此等受用，岂非人生莫大快慰与满足？

半年之后，中郎收到哥哥袁宗道寄自京城的信札，劝他不要长期留恋山水，就此归隐民间，而是进京候补，谋个一官半职。而这时，父亲袁士瑜又从公安老家来信，催他离开仪征，快点北上。

父兄之命，实难违拗。明万历二十六年（1598 年）二月，中郎将家眷继续留在仪征，又一次踏上了进京旅程。

他的三年吴越生活，就此画上句号。

这三年，是他人生成熟之始，无论为官从政，还是游历从文，都有不俗的表现，良好的业绩，丰硕的成就。山清水秀的吴越之地，不仅留下了他的汗水与足迹，更留下了一首首、一篇篇与吴越山水相映生辉、永远同在的优秀诗文。

中郎十分珍惜这段宝贵岁月，对吴越山水充满了深厚的难忘之情，常常梦回江南，故地重游。为释思念之怀，他以吴县太湖石公山之名，为自己取了一个号，号曰“石公”。

第十章／葡萄文社

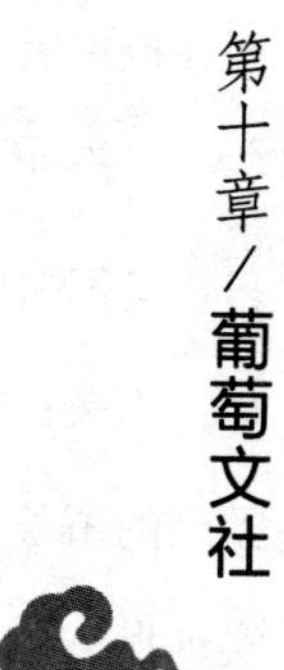

袁宏道取道大运河，经高邮、淮安、下邳、济宁、德州、青县等地，旅途颠簸一月有余，于明万历二十六年（1598 年）三月抵达北京，与哥哥伯修相聚一处。

其时，李贽正在京城，寓居北门桥旁的极乐寺。听说中郎即将到京，自是欣喜万分，并作诗《九日至极乐寺闻中郎且至因喜而赋》：“世道由来未可孤，百年端的是吾徒。时逢重九花应醉，人至论心病亦苏。老桧深枝喧暮鹊，西风落日下庭梧。黄金台上思千里，为报中郎速进途。”遗憾的是，中郎还在旅途时，李贽已与焦竑前往南京去了。

一个北上，一个南下，就此失之交臂。设若两人在京一聚，多待些时日，又不知要留下多少诗文。

不久，中郎终于成为一名京官，就选京兆校官（顺天府教授）。与县令繁剧的事务相比，校官是一个清闲之职。中郎却乐得如此，既可置身官场实现世俗的人生价值，又能不受挂碍超出其外，也算一种难得的境界。

官虽闲，而中郎则不会闲着。他利用这一难得的时光，闭门阅读，批点欧阳修、苏东坡文集，在《答梅客生开府》中写道："邸中无事，日与永叔（欧阳修字）、坡公对。"他最喜东坡，推崇至极："坡公诗文卓绝无论"，"苏公诗无一字不佳者"，"苏公之诗，出世入世，粗言细语，总归玄奥，恍惚变怪，无非实情。盖其才力既高，而学问识见，又迥出二公（指李白、杜甫）之上，故宜卓绝千古。"当然，中郎对东坡并非盲目崇拜，曾明确指出其不足之处，"遒不如杜，逸不如李"，认为这是东坡"气运使然，非才之过也"。

闲适之日，也有伤心之事，离开仪征不久，儿子开美于春天去世，家人恐他悲痛，暂未告知。直到七月，接江盈科来信方知，哭而作诗曰："官程屈指二千余，颇怪真州消息疏。七月始传江令字，道儿亡在杪春初。"

这时，中郎接袁中道来信，受荆州府岁贡之荐，也将进京，拟入太学（国学肄业），信中提及李贽行踪消息。

中郎马上回函，托弟弟来京之时，绕道仪征，帮其接来家属。又给一直惦念着的李贽写了一信："小修帖来，知翁在栖霞（南京栖霞山），彼中有何人士可与语者？"然后述说自己在京任闲职、读好书之状："生在此甚闲适，得一意观书。学中又有《廿一史》及古名人集可读，穷官不须借书，尤是快事。近日最得意，无如批点欧、苏二公文集……苏公诗高古不如老杜，而超脱变怪过之，有天地来，一人而已。"

不久，家属与弟弟中道一同抵京，兄弟三人同聚京城，自是快乐无比。加之官职轻闲，可读书论道，作诗属文，干自己想干的事。于是，中郎的心境与创作，进入到一种最佳的理想状态，不禁豪气满怀，欲以文学为业，不负眼前大好时光，一展平生鸿鹄之志。

如今的袁氏三兄弟，远非昔日可比。袁宗道以翰林院编修身份，任皇长子朱常洛侍讲（东宫讲官），今日的长子，便是明日的太子、皇上，作为皇上的老师，其前途、尊荣可想而知；袁宏道在吴县的政绩有口皆碑，而京兆教官虽闲，好歹也算一名京官；袁中道刚来京城，也入了太学。官职倒在其次，关键在于文章及其影响，他们倡导的文学革新理论与不拘格套的性灵诗文，早已不胫而走。兄弟三人，已是名满天下、众人瞩目的文人高士。

三袁相聚一堂，交流切磋，谈论不休，不禁忆及当年结庐石浦，成立南平文社的情景。为了高扬文学革新的旗帜，实践“性灵说”的主张，有必要团结一批志同道合人士，汇成一股声势，形成一种潮流，才能摧毁前后七子近一百年来构筑的复古堡垒。于是，在中郎的提议下，三兄弟又发起成立了一个新的文社——葡萄社，又名蒲桃社、蒲社。

葡萄社是袁宏道发起、组织、参与的第三个文社。从幼稚到成熟，葡萄文社与城南文社、南平文社相比，不仅范围广，规模大，成员多，且有了系统的文学主张，冲击力、影响力更其深远，“几倾天下”。

文社以葡萄命名，是因为京城城西，有一座古老的崇国寺，寺内有一座占地数亩的葡萄园，文社成立之时，便在葡萄园中的葡萄架下。

崇国寺，又名护国寺，北京八大寺庙之一，初建于元朝，最早是元代丞相托克托故宅。此地今日已属北京中心地带，而当年，这块京郊之地，则被明、清太监选中，是他们离宫养老的好去处。崇国寺古朴凝重，周围是一块块农田，一畦畦菜园，环境幽雅，虽位于京城，却远离尘嚣，尤为中郎所喜爱。

明万历二十七年（1599 年）二月十一日夜，春寒料峭，中郎兴致突发，与小修相邀，一同踏月前往崇国寺。夜阑人静，庙门早已关闭。皓月当空，清辉皎皎，洁白如玉，纯净如水。面对皎洁月色，中郎心中涌起一股奇妙无比的感受，仿佛与天空、大地、月色融为一体，不禁诗兴大发，当即吟道："寒色浸精蓝，光明见题额。踏月遍九衢，无此一方白。山僧尽掩扉，避月如避客。空阶写虬枝，格老健如石。霜吹透体寒，酒不暖胸膈。一身加数毡，天街断行迹。虽有传柝人，见惯少怜惜。异哉清冷光，长夜照沙碛。"如此美好月色，除他与小修外，却无更多的人一同欣赏，岂不惜哉！

早春三月的一天，中郎与伯修、黄辉、顾天埈在西门外水边沐浴祈福，例行古老的修禊习俗，因风沙突起，就近来到崇国寺，没想到弟弟小修与友人王章甫正在这里切磋诗文。难得如此巧遇，大家索性待在这里，饮酒赋诗，欢畅热闹了一整天，一致认为这是今年开春以来的第一场快乐之醉。崇国寺的僧人十分热情，带领他们参观寺内建筑及所立塑像。伯修与黄辉同官编修，第二天清早便要值班，两人不得不先行离开。余人谈易论道，机锋迭起，新意频出，兴味盎然，时至深夜仍不肯归去。后因春寒夜冷，难以抵御，不得已才打道回城。

因了这份独特的情怀，文社成立时，中郎及其兄弟、友人便选中了崇国寺的葡萄园。

头顶是碧绿的葡萄藤条与繁茂的叶子，串串饱满的果实晶莹生辉；脚底是如茵的绿草与艳丽的野花；阳光透过藤条缝隙，斑驳的光点闪烁跳跃；凉爽的清风，阵阵吹来，温柔拂面；鸟儿不时唧的一声飞来，唧喳一番，又唧的一声斜飞而去……葡萄社在这鸟语花香的环境，充满诗情画意的氛围中活动，该是一件多么惬意的快事呵！

文社成立之初，主要成员十一人，除袁氏三兄弟外，其余为潘士藻、刘日升、黄辉、陶望龄、顾天埈、李腾芳、吴用先、苏惟霖。

随着时光的流逝及影响的扩大，葡萄文社的成员日渐增多。最令中郎感到快慰的是，长洲知县江盈科调离进京，任大理寺丞。两个趣味相投的挚友，一同任职苏州，如今又一同在京为官。刚到京城，江盈科不仅加入其中，很快成为文社的一名骨干分子。

据相关诗文所记，葡萄社成员还有谢肇淛、王辂、瞿汝稷、丘坦、方子公、王章甫、钟鸣陛、钟起凤、段猷显、秦镐；参加社内游历、唱和等活动的外围成员，可考者有董其昌、谢于楚、李长庚、梅蕃祚、罗隐南、汪本珂、汪可受、黄大节、曹大咸、萧云举、黄煇、周承明、项应祥。文社骨干、普通社员及外围成员三者加在一起，总计三十五人。

葡萄社的活动内容及形式，基本沿袭南平文社，没有写成条款的社团章程，自然也没有注册，无所谓非法合法。不办入社手续，不交会费，进出自由，大家随意而聚，兴尽而散，成员有多有少，聚会之地多为崇国寺，“聚名士大夫，论学于崇国寺之葡萄林下”。活动之时，也无条条框框的程式束缚，袁中道的《潘去华尚宝传》一文，对此有所描写：“当入社日，轮一人具伊蒲之食。至则聚谭，或游水边，或览贝叶，或数人相聚问近日所见，或静坐禅榻上，或作诗，至日暮始归。”考证相关诗文，葡萄社成立这年，社员少则两人，多则数人，前往崇国寺多达九次。当然，葡萄文社的活动之地不仅仅限于崇国寺，京郊其他一些风景胜地，也会成为他们的雅集之地，如在高粱桥、大通桥、德胜桥、灵慧寺、极乐寺、显灵宫、火神庙等地举行诗会，在三圣庵、满井、西山、上方、小西天、盘山等地游览，还前往东华门东观赏灯市。

文社活动内容，不外乎谈禅论道、切磋诗文。

袁宏道在《大人寿日戏作》中写道：“社中诸法友，勉事禅那。”社友活动，将论禅视为第一，诗文放在其次。他在《西京稿序》中说：“已居燕，结社葡萄棚下，诸韵士日课方外言，以诗为尘务，不暇构也。”葡萄社成员认为，“方外言”（即论禅）每日必修必谈，而诗则属等而下之的“尘务”。文社绝大多数成员受心学影响，对禅宗尤感兴趣。但他们与出家之僧又有不同，追求的并非棒喝、顿悟之类的宗教之旨，只是在论禅求道的辩谈与机锋中，获得心灵的解脱与精神的自由，达致思想的深邃。对此，袁宏道在《途中怀大兄诗》中有言：“每当聚首时，言必穷幽邃。毒语攻沉痾，当机无回避。俱悟昔时非，驰马歇狂辔。”

此外，论学谈《易》也是社员活动的一项重要内容。葡萄社人多为进士、举人，都是一些饱学之士，有人对易学尤有专攻。如潘士藻潜心《易传》，曾对袁中道说：“我当与君论《易》，君为我说禅。”以禅解易，易学禅化，进入易禅一体的奇妙境界。

这些饱学之士、禅易高手会聚一处，日日谈论，相互切磋，相互激励，相互启发，有力地纠正了当时禅学的两种流弊：一种是重“妙悟”轻“修行”，令“圆顿之学”堕入“无忌惮”；另一种则是重“修行”轻“妙悟”，陷入“矫枉之过”。葡萄社友主张“妙悟”与“修行”并重，儒、释、道三教虽然相通，但不能将其混为一体，他们的落脚点，是弘扬王阳明的心学，高扬袁宏道提倡的性灵说。正如袁中道《石浦先生传》所言：“当是时，海内谈妙悟之学者日众，多不修行。先生深恶圆顿之学为无忌惮之所托，宿益泯解为修同学者矫枉之过，至食素持珠，先生以为不可，曰：‘三教圣人根本虽同，至于名相施设，决不可相滥。’于是益悟阳明先生不肯径漏之旨，其学方浸浸乎如川之方至……”

在纠偏的同时，大家互勉互励，不断精进，不仅实现了社员个体及文社群体的思想转变与完善，更将晚明禅学、易学推向一个新的高度。如三袁兄弟以其学识影响潘士藻，据袁中道《祭潘尚宝寻松文》所记：“凡有碍窒而彻者，予兄弟以数语发挥之，公则跃然而喜，以为益我。而予兄弟数年前，贡高我慢之气，皆日销化于春风之中，而不自觉。”再如袁宏道的自我更新突破，袁中道在《中郎先生行状》中写道：“逾年，先生之学复稍稍变，觉龙湖等所见，尚欠稳实。以为悟修犹如两毂也，向者所见，偏重悟理，而尽废修持，遗弃伦物，偭背绳墨，纵放习气，亦是膏肓之病。天智尊则法天，礼卑而象地，有足无眼，与有眼无足者等。遂一矫而主修，自律甚严，自检甚密，以澹守之，以静凝之。”中郎精进之时，觉出李贽禅学“尚欠稳实”，便有意纠正过去的偏重悟理，强调身体修持，一改昔日的放纵之习，自检自律，甚是严格。这一转变对中郎影响至深，此后，他一直坚持禅净双修。

谈禅论道的丰硕收获，突出地体现在一批重要思想论著的问世，主要有袁宏道的《西方合论》、《广庄》，袁宗道的《西方合论叙》，袁中道的《导庄》，潘士藻的《易解》等。

袁宏道的《西方合论》是一部影响深远的佛学著作，被藕益大师列为《净土十要》，其缘起，据《西方合论引》所言，便是与愚庵和尚、平倩居士（黄辉）论禅问学之时，商量汇编一册西方诸论，于是，中郎花了两个月时间，“述古德要语，附以己见，勒成一书”。《广庄》、《导庄》是中郎、小修兄弟俩共同研究、探讨《庄子》的结晶，合为一个整体。《易解》作者潘士藻长期研究易经，但《易解》之成，也是葡萄文社诸友共同精研、切磋的结果，他曾三易其稿，广泛征求众人意见，认真修改，精益求精。

诗文之论，也是文社活动的另一重要内容。据有关资料统计，葡萄社纯属文学内容的集会，大大小小达数十次。除在京郊之地举行外，还有斋集这一形式，斋集诗会主要在文社重要成员袁宏道、袁宗道、顾天埈、李腾芳、萧云举等京官家中。他们吟诗作赋，挥笔纪游，留下了无数优秀作品，特别是京城周边的风景名胜，更是常常出现在他们笔下，熠熠生辉，令人神往。比如袁宏道创作的《满井游记》，便收入多种版本的中学教材：

燕地寒，花朝节后，余寒犹厉。冻风时作，作则飞沙走砾，局促一室之内，欲出不得。每冒风驰行，未百步，辄返。

廿二日，天稍和，偕数友出东直，至满井。高柳夹堤，土膏微润，一望空阔，若脱笼之鹄。于时冰皮始解，波色乍明，鳞浪层层，清澈见底，晶晶然如镜之新开，而冷光乍出于匣也。山峦为晴雪所洗，娟然如拭，鲜妍明媚，如倩女之靧面，而髻鬟之始掠也。柳条将舒未舒，柔梢披风，麦田浅鬣寸许。游人虽未盛，泉而茗者，罍而歌者，红装而蹇者，亦时时有。风力虽尚劲，然徒步则汗出浃背。凡曝沙之鸟，呷浪之鳞，悠然自得，毛羽鳞鬣之间，皆有喜气。始知郊田之外，未始无春，而城居者未之知也。

夫不能以游堕事，而潇然于山石草木之间者，惟此官也。而此地适与余近，余之游将自此始，恶能无纪？己亥之二月也。

社友之间，相互唱和，相互之间的作用与影响十分明显。比如袁宗道与黄辉的诗，便受到中郎影响，据《列朝诗集》所记，袁中道曾言："平倩从蜀来，聚首最密。中郎作诗，力破时人蹊径，多破胆险句。伯修诗稳而清，平倩诗齐而藻；两人皆为中郎所转，稍稍失其故步。"

文社成员多为功名之人，在朝中担任一官半职。他们积极参与文社活动，挥洒性情，力求无拘无束、自由自在，其实是对长期刻板生活的一种暂时背离与适当调节。因此，他们参禅悟道看似狂放，讲究纯粹的诗文艺术好似钻入象牙之塔，其实并未逃避现实。置身官场，活在现实，即使想逃，也无处可遁。因此，他们总是热切地关注时事，关心百姓苦难。比如中郎对"东事"，即日本侵略朝鲜半岛、明军援朝御倭之事一直留意，对明军将领号令不一、战事屡败寝食不宁，直到丰臣秀吉病死，日军败退，才嘘出一口长气。而朝政之昏聩腐败，党争之不断加剧，矿税日重矿监四出，更是令他不能释怀，特别是税监陈奉在他故乡荆州为所欲为，引发民怒，不禁忧心忡忡，在给当时奉命执掌荆南关税的沈朝焕信中写道：“垂危之病，而加之以毒，荆人岂有命哉！楚人悍而喜乱，今又激之，噫！此天下大可忧事也。”而表面上，中郎却是一副事不关己、高高挂起的样子，以致遭人误解。一次，葡萄文社在城西显灵宫集会，他以城市山林为韵赋诗，足见心底忧患与波澜：“野花遮眼酒沾涕，塞耳愁听新朝事。邸报束作一筐灰，朝衣典与栽花市。新诗日日千余言，诗中无一忧民字。旁人道我真聩聩，口不能答指山翠。自从老杜得诗名，忧君爱国成儿戏。言既无庸默不可，阮家那得不沉醉？眼底浓浓一杯春，恸于洛阳年少泪。”

第十一章／公安流派

从个人的文学主张与实践，渐次得到有识之士的赞赏、响应、参与，发展成为一支文学劲旅，形成一股新的文学潮流，从而影响、扭转天下文风，既需革新者的远见卓识、超人胆略及巨大努力，还得有一个艰难而漫长的过程。

晚明文学革新流派——公安派也是如此。

尽管我们难以确定公安派形成、发展及成熟的具体时间，但通过这一时期三袁兄弟，特别是与袁宏道相关的标志性大事，仍可厘清一条较为明晰的线索。

袁宏道在吴县创作的《叙小修》一文，明确倡导性灵说，亮出文学革新的主张，此文随同袁中道第一部文集的刻印刊发，可视为公安派之发轫；袁氏三兄弟及围绕在他们身边的友人，在袁宏道性灵说旗帜下创作的无数诗文，是公安派的实践、发展与深入；葡萄文社的成立，开启了公安派的新时期，成员多为公安派文学骨干，这支既松散又固定、既“游击”又正规的文学队伍，不仅具备了全面推进晚明文学革新的条件与实力，其活动、创作、影响不断扩大，天下文士无不影从云集，事实上也达到了扭转复古逆潮，开创一代文风的实际效果，因此，葡萄文社的成立实为公安派成熟之肇始。

公安派以地域命名，其核心人物自然是公安人氏袁宏道、宏宗道、袁中道；主要成员为活跃在京师的葡萄社员；基本成员为分散在荆楚、苏州等全国各地，以性灵说为圭臬的志同道合者；外围成员则包括公安派强有力的支持者、鼓噪者、呼应者及追随者。

这是一个宽泛而庞大的群体，没有严格的准入、退出制度，结盟松散，但都与三袁有着一定的关系，或为同年、同事，或为师长、至交，或为亲戚、乡党，或为社友、禅侣，只要追求一致、思想接近、诗文同趣，便互通声气、互相激励、互相提携，结成一体。

公安派所具有的全国性影响，与他们的活动范围密切相关。袁宏道及其兄弟、友人率先在吴县“亮相”，接着在北京扩展，家乡荆楚则是他们的呼应之地。公安派正是经由东南、京师、湖广这三处重要的地理坐标，逐步向周边地区渗透发展，然后连成一片，汇成一股浩大的声势，形成一股强大的合力，横扫文坛积弊，廓清天下雾瘴。

公安派理论是哲学与文学双重推进的产物，缺少哪一翼都不完整，都不会成为荡涤污泥浊水的流派。

公安派的发展与推进，其实包括两个重要方面：一为禅学，二为文学，是哲学与文学双重推进的结果，有如鸟儿腾飞的双翼。对禅学这一内容，研究者长期有所忽视。他们革除“野狐禅”、“口头禅”之类的伪禅宗，弘扬禅学的生动直接与清新活泼，以禅学促进文学，由禅学的复兴推动文学的革新。而文学的革新也由两个层面构成，首先提出性灵说的文学主张，破除前后七子的复古论调；再以丰富的诗文创作，实践、验证其文学理论；先破后立，理论与实践相互统一。这种由禅学到文学，由理论到实践的分层推进，以稳健的态势攻下复古派的顽固堡垒，逐步占领其阵地，肃清其遗毒。

当然，公安派的革新与成功并非一帆风顺，反对势力既有近百年根基的文学复古派，还有传统的儒学派，所谓正统的儒家，对佛学一直抱着敌视与排斥的态度。反对势力之强，使得公安派不得不扩大队伍，充实力量，争取更多支持，团结一切可以团结的力量。如袁宏道在给冯琦的一封信中，便谈及文学革新困境，希望座主出手相援：“至于诗文，间一把笔，慨模拟之流毒，悲时论之险狭，思一易其弦辙，而才力单弱，倡微和寡，当今非吾师，谁可就正者？”

就公安派核心人物三袁兄弟的贡献而言，袁宗道提出“口舌，代心者也；文章，又代口舌也”，“夫时有古今，语言亦有古今”的观点，开性灵说之先河；袁中道的作用，主要体现在公安派后期，捍卫性灵说旗帜，纠正末流之弊；袁宏道则一直充当旗手之职，他明确倡导性灵说，又身体力行，努力实践，不遗余力地肃清前后七子的复古流毒，是名副其实的公安派文学革新领袖，正如他在《答李元善》中所言：“弟才虽绵薄，至于扫时诗之陋习，为末季之先驱，辨欧苏之极冤，捣钝贼之巢穴，自我而进，未见有先发者，亦弟得意事也。”

袁宏道对自己要求极严，哪怕寒冷的冬天，每天也要赋诗一首，或作文一篇。葡萄社期间，他的创作进入得意奔放的亢奋之境：“胸中浩浩，如涨水忽决，云卷雷奔。”“文章千古事，得失寸心知。”诗文每成，总是在兄弟或社友间传阅，高声诵读，字斟句酌，认真修改，精益求精。

从明万历二十六年（1598 年）到明万历二十八年（1600 年）的三年间，袁宏道身居京城，创作了大量诗文、论著，以其深邃的思想理论，卓越的文学成就，支撑着葡萄社的天空，丰富了性灵说的实践，完善了公安派的风格。这期间，他的作品文笔简练，意境清新，内涵深刻，除《满井游记》外，《游高粱桥记》、《抱瓮亭记》也被收入现今的中学语文教材；而《徐文长传》一文，则被收入代表古代文言文最高成就的《古文观止》。

袁宏道大力推介徐渭（字文长），担心其诗文"入醋妇酒媪之手"散失，积极联络友人共同整理，于明万历二十七年（1599 年）为他立传，创作《徐文长传》一文。前面我们曾经提过，如果没有袁宏道的挖掘与发现，徐渭也许就尘封于历史深处，不为人知或少为人知了，以至钱谦益慨叹："微中郎，世岂复知有文长！"袁宏道不是一般的推介徐渭，而是推崇备至，将他推到无与伦比的崇高地位，说他是"今之李、杜"，"近代高手"，"我朝第一诗人"。他的这种推崇，原因有二，一是徐渭的文字与其性情极相契合，发自内心地由衷喜爱；二是将徐渭作为一个符号与象征，以他的文字为依据与标准，阐述自己的文学思想，否定复古派的模拟之风。

袁宏道这一时期的作品，除诗文外，还有论著《广庄》、《西方合论》、《瓶史》等。

《广庄》七篇、《西方合论》十卷，前此已稍作介绍，而《瓶史》则为我国第一部论述插花艺术的专著。

袁宏道"好修治小室，排当极有方略"，是一个十分讲究艺术情调的人。他写过《戏题黄道元瓶花斋》一诗："朝看一瓶花，暮看一瓶花，花枝虽浅淡，幸可托贫家。一枝两枝正，三枝四枝斜；宜直不宜曲，斗清不斗奢。仿佛杨枝水，入碗酪如茶。以北颜君斋，一倍添妍华。"可见他对插花艺术是作过一番认真研究的，《瓶史》可以视为他对这一艺术的归纳与概括。在《答李元善》中，中郎对《瓶史》略有解释："瓶史者，记瓶花之目与说，如陆羽茶经，愚臾牡丹之类，最为醒目，恨无缮写。"

在《瓶史》中，他从鲜花的选择、花瓶的布置、瓶水的存贮、花卉的鉴赏等诸多方面娓娓叙来，详论民间插花技艺，将其上升到理论高度，既反映了明代的一种社会风尚，也丰富了我国古代园林艺术，推动了世界插花艺术的发展。

中郎在《瓶史·好事》中写道："余观世上语言无味面目可憎之人，皆无癖之人耳。若真有所癖，将沉湎酣溺，性命死生以之，何暇及钱奴宦贾之事？"当然，中郎所认可的癖好，自然是有益于人生的良癖，比如他能够在禅学复兴、文学改革、创作实践等方面取得突出成就，开一代新风，便与他善于吸收前人营养的阅读之癖密不可分。

担任教官，职闲心静，中郎一意苦读。于欧阳修、苏东坡、曾巩、陆游等诸公文集，每读一篇，直透心灵，大有斩获，"自以为未尝识字"。可读着读着，就耐不住寂寞了，兴趣有所转移，不禁邀约三五友人，出游郊外，耽于山水，一玩就是一整天。回到家中，又一个劲地自责，觉得如此顽钝，何以成就大业？于是唤来一名女仆，命她监督自己读书。只要稍有倦意，便对他大声呵责，或揪耳朵，或敲脑袋，或搔鼻子，促他振作。女仆如果失职，没有按他的要求去做，便予处罚。时间一久，就养成了用心功读、不以为苦、反以为乐的良好习惯。每当读有心得，或读至开心之处时，便大声叫着，跳跃不已，"如渴鹿之奔泉也"。

袁宏道的名声，随着性灵说的广为传播，创作实践的不断成熟，公安派影响的不断扩大而与日俱增、享誉四海。于是，就有不少朋友、熟人、乡亲、同僚来信求教，或是请他为自己的文集作序。中郎没有半点架子，总是有求必应，或回复作答，或认真撰序。当然，在这些书信与序文中，他总是不忘阐述、宣传、深化自己的文学主张。他以性灵说的文学理论指导创作实践，而长时期积累起来的文学创作经验，又推动他及时归纳、总结，使文学革新理论更加系统、丰富、深化，以便更好地指导公安派成员的创作实践，早日清除复古派流毒。《叙姜陆二公同适稿》便是他这方面的代表作。

姜节、陆治为吴县东洞庭人，哪怕在吴中，他们也没有多大名气。但中郎曾为吴令，因了这层渊源，他们便请托这位昔日的“父母官”为之作序了。姜、陆二人的文稿虽有“靡弱之病”，但他们没有拟古之习，“不独与时矩异，而二公亦自异。”所以中郎也就为之欣然“操刀”了。在序中，他又一次抨击复古派的“剽窃成风，万口一响，诗道寝弱”，提倡“自辟户牖，亦能言所欲言”，“意兴所至，随事直书”。

《叙姜陆二公同适稿》受到后世评论家的特别注意与高度评价，认为集中体现了公安派的文体革新理论，可与《叙小修诗》媲美，两文并列为姊妹篇。《列朝诗集小传》也对这篇序文推崇备至：“论吴中之诗，谓先辈之诗，人自为家，不害其为可传；而诋诃庆、历以后，沿袭王、李一家之诗。中郎之论出，王、李之云雾一扫，天下之文人才士知疏瀹心灵，搜剔慧性，以荡涤模拟途泽之病，其功伟矣。”

稍后的《雪涛阁集序》，也在过去的基础上，进一步指陈前后七子之弊，发挥公安派的诗论观点。《雪涛阁集》是江盈科的一部重要文集，中郎在序中写道：

> 近代文人，始为复古之说以胜之。夫复古是已，然至以抄袭为复古，句比字拟，务为牵合，弃目前之景，摭腐滥之辞，有才者诎于法，而不敢自伸其才，无之者，拾一二浮泛之语，帮凑成诗。智者牵于习，而愚者乐其易，一唱亿和，优人驺从，共谈雅道。吁，诗至此，抑可羞哉！夫即诗而文之为弊，盖可知矣。

中郎对挚友江盈科的创作实绩十分推崇，甚为激赏："进之（江盈科的字）才高识远，信腕信口，皆成律度，其言今人之所不能言，与其所不敢言者。"江盈科的诗文既流自心灵，写人状物如在目前，又言切而旨远，具有一股睥睨天下的豪气与胆略。但也有人认为他的诗文用语，有的过直过俗，"近平近俚近俳"。对此，中郎为他，也是为自己，为公安派辩解道："此进之矫枉之作，以为不如是，不足矫浮泛之弊，而阔时人之目也。""取乎其上，得乎其中。"公安派要想力矫时弊占领阵地，对根基深厚的复古派不得不狠下猛药，有时哪怕走过了头，也是不得已而为之。

在所有公安派成员中，江盈科是仅次于三袁兄弟的重要人物，具有力辟榛莽的开创之功。

为长洲县令时，江盈科与中郎同居苏州，两人趣味相投，过从甚密，时相唱和，互相激励，他不仅赞同中郎的文学革新主张，而且付诸创作实践。在吴中时，他为中郎早期的三种诗文集——《敝箧集》、《锦帆集》、《解脱集》或作序，或作引，穷其诗文之精髓，受到中郎的高度肯定："序文甚佳。锦帆若无西施当不名，若无中郎当不重；若无江文通之笔，则中郎又安得与西施千载为配，并垂不朽哉！"葡萄文社成立，公安派的发展重心由苏州向北京转移，而江盈科也改官至京，成为葡萄社重要而活跃的一员。公安派由发轫到发展、成熟，江盈科一直参与其中，他与中郎相伴相随之久，甚至超过了中郎的两位兄弟——伯修与小修。江盈科创作甚丰，至今留下的作品，有《雪涛阁集》、《雪涛谈丛》、《谈言》、《雪涛诗评》、《闺秀诗评》、《谐史》、《皇明十六种小传》、《雪涛诗文辑佚》等，曾并为一集，以《江盈科集》为名由岳麓书社出版。

江盈科虽追随中郎，但其文学理论也有自己的独到见解，他以性灵说为旨，深入阐述，另立"元神活泼说"。元神，指人的灵魂与精神，"元神活泼说"沿袭了王阳明的"心性本体"、罗汝芳的"赤子之心"、李贽的"童心说”，对中郎的性灵说是一种充实与丰富。他主张代有其文，反对尊古卑今；强调个性独特，痛斥模拟剽窃；崇尚奇胜，倡导变化；对袁宏道的不拘格套，信腕信口，更是不遗余力地加以实践。

江盈科的诗歌因矫枉纠偏，尽管锤炼不够，但也有不少内容丰富、自然清新的佳作，如《春日即事》：

溪水澄澄溪柳斜，烧痕摇绿遍天涯。暖风迫燕争营垒，晴日蒸蜂乱散衙。艳女踏芳云作队，荡儿行乐酒为家。南衢北陌声如沸，都向青楼唤卖花。

江盈科的创作成就，主要体现在散文。袁中道在《江进之传》一文中，对其诗文评价甚为中肯：“诗多信心为之，或伤率意，至其佳处，清新绝伦。文尤圆妙。”

特别值得一提的是，中郎虽大力推崇通俗文学，却没有留下相关作品，而江盈科致力于寓言、笑话创作，正好可以弥补这一缺憾。他的《雪涛阁集》卷十四，便以“小说”之名，收录寓言、笑话五十二篇；他的《谐史》一百四十七则，《谈丛》十一则，《谈言》十一则，也是这类体裁的通俗文学作品。并且在散文创作中也经常引用寓言，借以说理。江盈科的通俗文学创作，有力地拓展了公安派的文学领域，在古代寓言及笑话史上，占有重要的一席之地。

就总体而言，公安派成员的创作实践，对现实政治较为超脱，而江盈科的诗文，就其题材内容而言，大多为关心国计民生之作，对现实、社会、历史等都有较为深刻的思考，于抗倭、变法、理财、用人等，具有独到的见解。他还撰有《法祖》、《宦寺》、《中兴》三疏，直接干预、批评朝政，谏罢矿使税使。

江盈科于明万历三十三年（1605 年）卒于四川提学副使任上，终年五十三岁（一说五十岁）。

他虽比袁宏道年长十五，但两人交往密切，情深意笃，如同手足。中郎得知江盈科死讯，当即伏枕痛哭，几至气绝。作有《哭江进之》诗十首，并序一篇，表示深切哀悼，其二曰：“案有君遗迹，时时动我悲。梦中呼白也，卷里哭微之。骨似凝冰石，心如静水池。太玄那得比？嘱累有佳儿。”对江盈科的诗文，其九写道：“作者心良苦，悠悠世岂知？近俳缘矫激，取态任斜欹。江阔无澄浪，林深有赘枝。向人言似梦，无计解愚痴。”

公安派形成气候，造成影响，以自然性灵抗击模拟复古，除三袁兄弟外，其他成员功不可没。正因为有他们的共同参与，积跬步以致千里，聚小流而成大河，方能构成强大的合力，扭转文坛乾坤。

在公安派的研究中，江盈科已日渐“浮出水面”，进入研究者的视野，取得了扎实而丰硕的学术研究成果。

公安派有近一半成员的作品没有流传下来，生前没有刻印成集的如方子公等人的作品当时就已无从查找；已刻印成集的雷思霈、丘长孺、曾退如等人的作品今已散佚；公安派其他重要成员如黄辉、陶望龄、潘士藻、李腾芳、苏惟霖、王辂等人，其诗文之收集、整理、出版、研究，有的处于草创阶段正待深入，有的则属空白急需拓荒。正如夏咸淳在《论公安派重要成员江盈科》中所言：“研究公安派如果仅仅限于三袁，而不了解其他成员，特别是像江盈科这样的重要作家，那么这种研究就是不完全的，缺乏全面概括的基础。”

公安派的研究格局，有待广大学人的共同努力与深入。

第十二章／伯修暴卒

明万历二十八年（1600 年）七月，袁宏道改任礼部仪制司主事。八月，奉命前往河南周藩瑞金王府掌行丧礼。

瑞金王府系明太祖朱元璋嫡五子周定王支裔荣简王的封地，位于江西。公事结束，依照惯例，朝廷给假休息。前些时，父亲袁士瑜来信，说庶祖母余大姑染病，十分想念儿孙，乃至绝食数日。江西与湖北接壤，因此，中郎离京之前，就预作打算，趁便回乡省亲，探望重病在身的余大姑——就是那位长期主持家政的庶祖母余氏。前面我们曾经提到，祖父袁大化娶有一妻三妾，三袁兄弟便有四位祖母——祖母邱氏，庶祖母余氏、詹氏、舒氏。父亲为庶祖母余氏所生，因此，余氏才是中郎的真正祖母。而对那位将他抚养成人的庶祖母詹氏，中郎更是怀有刻骨铭心的深厚情谊。

适逢身在太学的袁中道参加顺天府乡试落选，他虽与两位兄长一样，文章名满京师，可科场却屡屡失意，就想回家调整一番，便与中郎一同离京南下。

临行这天，袁宗道将两位弟弟送至归义寺，免不了一番叮咛嘱咐。

他劝小修说："此次落选，不要过于灰心。以你的才华，早该高中进士了。可你心思却在周游山水，吟诗作文，于八股时艺，工夫自然就下得少了。其实，你只要稍加用心，在儒典上多花点时间，便能如愿以偿的。"

伯修所言，正中小修"穴位"，哪怕入了京城太学，他也没有专心于那些枯燥的典籍，仍像过去在长安里那样，像一个顽皮的入蒙学生。请看《太学偶作》，便可知晓他在京城太学的生活是多么自由多么浪漫："日射柏林如膏沐，拜罢欲出不得出。长髯堂史喝班散，黑头蛆子靴声战。出门掷去老头巾，独着短衣城外行。夺得健儿弓在手，一箭正中双飞禽。"

然后，他又转向中郎，以自己十多年跻身官场、身居要职的经验，对大弟奉命执掌丧礼这一差使所应注意的诸多事项，一一加以交代。

此次分手，兄弟三人虽依依不舍，但中郎、小修相约明年二三月间返京。不过半年时间，又可聚首京城，因此，心中并无多少离愁别绪，三人大笑而别。

在江西瑞金王府办完朝廷公事，中郎告假返乡，与早就直接回家的弟弟小修会合。

及至拜见躺在床上的庶祖母余氏，中郎心中，不觉嘘出一口长气，不管怎样，祖孙总算见了一面。

回到阔别已久的家乡，故人重逢，旧地重游，中郎免不了一番慨叹，留下了不少诗篇。

归乡闲居，悠游自在，且与亲人团聚，享受天伦之乐，自然十分快慰。可人生无常，世事难料，没有想到的悲痛之事骤然降临：十一月二十五日，庶祖母余大姑病逝；二十六日晚，忽接兄长袁宗道病逝讣音！

余大姑年迈，抱病已久，她的辞世虽不意外，但毕竟是自己的亲生祖母，生离死别，心中自是痛楚万分。而伯修之死，于袁家人来说，简直就是晴天霹雳！回想分手之际，兄弟三人相约重逢、大笑而别的情景，中郎怎么也没有想到，从此再也无缘与哥哥相见！他怎么也不能接受，那就是他们兄弟间的永诀！胸中之巨悲巨恸，中郎无法用语言形容，只能以“呜呼，痛哉”系之。

哥哥宗道是于十一月初四突患重病而逝的。

他是一个稳重朴实之人，勤勉刻苦，做事周详缜密，有条不紊，从不逾规越礼。虽然科举顺畅，少年得志，在别人眼里，十分风光而荣耀。其实他的一生，过得并不快乐适意。母亲早逝，兄弟姊妹孤苦伶仃，作为长子的他，主动担负起照顾妹妹、培育弟弟之责；刚刚中举，妻子病逝；进京赶考，夜宿荆门，旅馆倒塌，惊魂失魄，几成冤死之鬼；两儿一女，其中一子相当聪慧，不料两子相继而亡，一女随后早夭；中举不久，大病一场，差点命归黄泉，此后身体便一直虚弱，病魔的阴影，长期挥之不去……

俗话说，长兄如父，伯修对中郎、小修之爱护、关照与督责，慈父之爱与兄长之严兼而有之。诸多磨难与坎坷，使得伯修内心，常常充满孤寂与忧伤。但是，作为兄长的他，在中郎与小修面前，总是强作欢颜，极力掩饰内心悲苦。

伯修刚中进士，授翰林院编修，官职还算清闲。可一旦升为春坊左中允、春坊右庶子，充任皇长子侍讲之后，情形就变了。给皇长子朱常洛，也就是未来的皇帝当讲官，责任重大，公务繁剧，是一个外劳其形、内劳其心的苦差事。时任皇长子的侍讲者仅三人，他们每天都得进宫讲授，鸡鸣即起，深夜方眠，不敢有半点懈怠。

袁宗道本身就对自己要求严格，加之重任在肩，在他眼里，长子、太子、皇上、帝国四位一体，他的一举一动、一言一行将通过未来的皇帝，影响朝廷乃至整个国家的未来。他倾其所学，尽职尽责地授给朱常洛，总是累得腰酸背痛、口干舌燥、两眼昏花。回到家中闭目养神，稍稍歇息，根本还没调整过来呢，内阁却又派人前来，催拿第二天的讲章。没有办法，宗道只得拼着全力，支撑疲惫的身子，强打精神，在昏暗的灯光下伏案备课，真可谓"日夜抱一编，形神俱憔悴"。讲义交上去后，如果审核不过关，还得继续重写。当然，这种情形于伯修来说，还从未有过，也就不得不格外用心对付。

京城的初冬，突然刮起了一阵刺骨的寒风。可能是一时难以适应季节转换、气候变化的缘故，加之长期的劳累，本来十分虚弱的伯修，顿感精神倦怠，全身不适。但他并未请假休息，仍拖着沉重的身子，入宫讲学。

好不容易熬到课时结束，伯修步履踉跄地回到家中，紧张的心情顿时松弛，正想上床躺躺，脑袋突然一阵剧痛，难忍难熬，他不禁发出"啊"的一声惨叫，身子一歪，当即仆倒在地。

这一倒就再也没有起来，不过数日，伯修即抱病长逝，年仅四十一岁。

伯修为官十五年，清正廉洁，"生平不妄取人一钱"。不少人请他办事，馈送银两，多则三百，少则数十，全都被他退回。家属清点遗物，所存银子不足十两，不说操办丧事，就连一副好点的棺材也难买到。

还是伯修那些有情有义的门生自发凑足银两，为恩师备了一副棺木。

伯修病逝时，正值中郎、小修离京归乡，他的身边，子女已夭，家眷唯有妻妾三人。"寡妇一屋声，天地为阴噎。"这三位流寓京城的妻妾，皆为居家妇女，过去女子缠足裹脚，自然无法料理后事，其中一人还身怀有孕。幸得朋友黄辉倾心尽力，操办妥帖，“可无遗恨”。

伯修对公安派的创立、发展居功甚伟。袁氏家道之振兴，实起于伯修之手。他高中进士后，对家族，特别是对两位弟弟的帮助与影响，无论怎样形容都不为过。生活上的关照自不待言，学业方向，他由道转佛深深地影响了中郎、小修，为了维护、发扬中郎的性灵说，伯修的文学思想也发生了急剧转变，由重道德、重实用，过渡为重性灵、重自我表现。

伯修所著诗文不多，有些当时就已散佚，如小修在《游居沛录》中所记，他在同父异母五弟袁宁道家中，突然发现“伯修字牍数纸，其中皆生死学道语，惜未入刻”，又说伯修“所作诗余及杂剧数出，无一字存于世者，可为浩叹”。伯修诗文，至今仅存《白苏斋类集》三百多篇。

接到伯修讣讯，小修描述当时情景为“一家昏黑，不知所为”，中郎追记则言“严亲头触石，聚哭空里肆”。数日之后，哀痛才稍有平复。十二月初，小修动身北上，水陆兼程、日夜不停地赶往京城，拟将大哥灵柩及其家眷接回公安。

中郎便一直待在老家，直到第二年五月，才告别亲友，返京复命。他乘船东下，过岳阳、赤壁，抵达九江，与友人王章甫，和尚尚方、明空、无念等人一同登临庐山。

他被庐山的美景深深吸引，一待就是十天。每日脚不止步，幽峦邃谷，无所不探。中郎认为庐山是他平生所游名山之中，最为奇绝的一座，树木、石头、宫室，皆无与伦比，而深涧瀑布尤佳，并作有《瀑布》一诗：“寒空日夜摩幽绿，雾谷龙绡披几束。银湾截断牵牛人，鞭起眠龙驾天毂。帝宫酒暖浇愁春，云汁茫茫泻清渌。夜寒霜重玉女骄，袖里金匜向地覆。湘娥手挈潇湘来，雪魄云魂斗不足。炎官不到落星城，六月人间呵冻玉。”

关于此次庐山之行，中郎在尺牍《黄平倩庶子》中有所记叙：“弟以午节后挂帆，挟数老衲入匡庐，幽峦邃谷，无所不探，生平所见名山，此为最奇。”置身庐山，中郎不知怎么就想到了病逝的兄长袁宗道，于是在信中继续写道：“伯修素有登临癖，恨不见此。”是的，三袁兄弟都有山水之癖，而伯修久困官场，无法像两位弟弟那样纵情山水。因此，他常常扳着指头说：“还过几年，我就辞官归隐，真的，用不了几年啦，我们三兄弟就可结伴同游啦！”如今，伯修这一美好愿望已永远无法实现。由兄长的病逝，不禁想到利欲熏心的京城，想到相互倾轧的官场。而中郎眼前，是庐山之美景，松木苍翠，石壁如削，鸟语花香，天空碧蓝，纯净如洗，纤尘不染，与钩心斗角的官场，与尘嚣甚上的京城，形成鲜明对比。少时望名如望仙，一心盼望做大官。回想当年身居偏僻寂寞的故乡荷叶山时，心中便巴望进入热闹的城市，特别是人人向往的京城，一睹那里的奇风异彩。他尽情发挥、尽力想象着京城的美好模样，认为那里才是一块天堂般的神圣乐土。第一次进京应试，刚一上路，就怀着一种迫不及待的渴慕心情，恨不得插上翅膀，瞬间飞抵。好不容易来到京都，所见所闻，与心中想象大相径庭：房屋杂乱，行人攘攘，街市哄哄，怪味冲鼻……于是，中郎不禁深深地失望了。而置身官场，于社会、朝政了解越多，便越觉得国事纷纭，政治腐败，世风日下。而自己一介书生，官小职闲，人微言轻，难有回天之力，不由得仰天长叹：“时不可为，豪杰无从着手，真不若在山之乐也！”人呵人，可真是一个复杂难解的怪物，寂寞之时，便想热闹；喧嚣场中，又思闲静；避居山野，向往京城；置身官场，又想归隐。念及兄长伯修总想摆脱官场，寻得一点自我与本真、闲适与快乐，结果未能如愿，抱恨而终，中郎深感生命有限，就想进京复命之后，早日请辞归隐。

十天之游就要结束了，迷恋陶醉其中的中郎，依依不舍地下了庐山，依旧顺江而东。过安庆、铜陵、芜湖、南京、仪征，在扬州停船泊岸，等候弟弟小修。

原来，袁中道于去年底赶到京城料理大哥后事，一待就是三月，“俱在痛哭声中度日，昏昏惘惘，不似在人间也。”小修悲痛难抑，作诗十首，其二写道：“纵是石人也惨情，难听一宅断肠声。老亲泪尽唯流血，小弟心孤欲丧生。白日奄奄寒古渡，长江浩浩响空城。今朝易水悲歌去，送客白衣尽湿缨。”扶柩南归，安顿家属，都需要资金，小修只好与三位嫂子商量，清点伯修留下的书画、几砚等遗物，或拿到书画市场，或通过关系，一一卖掉，这才凑足了一笔银子。等到第二年四月，初夏水涨，小修想方设法雇了两条小船，一船装运伯修灵柩，另一船载着伯修家眷，从京城外的潞河动身出发，踏上“茫茫六千里程”，返回故乡公安。

小修一行，取道天津、交河、临清、辰河、徐州等地，一路行来，局促船中，两月有余，沿途或遇风浪，或逢枯水，或遇强人，或生变故，简直吃尽了苦头。他在长文《行路难》中一一详录，是一幅生动的明末社会世相图。

抵达扬州时，疲惫至极，接信知二哥中郎已在此迎候，“为之一快”。在《行路难》中，小修继续写道：“是日聚首广陵（古扬州名），悼伤逝者，不胜酸楚。然久困邮中，于天涯见骨肉，又不胜喜跃。”

尽管伯修辞世将近一年，悲伤已随时光渐渐流逝，但中郎一见兄长灵柩，仍止不住内心巨创，当即洒泪祭奠，以致“一恸倒地”。在安庆时，他已染上火病，胸膈烦闷，呼吸困难；消化不良，好不容易吃进一点饭食，也会呕吐一半；手脚麻木，全身火烫般疼痛难抑。受此折磨，中郎身体消瘦得只剩皮包骨头了。而受伯修灵柩刺激，中郎悲惨至极，五内俱伤，病情更加严重，病体渐渐不支，有“望死如乡”之感。马上延请仪征名医诊视，都说药饵可治火病，难医心头内伤。

本想进京复命后再行请辞的他，遭此变故，决定立马返乡，“病困如此，滥竽曹署，亦复何用”。于是，他写下一篇《告病疏》，“伏乞皇上怜臣万不得已之情，万不可支之病，敕下吏部，俾得回籍调理，臣虽入地，亦当衔感无极矣。”

令他稍感欣慰的是，此次请辞，很快复准。

本欲北上的中郎掉转船头，与小修两船并为一处。

兄弟俩在扬州徘徊数日，待中郎病情稍有好转，三船同发，望西驶去。

天气炎热，又多恶风，三船常遭困阻。七八月间，正值长江汛期，江水暴涨，汹涌澎湃，船在波谷浪峰间逆流而行，险不可测，恐怖不已。一日夜行，明月当空，江风渐起，越刮越大，他们简直吓坏了，只好默祷于神，赶紧停船靠岸，泊于彭泽。而载着眷属的那艘小船，则与他们分散了，落在后面十多里。直到夜半时分，这艘小船才赶将上来。而这时，疾风狂吹，恶浪滔天，如若再晚一刻，后果不堪设想。

尽管路途遥远，风波险恶，但中郎似乎并不在意，心中所念，仍是兄长伯修。往事历历在目，他写下了生平最长的一首诗歌《途中怀大兄诗》，字字句句，情深意切，真可谓长歌当哭。

行至武昌，中道又雇了一条轻舟，一行人先归公安，“见大人于佚老堂，悲泣哽咽，相视不能言。”（袁中道《行路难》）

过了十多天，载着伯修灵柩的小船才抵达斗湖堤镇。悠悠亡魂，终于回归故里。

第十三章／柳浪烟波

一

中郎抱病还乡，除与友人、僧人周边短暂游历外，其余时间，一直隐居柳浪湖畔，长达六年之久。

柳浪湖位于公安县城斗湖堤镇西南，斗湖堤镇因斗湖而得名，昔日斗湖、柳浪湖实为一湖，后来一条长堤将其一分为二，但两湖仍然贯通，柳浪之水穿桥进入斗湖。夏日涨水之时，柳浪湖水面宽阔，烟波浩渺。湖旁一块高地，约四十亩，可耕种作物。故此，袁中道在《柳浪湖记》中认为“柳浪实湖也田之”。

有资料表明，袁宏道奉命出使河南周藩瑞金王府执掌丧礼后请假回到公安，便开始属意并经营柳浪湖了。明万历二十九年（1601 年）春，在他还没有离家回京复命之前，便在这里建了一座房子，名曰“柳浪馆”。可见中郎之隐居，并非一时心血来潮，而是早有准备。

促他作此决定的原因是多方面的，伯修暴卒的打击，身体衰弱突染重病，还有一个十分重要的因素，那就是葡萄文社的烟消云散。

想当初，葡萄社成立之时，大家豪情满怀意气风发，无拘无束自由洒脱，谈禅论道吟诗作文，饮酒作乐挥斥方遒，公安派的性灵文学主张，不仅在京城产生了广泛影响，更弥散至全国，是何等的痛快淋漓呵！随着文社主要成员的变故，先是江盈科于明万历二十六年（1598 年）冬奉命离京前往滇黔，然后是中郎、小修于明万历二十八年（1600 年）八月一同离京，不过三月伯修暴卒，一个月后潘士藻又抱病而终……主要成员的离散，自然影响到文社的兴衰，最为关键的是，文社的活动受到了一群假道学、伪君子的嫉恨与非议。

礼科给事中张问达作为这群小人“抛头露面”的代表人物，上疏皇帝，在弹劾李贽的“妖言惑众”之后，又以黄辉、陶望龄等人的好道礼佛为靶子展开攻击：“近来缙绅士大夫，亦有捧咒念佛，奉僧膜拜，手持数珠，以为律戒，室悬妙像，以为皈依，不遵孔子家法，而溺意禅教者。”

出乎意料的是，十天之后，袁宏道的座师冯琦也上一疏，抨击黄辉、陶望龄等人，内容与张问达基本相同。对此，沈德符在《万历野获编》中认为冯琦之弹劾并非附和张问达，只是个人喜好不同而已，“好尚与黄偶异”。

冯琦在关键时刻如此“出手”，其中恐怕不仅是兴趣爱好问题，极有可能出于个人恩怨等其他我们至今尚不知晓的原因。比如当时秉持朝政的首辅沈一贯，听说葡萄社人聚谈禅学，旬月必会，十分憎恨，“其憎黄尤切”。冯琦、张问达皆为礼部官员，上疏是否出于他的授意？后冯琦升任礼部尚书，与这次参劾是否有关？

其实，冯琦与黄辉也颇友善，两人时有书信往来，共同探讨诗文，比如在给黄辉的《答黄宫谕》中，对时下诗风便流露出一种强烈的不满。作为一名置身并熟谙官场规则的高官，冯琦应该料到，他的上疏即使仅仅针对黄辉、陶望龄个人，在客观上也将对葡萄文社，对自己的得意门生袁宏道带来不良影响。中郎此前在座师丁忧时曾多次致信，希望在文学革新上得到他的帮助与眷顾，而他对中郎性灵说的文学主张也是深表赞同的。冯琦居丧期满，即将从老家山东临朐复出还京，中郎对此充满期待，在信札《冯琢师》中说："家兄弟近作，皆欲请教，以还朝在即，将面受斤削，但不知行李以何日发，宏眼欲穿矣。"明万历二十七年（1599年）三月，冯琦还朝，任礼部右侍郎兼翰林院侍讲。中郎望眼欲穿，结果等来的是座师对葡萄社友的一纸奏章。

就在冯琦上奏同日，御史康丕扬在首辅沈一贯的授意下，也上一疏，专门针对黄辉，恨不得即刻将他逐出官场。

于是，万历皇帝下旨道："览卿等奏，深于世教有裨，仙佛原是异术，宜在山林独修，有好尚者，任解官自便去，勿以儒术并进，以惑人心。"万历的意思是再明显不过了，尚仙崇佛之人，不宜朝廷为官，最好是"自行了断"。黄辉见此，马上以病请辞，而陶望龄则因典试离开京城。

主要成员非亡即散，加之官方的嫉恨与压制，历时三年之久的葡萄文社，就此完成了它的历史使命。

官场，不仅是名利是非的争斗场，也是压抑折磨的夺命场，实非本真文人的栖息所在；而京城呢，兄长已逝，友人离散，文社解体，无所寄托，望之心寒；既然官场、京城皆非所愿，中郎最好的选择，便是归隐，"田园将芜胡不归"！

中郎归来，决意长住，开始着力经营、建设柳浪湖。

他在那块约四十亩的高地外筑了一道长堤，堤内堤外种植柳树、枫树。枫、柳不仅适合水边生长，防浪御堤，还可春赏柳树柔枝吐翠，秋看枫叶红灿若锦，实用与审美，两相皆宜。有了可防洪水侵袭的长堤作屏障，中郎就可放心地在高台上“大做文章”了。

伯修刚一下世，无意官场的中郎就在高台建了三间房子，名柳浪馆。为此，他作有《柳浪馆》诗两首：

遍将蓝浉浸春颜，风柳鬖鬖九尺鬟。鹤过几回沉影去，僧来时复带云还。闲疏滞叶通邻水，拟典荒居作小山。欲住维摩容得否？湖亭才得两三间。

一春博得几开颜，欲买湖居先买闲。鹤有累心犹被斥，梅无高韵也遭删。凿窗每欲当流水，咏物长如画远山。客雾屯烟青篋里，不知僧在那溪边。

柳浪馆前，中郎命人挖了一个放生池，池内种植白莲，池旁建一亭子；放生池堤外，右边有块洼地，另筑一条横堤与田地隔开，里面种植红莲；高台上的其他空地，则全部种上柳树，与堤边的枫树、柳树算在一块，约有上万株；水渠、洼地、高台之间，筑有数桥，畅通无阻。湖中有一小岛，上面也建有三间房舍，主要招待名僧及往来客人。左右两条小堤，一条直达柳浪馆，一条与外面相通。

“柳浪湖上柳如烟，柳浪湖下浪接天。”绿叶婆娑的杨柳与碧波荡漾的湖水相映生辉、相得益彰，别有一番动人的诗情画意。故此，柳浪湖便以“柳浪含烟”之美，成为公安县“八景”之一。

四百多年来，由于江水冲袭，泥沙淤积，柳浪湖今已不复存在，自然无法欣赏、感受“柳浪含烟”的美妙天趣了。但是，我们仍不难想象袁宏道隐居之时的风采、神韵与盛况。

这里位于斗湖堤城外，没有市声的喧嚣，清寂宁静之中，分明听得见虫鸣、蛙鼓、鸟叫，风声、雨声、涛声，鸡唱、犬吠、羊咩等自然天籁此唱彼和，声声入耳；柳浪湖中，碧波万顷，浮光耀金，荷叶田田，荇藻相杂；而岸边，则是亭榭耸立，杨柳依依，藤蔓缠绕，瓜果垂曳……这里，有清音入耳，有莲荷飘香，有佳景可赏；有绿茶可啜，有瓜果可食，有美酒可饮……人生若此，此乐何极，更复何求！ 也就难怪袁宏道一住六年，怎么也舍不得离开这里了。

在柳浪湖的日子，中郎过得自由而散淡。 早晨从柳浪馆起床，不待洗漱，第一件事情，便是推开窗户，看那明媚的水光、飞翔的水鸟、摇荡的渔舟、婆娑的枫柳与广阔的绿畴。 早餐后，则与友人步出户外，悠闲地散步，随意走进附近的村落，与当地农民融为一体；或与数位僧人友人，聚在一处，纵论天下，谈禅问道，穷究真谛。

中郎极喜柳浪烟波，常常泛舟其中。 晚饭过后，夕阳西下，此时出柳浪馆，绕高台而下，从右过桥到放生池。 在亭前稍作停留，折向右边，穿桥至红莲池，绕过小岛上那座招待客人的房舍向西，走下湖堤，解缆推舟，以一桡划水，荡入湖心。 湖水清可见底，或采摘菱角莲蓬，或观赏夕阳映入湖中漾起万点金波，或仰卧船舱沉思玄想。 船行后渠，这里水面最为宽阔，继续向西，就出柳浪湖进入斗湖了。 此时，明月升天，满湖银色；清风拂面，微波扣舷；鱼儿不时跳跃，楚歌隐隐传来……一时间，恍若置身仙境。

夏日天气燠热，柳浪湖是一个避暑的绝好去处。 有一友人，生平最怕炎热，常常来此消夏。 一次忘了带上被褥，结果半夜冻醒。

不久，袁中道在柳浪湖后面，从举人王官谷手中买得一块地皮，也修了几间房子。 周围约三十亩田地，全部种上翠竹，多达数万株，中郎就将小修这个地方称作“篔筜谷”（篔筜，一种皮薄、节长、竿高的竹子）。

于是，当地人便说：“后有篔筜，前有柳浪。”

二

中郎深谙老庄哲学，并以《庄子》一书为本，推广其意，著有论著《广庄》七篇，将老庄的“至境”与“化境”视为人生最为美妙的一种境界。他隐居柳浪湖，其实是“无为而无不为”，是舍官场之“小为”，而就千古文章、修身养性之“大为”，是对老庄“至境”与“化境”某种程度的实践。

在柳浪湖的日子，中郎是寂寞的。

回想当日的南平文社，是何等逍遥快活，而今，南平社员不死即散，伯修去世后，外祖父龚大器、三舅龚惟长也相继而逝；弟弟小修或应试或游历，很少待在公安；二舅龚惟学远在山西岚县，做一名县令，被一应公务、琐事所困，只能偶尔请假回乡省亲；只有八舅龚惟静还在公安。昔日的文社聚会，一种诗文唱和兼带天伦之乐的欢畅，“此情可待成追忆”，只能在回忆中喟叹、惆怅与感伤了。

隐居柳浪湖的中郎，又是十分热闹的。

此时的中郎，其身份自非昔日可比，已是享誉海内、文坛公认的文学革新派领袖，许多文人学士的偶像。他的返乡，其实是公安派主要阵地的南移。葡萄文社只是公安派在长达四十多年时间内三十多次结社中最为重要的一次，它虽然解体了，但公安派还在持续，在发展。由吴县而京城，由京城而公安，随着袁宏道的不断迁移，公安派文学中心的地理位置、空间范围也随之变化转移。天下不满复古、心向性灵的文人学士，无不倾慕、向往中郎的隐居之地柳浪湖。于是，公安县特别是柳浪湖，成为当时文人交流、交往、交游最为频繁而活跃的一个所在。

虽曰隐居，实则无处可隐，他的一举一动包括诗文创作，皆为人们所关注。幸好那时还没有什么"狗仔队"，中郎不必为此而烦恼。乡居六年，旧人已逝，而他的身边，又聚居了一个以他为核心的规模较大的公安派新阵营、新群体。这支新队伍主要为家人、亲戚、朋友、僧人，家人有父亲袁士瑜，叔父袁士玉、袁兰泽、袁云泽，亲弟袁中道，同父异母弟袁安道、袁宁道，堂弟袁履道、袁致道；亲戚有二舅龚惟学、八舅龚惟静，表兄王回、王承光、王承煃；友人有黄辉、龙襄、崔晦之、刘元质、苏惟霖、雷思霈、曾可前、谢于楚、陶若曾、罗冕、程彦之、刘绳之、鲁印山、沈青平、龚世法等；僧人有无迹、宝方、明空、雪照、冷云等。仅可考证的，四者人数可达五十多。他们之中，有的是公安本地学人长住于此，有的是公安附近人士，有的则专程前来公安拜访中郎。本地或附近地区的，交往则十分密切，如八舅龚惟静、二圣寺和尚宝方便时相过从；远道而来者，有人逗留时间较长，有的则匆匆而来匆匆而去，但此后都会有书信往来，见字如晤，虽远而交流切磋如故。这些文人学士的到来，给柳浪湖平添一股生机与活力，而中郎的佛学思想、文学理论、创作实践也在这种交往与交流中更加深入。

柳浪湖的六年时间，也是公安派结社活动最为兴盛的一个阶段。其成员，有过去阳春文社、南平文社、葡萄文社的旧社员，更多的则是一批新人。居乡结社的雅集之地，柳浪湖的柳浪馆自然是他们的主要活动场所，此外，袁中道的净绿堂、林兰阁，袁安道的旃檀馆、绿荫堂，袁宁道的天花馆、清梵阁，王承光的香光林、朋石馆等，以及县城附近的佛教寺庙如二圣寺、法华庵、章台寺等，都是社友的诗酒聚会之地。

隐居的中郎，其实个人独处时间极少，少则两三人，多则数人或十多人，形成一个互通声气的群体。位于湘鄂交界之处的公安县偏居一隅，所谓"天高皇帝远"，于文社的活动，于公安派的发展而言，反而成为一种优势。京城居高临下的"俯冲"发力，与柳浪湖缓慢而潜在的韧性发展，二者互为补充，使得公安派的理论与实践，进入一个更加重要的巩固与推进时期。

就其实质而言，袁宏道的柳浪湖生活是极其散淡的。

没有公务琐事缠身，不必早起上朝，没有压力重负，不必为生活操心，困了就睡，饥了就食，想聚就聚，想散就散，日子真个赛似神仙。

但他又是严格自律、刻苦勤勉的。

聚会之时，大家切磋探讨，思想在相互间的碰撞中火花四溅；而独处时，中郎或刻苦攻读，或吟诗作文，或研佛参禅，一刻也没有停止。这期间的诗文，中郎汇编为《潇碧堂集》，共二十卷，其中十卷诗歌，就有五百八十四首。

这期间，中郎还为故乡做了一件颇有意义的事情，那就是重修县志。

明万历三十二年（1604 年），公安知县钱胤选亲自登门拜访袁宏道，请他出面撰修一部新的《公安县志》。

据《康熙公安县志跋》所记，公安最早的县志，为明初正统年间公安教谕房陵所撰。志成不久，房陵调离，所修县志流传公安。中郎此次修志，主要在房陵县志基础上进行增编。

又据《公安县志书十六卷清康熙九年写刊本》记载："考公安志乘，创修于永乐壬辰知县鲍纶，正统丙辰教谕房陵增续付梓，成化间教谕梁善又增补之，而规模粗具，万历间邑人袁宏道仿《襄阳耆传》重纂，搜罗人物颇多，由是邑志大备矣……"

按前一种说法，中郎所修县志为公安历史上第二部县志；而后一种说法，最早由明永乐十年（1412 年）公安知县鲍纶初修，正统年间公安教谕房陵增续，成化年间公安教谕梁善增补。考之源流，则中郎所修为公安历史上第四次修撰。

不论何种记述，总之此前的县志粗浅杂乱，且下限年代距中郎所处时期，若以房陵县志计算，已有一百五六十年；如按梁善增补时间，最晚也有一百一十多年了。因此，极有必要重新修撰一部完整的《公安县志》。

钱胤选系举人出身，浙江慈溪人，算得上一位贤明有为的“父母官”。任职公安，他走马上任所做的第一件事，就是修堤治水。

流经公安地段的长江又名荆江，荆江急流汹涌、河道狭窄、江堤蜿蜒，是长江流域水患最多的地方。“长江万里长，险段在荆江。”自古以来，洪水是公安民众的最大隐患与心理负担。水火无情，可于一瞬间吞噬万千生命财产。夏天，长江之源冰雪消融，洪水一泻千里，水面往往高出斗湖堤镇，江堤一旦溃口，便成灭顶之灾。因此，每到夏天，洪水暴涨，公安人仿佛得了“恐水症”，日夜焦虑，忙着防汛，上堤排查，一旦发现异常，几乎全民出动，堵死漏洞，排除险情。晚明时期，斗湖堤镇便常闹水患，袁宏道及其家人好几次搬家，便迫于此。直到秋天洪水远去，公安人才会松出一口气来。年年岁岁，莫不如此。在中郎眼中，洪水犹如入侵之敌寇：“泽国之有江警，犹西北之有虏警，东南之有倭警也。倭虏之患，至于芟夷我赤子，蹂践我城郭，而水之虐正等；故捍卫之功，比于折冲。”

晚明之后，公安县影响最大、举世瞩目的灾情水患，就有三次：咸丰十年（1860 年）长江流域出现特大洪水，江堤决口，全县受淹，河流改道；1954 年长江特大洪水，为减轻北岸荆江大堤压力，保卫江汉平原，位于公安县境的荆江分洪工程，连续三次主动分洪蓄水，近千平方公里良田沃土，顿成泽国；1998 年，长江洪水告急，公安县准备再次分洪，三十三万群众在苍茫的夜色中实施大转移，后来虽是一场虚惊，但经济损失惨重，民众的心理创伤短期内难以愈合。

当然，正如水能覆舟，也能载舟一样，水不仅为公安县带来了便利与富饶，也在与水患的长期斗争中，练就了机智果敢、坚忍不拔、以柔克刚、乐观进取、求新求变等生存智慧与精神力量。水文化对公安的滋养是无形而巨大的，对袁宏道的思想与创作也产生了深刻影响，他在《文漪堂记》一文中，阐述了水的奇妙变化，“水”与“文”之间的有机关系：

> 夫天下之物，莫文于水，突然而趋，忽然而折，天回云昏，顷刻不知其几千里。细则为罗縠，旋则为虎眼，注则为天绅，立则为岳玉。矫而为龙，喷而为雾，吸而为风，怒而为霆。疾徐舒蹙，奔跃万状。故天下之至奇至变者，水也。
>
> 夫余水国人也。少焉习于水，犹水之也。已而涉洞庭，渡淮海，绝震泽，放舟严滩，探奇五泄，极江海之奇观，尽大小之变态，而后见天下之水，无非文也。既官京师，闭门构思，胸中浩浩，若有所触。前日所见澎湃之势，渊洄沦涟之象，忽然现前。然后取迁、固、甫、白、愈、修、洵、轼诸公之编而读之，而水之变怪，无不毕陈于前者。或束而为峡，或回而为澜，或鸣而为泉，或放而为海，或狂而为瀑，或汇而为泽。蜿蜒曲折，无之非水。故余所见之文，皆水也。

当年的新知县初一到任，烧的第一把“火”就是修堤治水，可以想见这一举措该是多么深得民心！对此，中郎十分感奋，江堤修竣，提笔写下《新修钱公堤碑记》，对钱胤选的政绩大加赞赏：“幸此堤复，我民倚斗为长城。”

面对钱知县的真诚相请，中郎实难回绝。一名外地人尚且如此热心公安县的公益事业，作为本地人的他，更是义不容辞呵！况且修撰一部新的完整县志，也可了却他的一桩心愿。

于是，袁宏道极其爽快地接受了修撰《公安县志》的任务。

以中郎之文才，修改、编写一本县志，可谓绰绰有余。受命之后，他没有半点马虎，“文章千古事，得失寸心知。”哪怕一部县志，也要严格认真对待，经得起历史考验，能够传之后世。他先是创订新的编修原则与体例，并在原有县志的基础之上，拟出一份较为详细的编写纲要，然后才正式撰写。

中郎的修志体例，仅见于他给钱胤选的信札《钱邑侯》：

> 然诸传非闻见真者，不敢滥入也。传体仿班氏及南、北史，多于小处见大，不欲以方体损韵致也。诸大老传他日国史所取以为据者，邑僻地，志状多不传，故不得不详。《杂俎》一篇，逸事仅有。

记述虽不完整，但不仅为后来者修撰《公安县志》所沿袭，也被后代方志编纂者视为一种规范广泛运用。

历经三个寒暑，新修《公安县志》才在中郎认真而艰苦的努力下得以完成，共计三十卷。

志稿初成，恰逢雷思霈前来造访，他捧卷阅毕，对新修县志予以高度评价："中郎文章言语，俱妙天下。是志也，抉奇搜奥，辨物核情，绝无老博士一酸语。"又说中郎修志是"以一代才作一邑志"，此功超越了他推崇备至的一代文豪苏轼："传闻中郎为子瞻（苏轼字）后身，嗟乎！子瞻不敢作三国史，而中郎能为一国志，岂隔世精灵乃更增益耶？"

由雷思霈的评语，我们可以见出，中郎即使修志，其语言文字、内在精神，也贯穿着性灵说的文学主张，既详细考证，又不肯拾人牙慧；既沿袭传统，却无酸腐呆滞、佶屈聱牙之语。这样的县志，是文学与历史相互结合的成功范例，"海内称为绝奇"。

中郎县志一出，过去的旧志自然"若存若亡矣"。非常遗憾的是，中郎亲笔修撰的这部《公安县志》，后来在县城三次迁徙的过程之中，毁于一场大火，"版籍无存"。

今天，我们虽然无法见到中郎所修《公安县志》，但他创立的修志体例，那严肃认真、不辞劳苦的编撰精神，是留给后人的宝贵财富，永远也不会消失。

三

袁宏道隐居六年，也曾有过几次短暂出游，足迹不远，主要为湖南德山、桃源、洞庭及湖北玉泉、武当等公安县周边的风景名胜，其中桃源、玉泉两地尤佳，对他影响颇大。

桃源风景优美如画，加之陶渊明那篇《桃花源记》，更使得桃源之地声名远播。陶渊明笔下的桃源，于中郎而言，不啻为一种神往之至的理想境界："土地平旷，屋舍俨然，有良田美池，桑竹之属。阡陌交通，鸡犬相闻。其中往来种作，男女衣着，悉如外人。黄发垂髫，并怡然自乐……"

陶渊明时代的桃花源，与中郎所处晚明，虽有一千一二百年之遥，而桃源风景及桃源人的隐居生活，与中郎置身的柳浪湖，实有异曲同工之妙。

明万历三十二年（1604 年）八月，袁中道前往黄山，袁宏道则与和尚寒灰、冷云、雪照，居士张五教等人，从老家孟溪镇荷叶山后的孟溪河乘船出发，一路寻访庙宇，拜会友人，于八月十七日抵达德山游览，然后逆水而上，于九九重阳节登武陵山，当晚赶至桃源县。

中郎一行不顾旅途劳顿，稍作调整，便漫步欣赏桃源县城夜色。在如水的月光下，整个山城笼罩着一层轻纱般的薄雾，楼台亭阁，依山就势，排列有序，朦胧中透着一股别致韵味。中郎为之沉醉，当即口赋一诗《夜入桃源县月中》："深村杞菊香，壁影拂船凉。和月和烟市，全山全水乡。高云排鹤路，怒沫响鱼粱。若个垂纶客，溪头旧姓黄。"而内心深处，那个与世隔绝的桃花源，才是中郎魂牵梦萦的向往所在。历经官场、洞悉世事的他当然知道，陶渊明笔下的桃花源不过一处虚构的幻景，现实中并不存在，但他宁愿陶醉在这种自我欺骗的虚幻与满足之中，相信人间真有那么一个安宁怡然的美妙世界。

第二天清早，一行人匆匆出发，直奔桃花源而去。

过渌罗山时，船行江中，风景奇美绝妙，“山如削成，颓岚峭绿”，好像要从头顶压过来似的。两岸夹山，越来越狭，江水缦绿见底，越来越急，云奔石怒，满江都是飞溅的泡沫。这时，中郎不禁想到了生于湖南桃源，自号“渌罗山人”的至友江盈科。此时，他以大理寺丞之职，正在四川主持乡试。心有所念，作诗《望渌罗山，有怀江渌罗年兄》以志：“好在青溪曲，岩花石乳新。空闻流水引，不见渌罗人。明月层层岫，乌纱面面尘。十年求道侣，能不忆仙邻。”

江水一拐，弯到山南，心中一直念想的桃花源就在眼前，中郎不觉精神倍增。舍舟上岸，一行人游玄武宫，过桃花观，从左边前行，幽静的小路两边，长着亭亭翠竹，可谓“竹路幽绝”。继续向南，不一会，就步入了桃花洞中。

出乎意料的是，洞中空空如也，唯有百多级石磴而已。中郎自然备感失望，但乐观的他，在游记《由渌罗山至桃源记》一文中写于此，笔锋一转道：“苍寒高古，若有人焉，而不可即。”极有可能，这里还是隐匿着那些逃避秦时战乱的百姓后裔，只是山高洞幽，他们藏之甚严，难以见到罢了。中郎不得不如此安慰自己，于是又想，难怪那些避难之人会逃避于此地，这里的确称得上人间天堂呵！他对随行的友人说：“他日买山，当以此中为第一义也。”后来，中郎在给同僚李腾芳的一封信中又写道：“穷花源之胜，真方士仙人之所客也。山尖略如越，而幽僻胜之，奇正相发，瘦妍异态。弟已选得渔仙寺一片地，为栖隐之所。他时白头阁老，渡武陵溪时，或可迂道一至也。”看来，他也想学桃花源避乱之人，产生过老迈之年来此隐居落户的念头。

而湖北当阳，则是中郎的常游之地，他对那儿的玉泉寺、度门寺，怀有一种特殊的感情。玉泉寺与山东的灵岩寺、南京的栖霞寺、浙江的国清寺并称“天下四绝”。这里的玉泉山（又名堆蓝山），最早因关公显圣的神话传说闻名于世，6 世纪的隋朝时期，玉泉寺开始创建。智者大师在此广收信徒，讲经释义；唐代禅宗北派领袖神秀不仅在此讲学，并且焚修于度门寺（也称大通寺，附属于玉泉寺，为其子孙庙）。此后，禅宗南派、净土宗、临济宗等佛教宗派的高僧，都曾在此修持讲法。可以毫不夸张地说，玉泉寺在中国佛教发展史上，是怎么也绕不开的一处不可或缺的重要阵地。不仅如此，唐代著名诗人李白、杜甫、白居易、元稹、张九龄、孟浩然、贾岛、宋之问等都曾周游于此，留下了重要诗篇。

中郎还在京城任职顺天府教授时，就有和尚正诲（号无迹）立志重修残破不堪的玉泉寺，不远千里来到京师，四处游说。中郎为其所感，便以荆楚乡谊之情，广为联络。经过一番努力，最终打动了崇奉佛教的慈圣皇太后，她以万历皇帝之名，赏赐玉泉寺《大藏经》一部、金千两。其他经袁宏道、袁宗道等人联系的京城权贵，也纷纷解囊相助。当时宦游京师的小修正欲回湖广参加乡试，便与募得资金的和尚无迹一道南归，并协助他重新修建，才使得玉泉寺“今遂焕然，复还旧观”。

除游说、募集外，他们自己也有捐助，据《玉泉寺志》所记：“明万历三十年（1602 年），文学家袁宗道、袁宏道、袁中道与黄辉共同捐俸白银二千两维修寺院。”此后，袁中道在明万历四十二年（1614 年）捐献水田五十亩、旱地十三亩，“这些土地全在度门寺，由明代度门寺僧人无迹禅师的徒孙代管。”

玉泉寺历史上有过六次大规模的修建活动，三袁兄弟的重修扩建，属第五次，具体时间为明万历三十年（1602 年）至明万历三十五年（1607 年），正是中郎隐居柳浪湖之时。可见中郎前来当阳，除游览胜景外，还负有重修玉泉寺的重要使命。对修建方案，一如他的性灵说文学革新理论，主张寺庙应与四周山水融为一体，和谐自然。他作于明万历三十年的《示度门·时新修玉泉寺》一诗，写的就是第五次重修之事：

北平曾记写疏时，黄帕亲封下赤墀。三十四年薄宦客，一千七众讲经师。堆蓝山续开皇诏，仙掌茶抽谷雨旗。鬼斧神工仍七日，直教重勒玉泉碑。

玉泉寺的风景名胜，深深地吸引了中郎，他曾有过筑居建舍、合家搬迁的念头。他与弟弟小修常在玉泉山的柴紫庵读书，最爱游览那里的紫盖山与青溪，当地有“玉泉山美，青溪水甜”之说。

明万历三十年（1602 年）正月，袁宏道与时为度门寺住持的和尚无迹同游玉泉山，待了整整一月，若非父亲染病，住的时间还会更长。

当年九月，他应黄辉之邀，再游玉泉。黄辉不仅诗歌写得好，书法也极佳，“布局疏朗，行气脱落，韵致潇洒，墨法圆润”，与当时的书法大家董其昌齐名，人称“诗书双绝”。当阳县令闻讯黄辉前来，马上携带上好宣纸，恭请黄辉留下“墨宝”。出于礼貌，也不得不请中郎同书。中郎极喜书法，笔致朴拙，绝无半点娥眉之气，所以黄辉赠诗说他“字类松枝不学成”，意思是说他的书法像松树枝干一样天然生成、遒劲有力。中郎见请，也不推辞，当即提笔，与黄辉相对，挥毫泼墨，旁观者皆掩口窃笑不已。

玉泉山不仅留下了中郎的深深足迹、优秀诗文，还有不少趣闻逸事、故事传说。

每次游历，名山大川的优美风光总是激发他的创作热情，带来新的创作灵感。德山、桃源、当阳等地的短暂出游，使得他诗情勃发，文思泉涌，写下了大量诗歌、游记、书信。中郎反省昔日所作诗文，认为反驳前后七子，

“信口而出，信口而谈”，“信腕直寄”，有矫枉过正之嫌，“多刻露之病”，于是，这批新作便有意识地加以矫正，思想内涵、艺术水平较前有了进一步提高。

这年初冬，袁中道从黄山归来，读过他的新作，不禁撰文评道：“游程诗、纪，倩冶秀美之极，不惟读之有声，览之有色，而且嗅之有香。较前诸作，更进一格。”色、香、味俱全，自然是上等的艺术佳肴了。然后，又对中郎前后诗文，作了一番比较：“盖花源以前诗，间伤俚质；此后，神理粉泽，合并而出，文词亦然。今底稿具存，数数改易，非信笔便成者。良工苦心，未易可测。”通过手稿的多次修改，可以见出中郎字斟句酌，精益求精，苦心经营，非信笔而成。

中郎对自己这一时期的作品十分看重，编成《潇碧堂集》，与此前在京城任教官时创作的《瓶花斋集》，一同刻印。为出版这两部书稿，中郎耗资颇多，据他给苏惟霖的一封信中所言：“近日刻《瓶花》、《潇碧》二集，几卖却柳湖庄。”由此，我们既可感受到他对文学艺术的执著追求，也可见出他的经济状况着实不佳。他是一个精神重于物质、义气重于财气、避世重于入世的性情豁达之人，隐居柳浪湖的日子，无忧无虑，无挂无碍，逍遥自在，他的心境，也变得更加纯净而恬淡，幽雅而闲适。然而，他又并非逃避现实，全然沉浸于优游山水、谈禅论道、吟风弄月、独善其身的个人境界之中，身居江湖僻远之地，中郎的目光，总是投向柳浪湖之外的广阔世界，关心芸芸众生，关注朝政时事。

对此，鲁迅认为中郎被有些人画歪了脸孔，曾恰如其分地评价道：“中郎正是一个关心世道，佩服方巾气人物的人。赞《金瓶梅》，作小品文，并不是他的全部。”

画歪中郎脸孔的人，不唯过去，今天仍然存在。所不同的是，过去画歪是误解，是有意识强调某一方面；如今的画歪则是故作姿态，语出惊人以引人注目，比如在个别人笔下，就有“公安三袁（袁中郎、兄袁伯修、弟袁小修）一生招摇、放浪”之语（不唯中郎，而是袁氏三兄弟），认为中郎“生平好为大言，无论好事坏事均喜刻意描摹”等，其先入为主、以偏赅全的色彩太过浓厚，为学态度实不可取，观点也不值一驳，是非与否，读者心中自明。

其实，中郎关心民瘼、关注社会的“方巾气”，一直贯穿于他的生命之始终。

早在少年时，他于国事就心怀忧戚，在荆州参加童子试时，因耳闻目睹张居正身后籍没一事，写了《古荆篇》一诗。

二十二岁赴京应试返回公安，他将矛头对准昏聩的当朝皇帝，一口气写了《拟作内词》八首，讥讽不理朝政，酒、色、财、气四病俱全的神宗皇帝。

他在吴县任职时，针对各种名目繁多的苛捐杂税给当地百姓带来的沉重负担，以无比愤懑的心情，写了一首《逋赋谣》，揭露“民日难，官日苦”的社会现实：

> 索逋赋，逋赋索不得。不是县家苦催征，朝廷新例除本色。东封西款边功多，江淮陆地生洪波。内库马价支垂尽，民固无力官奈何？苏州旧逋七十万，漕折金花居其半。安得普天尽雨金，上为明君舒宵旰。嗟乎！民日难，官日苦，竹开花，矿生土。

明万历二十四年（1596年），明廷为缓解、挽救日益困窘的财政危机，大量增加矿税，派遣宦官充当矿监税使，四处横行搜刮。一时间，民怨载道，民愤四起。中郎写下诗歌《猛虎行》，揭露这一害民弊政。在诗中，他先写宦官的淫威，次写其贪盗行为，由此向统治当局提出严重警告，如不及时纠正弊端，必将酿成祸患。结果朝廷坐视不管，中郎的预言很快成为现实，临清、苏州、武昌等地的矿工及手工业者不堪忍受矿监税使的压迫，先后举行大规模暴动。

而隐居柳浪湖时，中郎关心社会时政的心情则更趋深沉。

明万历三十年（1602 年），湖广矿税使陈奉经常率其党羽，巡视各地，以开矿为名霸占良田、侵吞民财、侮辱妇女、伤害人命，简直无恶不作。对此，中郎义愤填膺，在《竹枝词》十二首之二中写道："雪里山茶取次红，白头孀妇哭春风。自从貂虎横行后，十室金钱九室空。"又写下《荆州前苦雪引》一诗："鲛户十窜九囚虏，泪不成珠天帝怒。骨白粉焦委黄泥，至今荆州唯白土。"后来，武昌民众奋起反抗，一把大火烧毁矿税使陈奉住房。仓皇之中，陈奉翻墙进入藩府，才得以逃脱。而他的那些手下，则有数百人被当地民众抓获，双手捆绑后一个个投入长江。汉阳民众仿效武昌，也聚集一处，起而反抗，捉拿恶吏，一一捆绑。其余诸郡闻讯，大受鼓舞，击杀税使、贪官、奸人无数。

明万历三十二年（1604 年）秋，武昌皇族为争夺王位继承权发动变乱，杀死巡抚、都御史赵可怀。中郎闻知，当即写下《闻省城急报》一诗：

> 黄鹄矶头红染泪，手杀都堂如儿戏。飞鞚叠骑尘碾尘，报书一夕三回至。天子圣明臣敛手，胸臆决尽天下事。二百年来好纲纪，辰裂星纷委平地。天长阍永叫不闻，健马那堪持朽辔。书生痛哭倚蒿篱，有钱难买青山翠。

由于皇帝昏庸，宰臣贪贿，变乱一时难以平息，乱军横行，给当地百姓带来了深重灾难。于是，中郎又写了一首《郡人来，言楚宗事久未得旨，感赋》，其中有言曰："国体藩归俱莫论，老臣途血也堪怜。"满腔悲愤，肠断泣血，更复何言！

后来，中郎离开柳浪湖复出进京任职，上书朝廷筹划国事，进献救亡谋略，充分反映出他对国家朝政、社会现实全面而深刻的认识。

中郎在给黄辉的一封信中，曾写过如下一段话：

尘车粪马，弟虽不爱追逐，则随一行雅客，莳花种竹，赋诗听曲，评古董真赝，论山水佳恶，亦自快活度日。每日一见邸报，必令人愤发裂眥。时事如此，将何底止？因念山中殊乐，不见此光景也。然世有陶唐，方有巢、许，万一世界扰扰，山中人岂得高枕？此亦静退者之忧也。

这，便是袁宏道既纵情山水、追求闲适，又关注世道、关心民生的形象概括与真实写照。

四

柳浪湖隐居期间，两个人的离世，对袁宏道的打击与影响相当之大，一是庶祖母詹氏病故，二是李贽自杀。

明万历三十年（1602 年）十月二十五日，詹氏逝世，享年八十一岁。

詹氏不是亲生祖母，但其恩情于中郎而言，在某种程度更甚于亲生祖母乃至亲生母亲。詹大姑的养育之恩，她在文学上的启蒙，中郎没齿不忘。在吴县任县令时，中郎请辞的主要理由，就是这位庶祖母病危。好在她的命大挺过了那道关口，又活了六年时间。那次奉命离京公差，乘便请假回家，詹大姑听说孙儿归来，白发苍苍的她，硬是撑着虚弱的身子，拄着拐杖，出门相迎。中郎见状，当即感动得流下眼泪。令他感到欣慰的是，这两年隐居公安，尽心服侍詹大姑，算是尽到了一份应尽的孝心与义务。

一次友人聚会，大家谈及人生未来，纷纷作出一些预测，说会遭遇什么样的关隘坎坷，碰到什么样的大事等，热之闹之，纵论不休。中郎突然道："人生有一件大事，任是谁也逃不脱的。"问是何事，中郎说："大家都会要死的。"众人闻言，皆附和而大笑。

可见中郎是一个真正参透生命、洞穿生死的智者。生老病死，乃人之常情，因此，于詹大姑之死，中郎虽然悲痛，还是能够接受的。

而李贽之死，又不一样了，他虽然活了七十六岁，哪怕在今天，也算得上高寿了。但他是在监狱被逼自杀，死亡地点与死亡方式与自然人性相悖，这种非正常死亡，不仅令中郎悲痛万分，更令他愤懑不已。

明万历二十六年（1598 年）春，中郎与李贽在京城失之交臂。李贽与焦竑一道出京乘舟南行，过沧州，于四月抵达南京，寓居永庆寺，后转居牛头山、摄山，秋天即回到他长期隐居的麻城龙湖。在南京时，焦竑等人帮他做了一件意义非凡的事情，那就是刻印《藏书》。

不久，李贽便在麻城受到耿定向门生、湖广按察司佥事史旌贤的威胁，要以"大坏风化"的罪名将他驱逐出境。李贽针锋相对地说："我可杀而不可去，我头可断而我身不可辱！"明万历二十八年（1600 年），湖广监察御史冯应京弹劾、迫害李贽，派人焚烧李贽居所龙潭芝佛院，并捣毁了他为自己准备的永久归宿之所藏骨塔。李贽被迫出走麻城，避祸于河南光州商城县的黄蘗山中。

任过知县、御史的北京通州（今北京通县）人马经伦闻讯，被他的悲惨遭遇所感，马上从老家南下进入黄蘗山，陪伴李贽一同研习《周易》。马经伦为人正直，好仗义执言、打抱不平，任御史时就因抗疏万历皇帝而被贬为一介平民，他不仅写了一篇文锋犀利的文章《与当道书》为李贽辩护，第二年开春，索性将他接到北京通州自己家中居住。

没有想到的是，李贽一到通州，京城的道学家们便如临大敌，惶恐不已，他们担心李贽"妖言惑众"，害怕他"扰乱治安"。不久，又一次新的迫害向李贽迫来。礼科给事中张问达上疏劾奏李贽，说他非孔反儒，惑乱人心，寄居麻城时，“肆行不简，与无良辈游庵院，挟妓女，白昼同浴，勾引士子妻女入庵讲法，至有携衾枕而宿者，一境如狂。又作《观音问》一书，所谓观音者，皆士人妻女也。后生小子，喜其猖狂放肆，相率煽惑，至于明劫人财，强搂人妇，同于禽兽而不之恤。”然后，又说李贽现已移居通州，“距都下四十里，倘一入都门，招致蛊惑，又为麻城之续。”张问达将一些不实之词强加在李贽头上，其目的就是希望朝廷对他严惩不贷。正是这封疏章，在弹劾李贽之后，又在末尾附带攻击黄辉与陶望龄等人结社礼佛。

长期消极怠工、不理朝政的万历皇帝阅过疏章，竟异乎寻常地来了精神，以前所未有的工作效率当即下旨，准容弹劾：“令厂卫五城严拿治罪，其书籍已刻未刻，令所在官司尽搜烧毁，不许存留。”

晚明统治者对正统儒教之外的所谓“异端”哲学的迫害开始了，二十多年的学术宽松氛围就此结束。

有司前往通州捉拿李贽时，他已卧病三月，粒米未进，呕吐不止，昏迷不醒，仅余喘息而已，自然无法行走，卫士便用门板将他抬往京城监狱。走过场似的对他进行了一次例行审讯，然后就来了个“冷处理”，不管不问。

朝廷的迫害，反而激发了李贽内在的生命激情与本能，狱中的他，病情反而开始好转，由昏迷转至苏醒，渐渐变得精神起来，挥笔写下《系中八绝》。既已入狱，李贽透出一股难得的达观，认为牢狱没有什么可怕的，他这辈子，去的地方可多了，名山大川差不多都登遍了，就只没有登过监狱之门，如今进来看看，不正弥补这一遗憾吗？

关了一段时间，总得有一个了结才是，这时，传出朝廷欲将李贽递解回原籍泉州治罪的消息。

李贽曾经多次表示怕回老家，一则因为泉州已成当时的封建理学重镇，对道学家朱熹顶礼膜拜，对孔庙不断维修扩建；二则不愿受到管束，回乡不仅有官府管治，有乡法约束，还有族规限制，以及一大堆不请自来的所谓责任义务缠身。当道者却将递解回乡作为对他的一种驱逐与惩罚，一生叛逆、抗争的李贽，除了以死相拼外，别无选择。他说："我年已七十有六，死耳，何以归为？"

明万历三十年（1602 年）三月十五日，李贽趁侍者为他剃发没有防备，一把抢过剃刀，奋力割向自己的喉咙。顿时鲜血喷溅，接着血如泉涌，而气息尚存。

侍者稍愣片刻，夺回剃刀问他："痛否？"

李贽想回答，喉咙嘎嘎作响，已不能说话，便强忍疼痛，以手蘸血，书道："不痛。"

侍者又问："你为什么要自杀？"

李贽全身颤抖着一笔一画地写道："七十老翁何所求？"

喉未割断，气息微弱，不绝如缕。又拖了一天多时间，直到三月十六日夜半，李贽才在狱中合上了痛苦的双眼。

天下之大，竟容不下一位行将就木的老人！

在中国几千年漫长的历史中，共有三位思想家为真理而献身，他们是李贽、谭嗣同、李大钊。但谭嗣同、李大钊之被害，主要是政治思想所致，而以纯学术原因被逼蒙难的，唯有李贽一人而已。

中郎一生，受李贽影响甚大，比如"童心说"的启发；比如他常阅《焚书》，其谈学论道，不知不觉间便与李贽口吻相似。随着学识的精进及个性、爱好的差异，袁宏道后来在禅学、诗学等方面的修持与认识，与李贽有所不同。比如他在《答梅客生开府》中，认为李贽"选苏公文甚妥，至于诗百未得一"，两人都喜欢苏东坡的诗文，但兴趣还是各有所异，说李贽编选苏诗“百未得一”，便有一种大不以为然的味道。再如小修在《吏部验封司郎中中郎先生行状》中说自葡萄文社之后，中郎学问便有所变化：“觉龙湖等所见，尚欠稳实。以为悟修犹两毂也，向者所见，偏重悟理，而尽废修持，遗弃伦物，偭背绳墨，纵放习气，亦是膏肓之病。”可见中郎对李贽的激进态度也是有所保留的。

学术的差异与喜好的不同，并不影响两人之间的友谊，中郎在给陶望龄的信中，说“李龙湖以友为性命，真不虚也”。当他在柳浪湖得知李贽死讯，当即悲从中来，作诗《纪事十绝》志哀。不少资料认为《纪事十绝》不是中郎作品，乃当时的莆田人方沆所作，但所述情形及内心惨痛恰似中郎，在此不妨抄录两首。其一：“消息遥从天外来，飞云萧飒满燕台。祇今一枕羲皇梦，化鹤骑鲸莫浪猜。”其五：“万井萧条杼轴空，寻常启事日留中。豺狼当道凭谁问？妒杀江湖老秃翁。”

在一群后学眼中，李贽超尘脱俗，简直就是一个圣人，袁宏道称他李卓师、龙湖师，或李宏甫先生；汪可受一直称他卓吾老子，中郎在一首诗中也说“李贽便为今李耳”；袁中道则说他“才太高，气太豪，不能埋照溷俗”，认为只能仰视，他身上好些东西是一般人难以接近无法做到的，比如为士居官清节凛凛，不近女色不好娈童，学识深邃玄旨精妙，从少到老只知读书，直气劲节毫不屈服，这些，都是普通人学不来的。当然，这也从另一侧面证实张问达上疏说他“挟妓女”、“勾引士子妻女”、“衾枕而宿”等纯属诬陷。

李贽逝世后，中郎一直怀念不已，在《〈枕中十书〉序》中，他说自第二次拜会分手，“伊南我北，卯酉相望，不数年，卓吾竟以祸殒，惜哉！”而李贽的《枕中十书》，正是中郎后来主试秦中时发现的。公务已毕，中郎准备回京复命，夜宿三教寺，在古寺高阁一个破竹筐中，偶然见到李贽一叠手稿，惊奇不已，急忙叫来寺中老僧，询问稿从何来，为何束之高阁。老僧回答："这是当年李贽被捕时寄存在我手中的文稿，嘱我秘藏，不让他人看见。而今人已死，稿有何用？所以就随手扔在敝箧之中了。"中郎高兴地说："见字如睹人，今晚能见到龙湖师，真是太奇妙了！卓吾没有死，他将永存于世！"因手稿前后被老鼠啃噬咬啮，中郎又将它补续完整，共计六卷，订正刻印。

明万历三十八年（1610年）春，中郎与李贽学生汪可受、梅掌科、苏侍御踏青郊外，游览野寺，突然想到埋在通州城外马氏庄的李贽，担心时间一长，孤坟荒草，不可辨识，于是，大家商议应该立一块墓碑才是，由中郎撰写墓志铭"为文以志"，汪可受、梅掌科、苏侍御三人负责捐资竖碑。

未曾料到，不过半年，中郎便抱病而逝。

他为李贽立碑的愿望，在他死后终于实现，那篇本应由他完成的《卓吾老子墓碑》，只好由汪可受为他"代笔"了。

弟弟小修与中郎一样，对李贽也怀有一股发自内心的真挚情感，特地为他写了一篇约六千字的传记——《李温陵传》。

第十四章／禅净双修

一

袁宏道隐居柳浪湖期间，还有一项重要的生活内容，那就是潜心参禅、禅净双修。

中郎的文学光芒，很大程度上遮蔽了他在佛学方面所取得的突出成就，或者说他的佛学贡献因诸多原因而被人们忽略了。

就现有资料可知，袁宏道创作的佛学著作主要有《金屑编》、《珊瑚林》（《德山尘谈》为其删节本）、《坛经删》、《西方合论》、《宗镜摄录》、《八识略说叙》，而散见于游记、尺牍、碑文、疏文与诗歌等作品中的佛教篇章、禅学思想则比比皆是。

可以毫不夸张地说，袁宏道是中国古代文学家中受佛教影响最深，研究佛教最精，禅悟把握最透，佛学创作最丰的一位，无人能出其右。即使从纯粹的佛学角度而言，也足以称得上是一位禅学大师。

严格说来，袁宏道的研究与创作，佛学超过了文学，就其个人比较而言，佛学成就应居第一，文学第二；而文学理论超过创作实践，作品尤以散文为佳，诗歌次之。

袁宏道能取得如此之高的佛学成就，也是多重合力的结果。

公安自古以来有着深厚的佛学传统。中国第一个佛教宗派——天台宗的实际创始人智𫖮，便出生在这里。

据天台宗谱系所载，智𫖮为天台四祖（初祖龙树，二祖慧思，三祖慧文），但他却是后世公认的天台宗实际创始人。

一般书籍介绍都说智𫖮为河南颍川人。颍川是其祖籍，先祖在4世纪的民族大迁徙中移居荆州。关于他的出生之地，历来存在着“华容说”、“监利说”、“潜江说”等不同说法。这是因为介绍智𫖮生平的最早作品，他最著名的得意弟子灌顶所撰的《隋天台智者大师别传》，说其出生地为“荆州之华容县”。历代行政区划常随朝代的更替而不断变迁，智𫖮出生时的华容县区域即今天的公安县。古时文献对此都有特别说明，如宋代高僧昙照对“荆州之华容”就解释道：“荆州属湖北路，今号江陵府，又改荆门军华容县。《后汉志》云：‘古华容侯国即楚灵王国基’，今有章华台基存焉。《九域志》云：‘乾德三年以汉华容地置建宁县’，今为公安县。”南宋高僧志磐禅师也在《佛祖统纪·卷六》中以括号加注：“四祖天台智者智𫖮，字德安，姓陈氏。世为颍川人，晋朝避乱止于荆州之华容（今江陵府公安县）。”古人记载没有错，错在后人将智𫖮出生时的“华容县”与后代的区域变化混为一体了。

智𫖮的具体出生之地为公安县茅穗里（今毛家港镇）。古时候，那里有两座著名的寺庙，一座为智𫖮所建的报光寺，另一座为智𫖮圆寂后本地人为他母亲修建的圣母塔。令人遗憾的是，一千四百多年后的今天，茅穗里这一地名虽存，但两座寺庙早已荒废，20世纪60年代，圣母塔的塔基尚清晰可辨，此地后来改作鱼塘，连遗迹也无从寻觅了。

智𫖮幼时父母双亡，他所处的南北朝时期社会局势动荡不安，更使他感到人生无常。十八岁那年，智𫖮在湘州果愿寺出家。进入佛教大慈大悲的境界之后，对充满矛盾的现实世界有了深刻的认识，经过一番透入骨髓的感受体验、思索探求，智𫖮终于大彻大悟，以中国传统文化为基础，整合佛教传入后相对混乱的局面，调和诸种纷争，融合南北佛教特点，强调“止”、“观”并重，提出“一念三千”、“三谛圆融”等观点，成为天台宗的真正创始人。智𫖮一生建造寺庙三十六座，渡僧四千多人，传业弟子三十二人，其中多为当时名僧。他的著作很多，流传于世的主要有《法华玄义》、《法华文句》、《摩诃止观》等，都是天台宗的代表性作品，被誉为中国最伟大的佛教哲学家，享有“东土释迦”之誉。

受智𫖮影响，公安县的佛教渊源深厚而久远。综合《公安县志》等相关资料，为“报生地之恩”，他在家乡所建寺庙，可以考证的就有报光寺、普光寺、大光寺、报本寺、清化寺、支田寺、灵化寺、净土寺、永福寺、崇礼寺、北观音寺、南观音寺等十二座，其中位于黄金口镇黄金口村的大光寺，遗迹犹存。

袁宏道在这样的环境中长大，从小便浸润在浓厚的佛教氛围之中，天赋奇资的他，对佛教的感受与理解自然十分深刻，异于常人。中郎对家乡这位先贤十分推崇，他在《普光寺疏》中写道：“茅穗，佛所自出，震旦之法由之以兴。”又在《圣母塔院疏》中说：“夫中国之有智者，犹西土之有释迦也。”在他眼中，智𫖮就是一位本土大佛。“蕞尔小邑，生此大圣。”他以有这样一位同乡深感荣耀。

在另一篇《公安二圣寺重修天王殿疏》中，中郎记述了智𫖮在公安的遗迹，辨析了他的实际出生地及对乡梓所作的贡献：“仅仅一智者禅师为邑产，邑人多不知，记者述其所自，或曰颍川人，不知其先以公封邑而至也。独荆州碑中载有茅穗、油河事，可为的据。”在此，他将本为天台宗师的智者大师称为“智者禅师”，可见在他心目中，天台与禅宗，有着一脉相承的血缘关系。智𫖮实与禅宗达摩祖师相似，不仅遵行禅法实践，同时重视智慧解脱。天台宗是印度佛教本土化结出的第一个硕果，如果没有智𫖮的圆融整合，也就没有此后禅宗、净土宗等各宗各派佛教的创立与发展。

袁宏道对天台宗作过一番深入研究，由《圣母塔院疏》一文中他对智𫖮的评价即可窥见一斑：“以藏通别圆判一代时教而教意尽，以空假中三观发明真谛而禅那启，以十疑释西方净土之旨而往生决。夫四字尽四十九年之微言，则马鸣、龙胜所未发也。三观直指心宗，摄无量义海，则惠安、生什所未诠也。约十六观门，而皆归之第一义，则永明、天衣诸大师所共祖述也。”他的禅学思想大量吸取了智𫖮的佛学营养，其中便含有不少天台宗的成分。

袁宏道对玉泉寺的看重、重修与眷恋，包含三重因素，一为智𫖮开创的天台宗祖庭之一，二乃北派禅宗领袖神秀道场，三则风景优美。

早在东汉建安年间，普净禅师便在玉泉山结茅。但其兴盛与辉煌，是因智者大师奉诏另选新址建寺，初由隋文帝赐名“一音”，后改赐“玉泉”。智𫖮不仅创建了玉泉寺，还通过他与隋王朝的特殊关系，将它建成一座皇家寺院，极大地提高了玉泉寺的知名度与社会影响力。

智𫖮在玉泉寺广招信徒，开坛讲经，僧俗云集，多时近万。他的被称为中国佛教天台宗的三部根本典籍《妙法莲华经文句》（简称《法华文句》)、《妙法莲华经玄义》(简称《法华玄义》)、《摩诃止观》(简称《止观》),其中的《法华玄义》、《摩诃止观》就分别于隋开皇十三年(593 年)、隋开皇十四年(594 年)在这里讲述,后由弟子笔录而成。

应该说,中郎的佛学成就,与智者大师的启蒙之功密不可分。两人的名字,从某种角度而言,是可以联系在一起的。玉泉寺大雄宝殿“智者道场”匾额两侧的一副对联,便为袁宏道所题:“襟江带汉三千里,盖紫堆蓝亿万年。”这样的一种恢弘气势,在中郎诗中并不多见。

中郎十八岁开始对佛学产生兴趣,二十二岁从学理方面对禅学进行研究,主要受兄长伯修影响。第二年,便有了第一部禅悟之作《金屑编》。

中郎熟读大慧《语录》及中峰《广录》,熟悉了解禅宗公案一千七百多条,从中精选七十二则加以点评。严格说来,《金屑编》仅属编纂之作。禅林有语曰:“金屑虽贵,在眼成翳。”不论多么金贵的东西,用非所当,便成负担,反受伤害。禅宗公案也是如此,如果不能达到真正的彻悟,便如落入眼中的黄金碎末。中郎写下的评语,有的阐述公案内在旨意,有的则是他个人的发挥与创造。年轻气盛的他,认为自己的禅悟境界既有一往无前的无畏勇气,又具备了禅悟、了悟、妙悟、神悟的各种思维方式,如明心见性、心境如一、水月相忘、灵光一闪、反观心源、自证自悟、现成现量、直觉体验、随缘任运等,“皆是百千诸佛传之髓”。

他第一次拜会李贽时,便带了这部禅学著作前往求教。对佛学特别是禅学造诣极深的李贽一读,大加赞赏,赠诗以志:“诵君《金屑》句,执鞭亦忻慕。早得从君言,不当有《老苦》。”一位六十多岁且名满天下的老人,只因读到中郎这位年轻后生的《金屑编》,就心悦诚服得愿意执鞭相随。葆有一颗“童心”的李贽,从来直言不讳,他的赞誉之词绝非客套。受到如此之高的评价,足以想见这部作品所具有的内涵与价值。

在袁宏道交游的群体中,有很大一部分便是僧人与居士,他们来往密切，时间长久，比如无念禅师、净宗八祖莲池大师以及高僧寒灰、无迹等。隐居柳浪湖时，他长期与一两名僧侣共居，“擲十法界谱，剑负金放生”。与佛界人士交流交往，于禅学水平的提高极有裨益。

晚明时期，儒佛之争逐渐淡化，士大夫参禅成为一种风气与时尚。而袁宏道不论是与这些精于禅学的士大夫论战，还是与高僧居士争锋，都能占据上风。对此，他在尺牍《张幼于》中不无自负地写道：“仆自知诗文一字不通，唯禅宗一事不敢多让。当今劲敌，唯李宏甫先生一人，其余精炼衲子，久参禅伯，败于中郎之手者，往往而是。”他先是谦虚地说自己的诗文一字不通，后说禅辩只有李贽可与他抗衡，其余皆不在话下。文无第一，武无第二，诗文之高低实难辨识确定，而禅宗则一参即见分晓。信中先抑后扬，足见禅学水平之高。

综观中郎诗文，他极少自矜自夸，而一谈及禅学，就有点当仁不让了。在诗歌《别石篑》十首之五中，他写道：“每笑儒生禅，颠倒若狂醉。除却袁中郎，天下尽儿戏。”

袁宏道对苏东坡的诗文简直拜服得五体投地，但对他的禅学水平则不以为然。他在《识雪照澄卷末》一文中，先说苏东坡“作文如舞女走竿，如市儿弄丸，横心所出，腕无不受者……其至者如晴空鸟迹，如水面风痕，有天地来，一人而已”，接着笔锋一转，“而其说禅说道理处，往往从作意失之，所谓吴兴小儿，语语便态出，他文无是也。”并以苏东坡的《前赤壁赋》、《后赤壁赋》为例加以说明，“为禅法道理所障，如老学究着深衣，通体是板”，最后归结为：“坡公一切杂文，活祖师也，其说禅说道理，世谛流布而已。”

其实，袁宏道精到而深邃的禅学思想对他性灵说的文学革新主张及丰富的创作实践产生了不容忽视的影响。于他而言，文学、禅学实为一体，二者相互推进、相得益彰。

袁宏道文学革新的主旨就是独抒性灵，强调个性与自发性，不能拾人牙慧，用他的话说，便是“一一从自己胸中流出”，有时也为“一一从胸襟流出”或“直从胸臆流出”。

这些相似文字，实则出自岩头禅师之口，详见《五灯会元》卷七《福州雪峰义存禅师》：雪峰禅师最初悟道，是与岩头禅师出游参学。两人一路行走，一同住宿，一道参证。雪峰对岩头说：“后问德山：‘从上宗乘中事，学人还有分也无？’德山打了我一棒曰：‘道什么？’我当时如桶底脱相似。”岩头喝道：“你不闻道，从门入者，不是家珍。”雪峰问：“他后如何即是？”岩头说：“他后若欲播扬大教，一一从自己胸襟流出，将来与我盖天盖地去！”雪峰于言下大悟。

这种“悟”，便被中郎借鉴到文学之中了，为文作诗应信心信口，信腕直寄，不加修饰。

在创作实践中，禅学对中郎的影响主要体现在以禅入诗。

一以禅理入诗。如《元夕舟中同马元龙夜话》：“夜深蜡焰残，月色净诸蛮。近水临窗语，和烟带树看。貌兼杉影瘦，思入井冰寒。辨得一番死，参禅亦不难。”参禅透悟，突破迷执，即可了脱生死。

二以禅境入诗。如《山中逢老僧》七首之二：“一抹青烟沉远峦，禅心汰得似冰寒。闲山闲水都休却，付与瞻风衲子看。”以禅心观庐山风景，老僧心似寒冰，比心如止水更进一格。

三以禅语入诗，这类禅诗在中郎笔下数量最多。

如《元日书怀》之二：“水巷连祠竹，沙村带石洲。官私与禅讲，一味劝心休。”其中的“禅讲”、“心休”便是禅语。禅宗“不立文字”，但为使人领悟又不得不讲，此为“禅讲”；“心休”，即禅宗的“修心”，抛却一切世俗烦恼。

再如《泛舟便河》之二：“禅板佐尊罍，青溪曲曲回。鱼闲知浪静，鸟喜觉风来。”诗中的“禅板”为禅院专用词语，一指报时或集会时使用的木制敲打器具；二指设于僧堂，坐禅时靠身或安手，用以消除疲劳的大众床座。

中郎的“禅诗”，是以诗歌为载体，表达他对禅宗的体验，所以叫“以禅入诗”；而中国古代其他创作“禅诗”的文学家，比如王维，则是“以诗入禅”，借助禅学体现、推进诗歌创作。这是他们的最大区别。

中郎深厚的禅学素养，对文学创作的启发与推动是多方面的，不仅诗歌，他的游记、小品、尺牍等作品也具有不拘一格、自由灵动、随缘任运的禅学特点，有的达到了“禅那”的美妙境界。

二

禅，本为“禅那”，是梵文的音译，后简称为“禅”。禅的意思指定、静虑、思维修。

禅宗是佛教发展史上的一次重大变革，是印度佛教文化与中国传统文化的一次结合与交融，其本土化的程度比天台宗走得更远，也更加纯粹，可称为中国化了的佛教。

禅宗的主要思想可用四句话予以归纳：不立文字，教外别传，直指人心，见性成佛。

“不立文字”，指禅宗反对拘泥于经典的烦琐教义与刻板修行，不依经卷，不涉字词；禅宗不同于以往任何佛教派别，是一种以心传心、生动活泼的流派，故称“教外别传”；“直指人心，见性成佛”，是说禅宗重视人的顿悟，在“一刹那”深入人心，直达本性，透过雾障，使得世俗之人豁然开朗，摆脱人生的执迷与挂碍，以达大彻大悟的成佛境界。

其实，禅宗在某种程度上走出了宗教的迷雾，比如它的呵佛骂祖、去除人为的神圣光环。它以独特的否定方式，不断突破，不断超越，进入一种更高的层次——挣脱奴役，肯定自我，注重创造，走向自由。在此，我们可以将禅宗视为一种洞悉人生、透析人性的哲学或艺术。

自印度菩提达摩祖师于南北朝时期来华传教，历经二祖慧可、三祖僧璨、四祖道信、五祖弘忍，传至南宗惠能、北宗神秀之时，禅宗进入了它的鼎盛阶段。

宋代之时，禅宗开始式微。明朝初期，禅宗日渐颓败衰落。而至晚明，禅悦之风盛行，因有李贽、袁宗道、袁宏道、袁中道、黄辉、潘士藻、陶望龄、蔡五岳等一大批文人学士的鼓动参与，禅宗又呈回光返照之势。

袁宏道之参禅，并非追逐时尚，以为炫耀，而是出自内心的一种需要，对真理学问的执著追求。他入学启蒙，最早学习的自然是传统儒学，但儒学不能超乘，桎梏了自然人生，束缚了自由思想。中郎因一场大病而接触本土道教，道家的养生术、阴阳义理、修炼成仙等并不能解决他的内心焦虑及生命终极等问题，这才转向佛学。于佛学，他也并不拘于一派，而是兼收并蓄，对天台宗有过研究，于禅宗修持最深，后转向净土宗，对法相宗也持一种宽容吸收的态度。

他将僧人分为五个层面与等级，第一等为苦修行者，追求的是一种外在形式；第二等为写经者，不停地抄写，总有所获；第三等为讲经者，如秀才教书，进了一层；第四等是习定、念佛之人，好似举人做官，所获相当于前三者千百倍之多；而最高层次，才是参禅，属甲第。

可见参禅在中郎心中，有着至高无上的地位。

明万历十五年（1587 年），中郎喜添一女，取名禅那。禅那性格沉静，受父亲影响，闻知佛法后，就想受戒出家。中郎劝阻她，说你一个女儿身，要嫁人的，不能具戒。于是，禅那便极其厌恶自己的女儿身，每次拜佛，都祈求自己早死。万历二十八年（1600 年），禅那重病，拖了半年，不治而亡。

在佛教领域，中郎于禅宗造诣最深，见解独特，建树卓越，为转折时期式微的中国禅学注入了新鲜血液与强劲活力，有振疲起衰之效。

袁宏道独特而深刻的禅学思想，首先表现在对禅的理解上，新颖别致，不落俗套，摆脱了当时的禅学弊端。

在吴县任职时，在给太仓人曹鲁川一封专谈佛学的书信中写道：

> 禅者定也，又禅代不息之义，如春之禅而为秋，昼之禅而为夜是也。既谓之禅，则迁流无已，变动不常，安有定辙？而学禅者又安有定法可守哉？且夫禅固不必退也，然亦何必于进？固不必寂也，亦何必于闹？是故有脱屣去位者，则亦有现疾毗那者；有终身宰执者，则亦有沉金湘水者。

他将禅的本意解释为迁流变动，生生不息，否定禅的固定内容和具体程式。

在给其他友人的书信中，中郎也持相同观点，认为禅应该“日日新”，必须抛弃各种格套与习气，在日常生活与平凡小事中发现自己的心性与本性。因此，他主张学禅从平实处做起，要有实实在在的功夫，禅必须具备自由洒脱、随缘任命的特性。

于是，中郎便将禅的意义恢复到了它本应具有的性质，对晚明禅宗流行一时的枯坐默照、胡喝乱棒等邪禅、野狐禅有所纠偏。

基于禅学的独特理解，袁宏道反对各种形式的分别知解。当时，许多人追求禅宗的所谓“净妙境界”，并执著于此。中郎认为，净妙境界虽然达到了修习的较高阶位，但毕竟不是禅宗的最高境界。如果仅把净妙境界作为终极目标，便是落入“恶知恶解”。

禅宗传至五祖弘忍，而后分为南、北两大不同派别，其代表人物分别为惠能、神秀。惠能的“顿悟”说被推崇到了极点，而神秀的“渐悟”则成为取笑的对象。禅宗经过唐末、五代发展，至宋代时期，便已成为中国最为盛行的佛教宗派，其影响远超其他所有派别。而这时的禅宗，全为惠能创立的南宗体系，神秀的北宗早已湮灭无闻。禅宗内部，南北宗之间，曾有过一定的矛盾与分歧，互争正统，传至后代，获胜一方，便存在着有意抬高本宗本派之嫌。惠能的《坛经》，为其高足神会和尚所记，里面添加了不少神会的个人观点。神会其人，先是在玉泉寺依从神秀学习禅法，后投奔惠能，受到器重，于是反戈一击，提出南宗顿教优于北宗渐教，惠能承续了达摩禅的精髓，只有他才是真正的正统。然后展开辩论，不断挑起两派之间的争斗，不遗余力地拓展地盘，最终由弱转强，完全占据上风。北宗曾在北方地区广为流传，衰落之后，连相关文献也消失殆尽。因此，我们今天见到的禅宗资料，大多是南宗的“自话自说”，比如禅宗以袈裟托付为凭的所谓“衣为法信，法是衣宗”传承方式，便由神会和尚倡始；再如从初祖达摩到六祖惠能的传法系统，也由他修正提出。

五祖弘忍死后，神秀前来当阳玉泉寺讲经弘法，名动京师，经常奉诏进宫讲说佛法，有“两京法主，三帝国师”之誉。玉泉寺历史上第二次大规模增创与扩建，便由神秀主持。他在东都洛阳圆寂，灵柩运回玉泉寺，安葬在度门寺后山。可见玉泉寺实为禅宗北派的发祥地与祖庭，常来此地的袁宏道，对神秀北宗的渐教自然深得其旨。

于禅宗的顿、渐两派都有深入研究，袁宏道便能超越宗派之间的成见，予以客观认识。他认为，所谓“南能北秀”、“顿悟渐悟”，只是开悟的手段不同而已，并无明显的优劣之分。毕竟芸芸众生，慧根有限，一味求顿，将只剩下一种形式的空壳，流于空洞庸常。人的认识过程，有量变与质变、渐进与飞跃两个不同的阶段，因此，渐悟、顿悟便贯穿于修行者开悟的整个过程之中。况且顿中有生熟，渐中也有生熟，若以顿悟为优而执著于此，便违背了禅学随缘任运的定义与原则。因不满于《六祖坛经》在流布过程中后人增入其中的伪作，袁宏道经过多方考证比较，还其本来面目，“故略删其赝”，成书《六祖坛经节录》一卷，作有《坛经节录引》一文。

袁宏道的禅学主张与要点，表现在“心性”二字，其特色为“天真自然”。他说：“性之所安，殆不可强。率性而行，是谓真人。”他一生为之追求的，首先是做“真人”，然后是写“真文”。他的“性灵说”开创了一个新的文学时代，而率真独特、大胆深刻的禅学“心性说”，对当时失却本性、流于空泛与形式的禅学，也起到了振聋发聩之效。

三

正当袁宏道的禅学研究达到一定高度时，晚明兴起了一股狂禅之风，四处泛滥，流毒甚广，为人所诟病。

为挽救禅宗“空谈”、“狂诞”的迷误，他决定从我做起，转向净土法门，身体力行，“晨夕礼诵，兼持禁戒”，以致断荤吃素，成了一位居士。

净，是佛法的核心所在；净土，指清净之地，含有众生清净、世界清净之意；净土宗，为中国佛教十大宗派之一，以称念佛名为主要修行方式，以“往生西方极乐净土”为目的，所以又叫念佛宗。

净土宗的修持强调内外相应，以修行者坚定的“心行”为内因，称念的阿弥陀佛所发“愿力”为外因，内因外因相互结合，即可进入西方极乐净土。

净土宗的主要经典为“三经一论”，“三经”为《无量寿经》、《观无量寿经》、《阿弥陀经》，“一论”指《往生论》。三大经典中，《阿弥陀经》为净土宗的必诵之经。这部经典描述、赞叹阿弥陀佛的庄严事相及无量功德，说明发愿往生的意义与方便，经文较短，便于诵读。

净土是一种典型的大乘佛教，自由开放，对居家信众修持十分适宜。

它转世俗为道场，将念佛渗入日常生活之中，充分体现了“念佛生活化，生活念佛化”。

净土易学，在广大民众之中也就十分流行。正如湛山倓虚大师在《念佛论》中所言：“因为修其他宗，往往为了根器不适合，或者遇不到相当人指导，会出毛病走错路。”“唯独净土宗，最简单，最直捷，只坚持一句南无阿弥陀佛，念至一心不乱，即可蒙佛接引往生极乐，无论利根钝根，都能摄受。”“念佛的意义，就是求得现前一念心的觉悟与明白，一念具足十法界。”

中郎转向净土后，于明万历二十八年（1600年）在京城给寓居南京的李贽写信说：“始知古德教人修行持戒，即是向上事。”并劝李贽兼重戒律，“净土诀爱看者多，然白业之本戒为津梁，望翁以语言三昧，发明持戒因缘，仆当募刻流布，此救世之良药，利生之首事也。幸勿以仆为下劣而挥摈斥之。”

中郎修持净土的一个最大收获便是创作了近五万字的《西方合论》，收入净土宗九祖、晚明四大名僧之一智旭藕益大师选定的《净土十要》，足见这部净土著作的分量与重要。

其实，《西方合论》是一部禅净合一的著作，对此，袁宏道自己有所说明：“《西方合论》一书，乃借净土以发明宗乘，因谈宗者，不屑净土，修净土者，不务禅宗，故合而论之。”名为《西方合论》，便可见出他的主旨，既阐述西方的阿弥陀净土，又融入禅学的参悟与思辨，使得净土更具理论色彩，能为“谈宗者”所接受。

在《西方合论》中，他分十大门类加以阐述，第一刹土门，第二缘起门，第三部类门，第四教相门，第五理谛门，第六称性门，第七往生门，第八见网门，第九修持门，第十释异门。每一门下，又分类别加以论述。该著调和了禅宗与净土的关系，主张禅净双修，正如北宋永明延寿禅师诗偈所言："有禅有净土，犹如戴角虎，现世为人师，来生为佛祖。无禅无净土，铁床并铜柱，万劫与千重，没个人依怙。"

同时，袁宏道对习禅者与修净土者所争辩的"唯心净土"、"他方净土"，持一种融合的态度。禅者主张"唯心净土"，《六祖坛经》说："所以佛言，随其心净即佛土净。"而净土信仰则强调"他方净土"，即西方阿弥陀佛净土。《佛说阿弥陀经》说："从是西方，过十万亿佛土，有世界名曰极乐，其土有佛，号阿弥陀佛。"中郎在两者之间架起了一座沟通的桥梁："夫念即是心，念佛岂非心净？心本含土，莲邦岂在心外？"他将"唯心净土"视为理性层面，而以"他方净土"作为信仰层面，两者结合，相得益彰。

中郎还对华严宗、净土宗之间存在的一些分歧与争执进行弥合调解。如华严宗批评净土宗"是权非实"，西方往生净土是为一时之需而开设的一座方便之门，他用华严宗的"一多相即"概念，即华严十玄门的"一多相容不同门"加以融通化解。

关于《西方合论》的成就与价值，台湾圣严法师说它"气势磅礴，涵盖广大，乃明末净土诸书中，最具气魄的一种"；智旭藕益大师在《评点〈西方合论〉序》中的一段话则颇有代表性："袁中郎少年颖悟，坐断一时禅宿舌头，不知者，以为慧业文人也。后复深入法界，归心乐土，述为《西方合论》十卷，字字从真实悟门流出，故绝无一字蹈袭，又无一字杜撰。虽台宗堂奥，尚未诣极，而透彻禅悟，融贯方山、清凉教理无余矣。"方山，指华严学者李通玄；清凉，指华严四祖澄观。袁宏道胸襟开阔，没有门户之见。《西方合论》对当时的佛教各派，取合理吸收之势，融净土宗、禅宗、华严宗以及天台宗的义理于一体。

隐居柳浪湖后，他对佛学的研习仍是精修禅净二门，以禅悟作为净门修习的指导，从而达到禅净相融的境界。他不仅从对禅宗"形而上"的研究转入禅净双修，还注重佛教的世俗形式，禁绝荤腥，吃斋念佛，并引导他的妻妾儿女学佛，还带动袁、龚两家修佛堂、做善事，对西方净土的信仰十分虔诚。

这期间，中郎每天都要阅读《宗镜录》数卷。该书为北宋永明延寿和尚编集，其动机与目的主要是针对当时禅师们轻视义学、落于空疏的流弊，以纠其偏。“今人看古教，不免心中闹；欲免心中闹，但知看古教。”于是，延寿“集大乘经论六十部，西天此土贤圣之言三百家证成唯心之旨，为书一百卷传于世，名曰《宗镜录》”。

《宗镜录》广引天台、贤首、慈恩等宗教义，以证禅理之深妙，计八十多万字。中郎读得越深，不仅越觉其繁杂重复，而且“可商者甚多”，“见地未真”，“愈讲愈支，愈明愈晦”。他便逐字逐句斟酌，撮其精要，汰其冗杂，另成一书，名《宗镜摄录》，以明“道眼”。

刚一成书，适逢寒灰、寄公从吴中前来柳浪湖，取过一读，见《宗镜摄录》词约意赅，虽删去原书数十万字，但“全书毕俱”、“血脉自如”，爱不释手，另行誊抄一册带回。中郎逝世后，小修整理他的遗稿时，发现《宗镜摄录》写本，极想刻印，让其流通于世，这时，寄公忽然携带刊本而至。原来，他将当时带走的誊抄本给了李梦白，李梦白酷爱之甚，交付沈豫昌捐资刻印。

见过《宗镜摄录》刻本的董其昌在《画禅室随笔》中，说它“校勘精详，知其眼目，不同往时境界矣”。遗憾的是，该书今已不传。

袁宏道隐居柳浪湖期间，还著有禅学著作《珊瑚林》。

该书在国内原已失传，所幸中郎在东洋彼岸的日本拥有大批追随者与继承者，他在国内不存的一些作品，如《金屑编》、《珊瑚林》、《六祖坛经节录》等，皆藏于日本内阁文库。于是，笔者手头，便有了传回中国的《金屑编》（一卷）、《珊瑚林》（二卷）影印本。

袁宏道删汰节编的《宗镜摄录》，创作的《珊瑚林》，都属禅学著作。可见隐居柳浪湖后期，他的佛学思想又有一定的转变。对此，《珊瑚林》有所记载："问：先生往年修净土是何见？答：大凡参禅而寻别路者，皆系见未稳故。"

明万历三十年（1602年），中郎作有一诗，名《余蔬食三年矣，偶因口馋，遂复动荤，辄尔有作，用呈诸衲，不独解嘲，兼亦志愧云尔》。从中可以看出，他自京城转修净土后就开始的斋戒，自此稍有解禁。

袁宏道于佛学，大致经历了浸润天台、研习禅宗、修持净土、禅净双修、回归禅学等几个重要阶段。

从《珊瑚林》一书中，我们可以看出他的禅悟又进一格，达到了"彻骨彻髓"、了无挂碍、游刃有余的般若境界。

下面略抄几段，读者当可一窥全豹：

> 问：何谓如是我闻？
>
> 答：心境合一曰如，超于是非两端曰是，不落眼耳鼻舌身意为我，不从语言文字入为闻。

中郎理解或者说他已达到的禅悟，便是心境相融、如一不二、六根脱落、是非皆忘的"无我"与"无执"。

> 聪明的人参禅，须将从前所记所解，一一抛在东海大洋，看他粪帚也不值，即诸佛知见，将来向宗门中，也不在眼里始得。

参禅不仅要抛却过去，而且要不向他处索求，中郎提倡自证自悟、不断否定、不断超越，以达至境。由此，他提出了参禅者要过的三关："第一关悟得一切处无生，第二关悟得一切处皆是，第三关悟得言语道断，心行处灭，然却总不是。过此关，方叫作参禅。"

那么，人生在世，为何要参禅呢？ 禅悟的意义何在？ 对此，袁宏道在《珊瑚林》卷下说道：

人未悟时，触处皆妄，如与人争竞，固人我相，即退让人，亦人我相也，以我与人争，我能让人，总之人我也。既悟时，则触处皆真，如待人平易，因无人我相，即与人争竞，亦非人我也，永嘉云“不是山僧逞人我，修行恐落断常坑”是也。

在《珊瑚林》中，他还以自己的参禅过程及经验，予人以启迪：

予初年学道，虽见得道本平常，而求玄妙之心犹未忘。迩年来，方知别无奇特，唯平常行去便是。今参禅者，或行苦行，或习静定，或修福德，据外面看，人争慕之，然察其中，有这段玄妙做门面的心，即与道相远。

《珊瑚林》实为一部长篇谈话记录，缘于明万历三十二年（1604 年）初秋，中郎前往桃花源旅游途中，在德山塔院休憩时，与同行的僧人寒灰、雪照、冷云及居士张明教等，每晚沐浴过后，弃绝糅杂，展开的一次次既随意又惬意的畅谈。 先由张明教记录整理，中郎加工提炼，然后挑选其中一部分“近醇者”、“可与世语者”一卷付梓，名《德山尘谈》。 因当时虽已入秋，但“余暑尚炽”，又名《德山暑谈》。 中郎去世之后，全本《珊瑚林》才刊刻出版。

关于袁宏道佛学的突出成就，晚清著名书法家、学者张汝钊在《袁中郎的佛学思想》一文中论述道：

读了藕益大师和汪大绅居士的评语，可以知道他已是受了当时禅净二宗的洗礼了。若照佛法中习语说，就是“禅净双修，定慧俱足”的出格豪杰。所以他的襟怀自然有一种不能用言语来诠表的霁月和风状态，与一团活泼泼的精神，可以“廓然而大公，物来而顺应”的了。况且他生来就是一个聪明绝顶胆识超群的人物，他自己曾说过：“有聪明而无胆气，则承当不得；有胆气而无聪明，则透悟不得。胆胜者，只五分识，可作十分用。”又说：“大丈夫当独往独来，自舒其逸耳，岂可逐世啼笑，听人穿鼻络首？”故他的一种超越的识见，刚方的行为，实远过其师李卓吾之豁达狂禅；又能洞明儒佛的界限，毫无当时王龙溪、罗近溪等诸耆宿儒佛浑滥之病。其志行之高洁，思想之纯正，真不愧为有明一代士大夫学佛之代表者！

第十五章／吏部革新

一

柳浪湖隐居六年之后，袁宏道再次出山了。

前面我们已经提到，中郎隐居的原因是多方面的，伯修暴卒的打击，病体衰弱需要调养，葡萄文社烟消云散，厌倦官场回归本性，其中也不排除含有避祸的因素在内。首辅沈一贯把持朝政，排斥谈禅论道的黄辉等葡萄社员，而作为实际首领的袁宏道自然也会受到冲击。自明万历三十年（1602 年）李贽入狱自杀，京城掀起了一股排佛风潮。第二年，受“妖书案”影响，高僧紫柏（达观大师）一封私信被发现，信中说皇帝没有满足太后修建佛寺的要求，抱怨说这是一种不孝的表现。万历大怒，达观下狱，被打致死。一时间，京城的信佛者或噤若寒蝉，或星云四散。对此，当时的西方传教士利玛窦晚年写道："京城变成一个崭新的世界，并且进入另外一个世纪，所有的信佛者垂头丧气，羞耻而去。"在这样一种严峻的情势之下，与佛禅有关的人士唯恐避之不及，袁宏道当然不会自投罗网。隐居公安之时，他还准备遍历名胜，"海内奇山水，计十年可尽"。也许，这辈子他根本就不打算复出了。

然而，明万历三十四年（1606 年），一些事情发生了变化，他又在多重因素的作用下改变了过去的主意。

在乡野一待就是六年，迎来送往虽然热之闹之，但时间一久，中郎便感到了一股寂寞，觉得当地可与之深谈的人还是太少了。追求荣华富贵，其实是人的一种本能与本性，对此，中郎看得十分清楚，他在《答吴本如仪部》中自我剖析道："弟此时实当出，所以迟回者，实迂懒之故，非真不爱富贵也。"况且出任官职，还有一份十分可观的薪俸。"坐吃山空"，本来就不富裕的中郎，所存积蓄已花销殆尽。

而这时，父亲袁士瑜又在一个劲地催他了。中郎以病重为由请辞，父亲只好听之任之，长子袁宗道积劳成疾抱病而亡，这样的情形再也不能在二子身上重演了。而病愈之后，尚需调养，袁士瑜也能理解。但一年不出，两年不出，一拖就是六年，这位看重功名，将希望寄托在儿子身上的父亲再也坐不住了，又开始一个劲地催促中郎"出山"。过去在吴县，父亲反对辞职，只能用书信，而今就在身边，三天两头跑来劝说，极重孝道的中郎自然坐不住了。于是，在给友人潘茂硕的信中写道："家大人迫弟甚，入秋当强颜一行。"

此外，家庭琐事，往来应酬，乡里纠纷等也不得不问，不得不管，无法完全置身事外。对此，他在《陶周望宫谕尺牍》中写道："出门虽敝衣踉跄，人必指曰某官人；数日一见妻子，或告曰：某篱落坏，儿子某废学；乡党中有不解事者至，言及乡里间不平之事，未免动念。若一离家，并前数事亦无，眼中得不常见烂熟人，虽俗亦快也。”

中郎虽然无意官场，但对乡党张居正这样的“大担当者”还是颇为仰慕的，衰疲而腐朽的朝政，非有这样的卓绝之人整顿、扭转不可。他在尺牍《与刘云峤祭酒》中说：“如此世界，虽无甚决裂，然阁郁已久，必须有大担当者出来整顿一番。”从中可以看出，他的内心深处，除文字外，也想干一番实事。而友人陶石篑、黄平倩等人，大都“宦情灰冷”，中郎一改过去态度，婉转地劝说他们不要太过冷漠，应有一副“爱世心肠”。

其实，在柳浪湖隐居的最后两年，中郎的心便开始动摇了，在给友人的信中不时提到自己准备复出。他在《与友人》中说：“弟明春决意从舟北行，入西湖过夏，中秋夜可得共踏射堂佳月。”在《答吴本如仪部》中写道：“弟明春将从水程北来，秋清或得抵掌。”在《刘行素仪部》中也说：“明春决意出发，或得领大教也。”

不论是“强颜一出”，还是“将从水程北来”，或“决意出发”，话虽这么说，可最终就是没有出发。

就在他仍待在柳浪湖徘徊复徘徊之时，收到了一封同科友人沈演（号何山）寄来的信札。此时，沈演正在朝廷任礼部仪制司郎中一职，他说礼部尚有空缺，力劝中郎出仕，盼他早日来京，同署理事。

而促使“出山”天平最后倾斜的一块“砝码”便是沈一贯的罢相。明万历皇帝久不上朝秉政，大权旁落，沈一贯大肆网罗朋党，排斥异己。就在中郎复出前一年，沈一贯受到不少朝臣弹劾，中郎预感他把持朝政的时间不会太久了，于是有所心动，但仍在观望。明万历三十四年（1606 年）一月，受到弹劾的沈一贯杜门乞归。六月，南京吏部给事中陈良训、御史孙居相再次出手弹劾。七月，沈一贯去职，大学士朱赓继任。八月，得此消息的中郎不再犹豫，并给黄辉、陶望龄写信，力劝他们一同复出。

就要离开故乡，离开碧波荡漾的柳浪湖，离开精心构筑的柳浪山庄了，中郎的心情十分激动，不禁吟哦道：“又被闲驱出，冥鸿那可飞。添多新蒜发，典尽旧荷衣。柳密云侵郭，荷长水漫矶。鸥凫争作语，客子几年归？”旧情依依两不舍，就连湖中的鸥凫，也在留恋这位远去的故人，盼他早日归返故居呢！

动身那天，秋高气爽，明媚的太阳高悬蓝天，照在人身上，温暖而舒适。亲戚、朋友出门相送，而寒灰、雪照、冷云等和尚，则一直将他送到油江渡口。

与他一同北上进京的，还有弟弟小修。小修科举仕途十分不顺，不仅没有大哥伯修早年高中的幸运，就连中郎也不如。二十九岁成为秀才，三十四岁好不容易考中举人，进京会试又名落孙山。然后，他就遨游南北，广交朋友，饮酒赋诗。小修回公安与二哥在一起待了两年，湖畔课读，聚谈宴饮，日子虽然过得快活，但在极重科举功名的当时，内心总会免不了生出一丝忧虑与失落。三年一次的科考在即，便与中郎结伴而行。

登上小船，回望江岸，中郎感慨万端，深情的诗句涌上心头，诗名却被他有意冠以“自嘲”二字，题为《诸衲送至江干自嘲》：“油江渡，二十年中五番去。餐云醉石几经春，毕竟驱上长安路。油江上，柳如云，江若有知应移文。隔溪老衲笑且语，塞耳喧呼如不闻。”

艄公解缆推舟，小船缓缓驶离江岸，中郎、小修不断挥动手臂与众僧告别。

船在沙市靠岸，他们改走陆路，换上马匹，取道荆门、宜城、襄阳，经郑州、邺城，顺利抵达北京。

路过郑州之时，中郎突然忆及十五年前，他与兄长伯修先后离京，在郑州相遇，同宿州府的情景。往事历历在目，而伯修已辞世六年。山川依旧，景色在目，人事全非，不觉备感凄凉，洒下两行清泪。

二

抵京不久，袁宏道便在友人的斡旋与帮助下，很顺当地补上了礼部仪曹主事一职。

礼部主要分管典礼、科举、学校等方面事务，中郎的职位不高，也不显要，十分清闲。

复为闲官，原在中郎意料之中，他不仅没有失落之感，反而乐得如此。闲暇之时，便与龙君超、陶孝若、丘长孺、李元善、刘元质等京城一班友人来往甚密，在一起饮酒欢聚，外出郊游，吟诗酬和。

这天，中郎与几位友人相约，一同前往崇国寺游览。

进入寺中，但见井床半落，昔日繁茂的葡萄枝条仅剩一半，凡是粗壮些的藤条，都被人砍伐一空了。又见寺中和尚，个个灰头土脸，了无生气。过去的两个小沙弥，如今也呈老态，要不是中郎自我介绍，唤起他们的记忆，他们根本就认不出眼前来者是谁了。

中郎站在萧索的葡萄架下，望着周遭的一切，眼前不禁浮现七年前的生动情景。那时，他与伯修、江盈科、黄辉、潘去华等人结社于此，可谓欢声笑语，热闹非凡。可如今，人去寺空，大家走的走，死的死，散的散，往昔的葡萄文社早已不复存在，与消失的岁月一同流入永恒。

追忆往昔，中郎恍若隔世，深感人生之无常，命运之莫测，抑制不住内心的悲痛与忧伤，当即赋诗道："入寺稀人识，僧雏尽老成。花犹香废苑，石莫话前生。壁上苔栖墨，廊间雨坏楹。春衣能几日，又复过清明。"

虽然景物颓圮，好景难再，令人伤感，但他仍常去崇国寺，在缅怀中获得充实与前行的力量。一天，他躺在葡萄园的草地上，熏风南来，神清气爽。想到由他倡导而兴起的公安性灵派文学运动，正是在此壮大成熟，形成一股沛然莫能之御的潮流，冲决了复古主义的堤坝，开创了一代新的文风，享誉海内。逝者可以安然长眠，散者、生者也因事业有成而备感欣慰。恍惚中，只觉逝者复生，散者归来，不觉心舒神驰，进入惬意的梦乡之中："莫道故人如梦，梦中却有长时。"

除例行公事外，中郎大多时间都和朋友聚会，饮酒赋诗，慨然而乐。

中郎酒量小，用他自己的话说就是没有"酒肠"，无法开怀畅饮。但是，他却极喜他人饮酒，每每听到酒杯的碰击声，他就感到一种莫名的兴奋与雀跃。

友人聚会，兴之所至，以酒作乐，有时一闹腾就是一个通宵。中郎虽不多喝，也会满满地倒上一杯，时不时抿上那么一两口。而他的闹腾，却半点也不亚于别人，也会大呼小叫，更会时不时地来上那么几句幽默逗笑之语，惹得满场捧腹不已。因此，中郎常常是饮酒不多，作乐为甚，一陪到底，兴阑方休。

中郎是一位典型的性情中人，同时又是一位头脑清醒、办事认真、讲究逻辑之人，他的身上，诗人与实干家的素质兼备。对喜好之事，会花上一定时间，用心探究，比如对插花艺术颇感兴趣，他就写了《瓶史》。对酒的兴趣，从某种角度而言，更甚于插花，于是潜心研究，博采古今，创作一篇别致的《觞政》。

觞政，即酒令。他的这篇三千多字的酒令并非宣扬酗酒，而是一篇关于酒文化研究的趣高旨雅之作，在中国酒文化史上占有一席之地。《觞政》分为十六章，从酒的储备、品第，饮酒的容器、装饰、掌故，到酒徒的各种表现，畅饮、醉酒的最佳时机与场所等，关乎酒的一切，几乎无所不谈。

比如在《三之容》中他认为，饮酒要与心境、场合相适宜，不得违逆而动，胡饮乱来：

饮喜宜节，饮劳宜静，饮倦宜谈，饮礼法宜潇洒，饮乱宜绳约，饮新知宜闲雅真率，饮杂客宜逡巡却退。

在《四之宜》中，袁宏道列举不同的时间、地点、氛围，应如何搭配调节，使之和谐，才会最适宜饮酒，从而达到酣畅淋漓的程度：

凡醉有所宜。醉花宜昼，袭其光也。醉雪宜夜，消其洁也。醉得意宜唱，导其和也。醉将离宜击钵，壮其神也。醉文人宜谨节奏章程，畏其侮也。醉俊人宜加觥盂旗帜，助其烈也。醉楼宜暑，资其清也。醉水宜秋，泛其爽也。一云：醉月宜楼，醉暑宜舟，醉山宜幽，醉佳人宜微酡，醉文人宜妙令无苛酌，醉豪客宜挥觥发浩歌，醉知音宜吴儿清喉檀板。

在《十二之品第》中，他根据酒的颜色及酿酒的原料确定酒的品位：

凡酒以色清味冽为圣，色如金而醇苦为贤，色黑味酸醨者为愚。以糯酿醉人者为君子，以腊酿醉者为中人，以巷醪烧酒醉人者为小人。

酒这种液体，仿佛具有一股神奇的魔力，每每喝多之后，人的个性、本性便显露无遗。所谓酒德即人品，中郎醒眼看醉客，对一同常饮的友人，如方子公、丘长孺、胡仲修、刘元质、袁平子、龙君超，还有弟弟小修等人，一一分析评说，写成《酒评》一篇，附于《殇政》之后。

中郎“采古科之简正者，附以新条”，将酒文化研究阐述得如此深刻、精到与透彻，不得不令人叹服他的博学与聪慧。

复出进京不到一年，结发妻子李氏不幸病逝。一时间，生活节奏被打乱，闲静舒适的心境全然消失，中郎陷入悲痛之中。

李氏为中郎同窗李学元的姐姐，自嫁入袁家，跟随中郎，四处颠沛，料理家务，从无怨言，充分体现了中国古代妇女的传统美德。中郎虽还娶有三个小妾，但对正室的情谊尤深，他写了一首《祭李安人文》，表达自己的沉痛哀悼：

> 嗟呼！二十三年，形不离影。今者远适，卿留乡井。匪云异路，神或我随。简书期迫，草草歧路。二仲尚幼，从我于迈。孤鸿身征，泪眼天外。

不久，袁宏道奉命出使湖广蒲圻，存问朝廷老臣原右都御史谢鹏举。于是载上李安人灵柩，护送还乡。《祭李安人文》为他扶柩回乡后再度返京时所作，故有“卿留乡井”之语。李氏撒手归西，两个年幼的儿子失去母爱，而他自己也仿佛一只孤零零的鸿雁，每念及此，不觉泪水涟涟。

所谓存问大臣之礼，是朝廷为了显示皇帝恩宠，对有功老臣举行的一种慰问仪式，这类事务全由礼部操办。国家强盛，财力丰厚，存问之礼便显隆重。而万历之时，内外矛盾交困，国势渐弱渐贫，存问之礼也就成了一种应时虚文。

谢鹏举因剿灭倭寇有功，曾任户部侍郎、右都御史等职。居官期间，他清正廉明，为人称道，颂为天下第一。后因政见与张居正不合，遭劾免职，归返故里已二十九年。

弟弟小修科考再次落第，准备前往檀州（今北京密云）蓟辽总督蹇达处，兄弟俩一同出京，于潞河舟中分手。此前，伯修暴死任上；而今，李氏瞑目京城；眼前，兄弟又将离别。酸楚之情，不堪忍受，中郎作诗《潞河舟中和小修别诗》十二首以志。其二写道：“昔日饥寒伴，凄凉无一存。去花难返榭，好月不留轩。龟手衣犹在，齐眉案尚温。一门新旧鬼，强伴北方魂。”

此次南行，正值严冬时节，天气异常寒冷，加之带有不少存问礼品，还要护送李安人灵柩，一行人走走停停，速度十分缓慢。后又遇大雪，旅途更其困顿。行至大冶县金牛镇一带时，雪花漫天飞舞，山路如同刀脊，艰窘几乎不能举步。但千峰缀雪，满目风景如画，也是旅途中的一大快事。

中郎一行历经艰辛，于十二月三十日抵达目的地。

谢鹏举闻朝廷派员前来存问，忙率人出城相迎。

这时的谢鹏举，已是九十二岁高龄，只见他鹤发童颜，精神健朗，还跨着一匹矫健的骏马呢，不愧是位老寿星，“真人中瑞也”。站在他身后的，是儿子谢师言，也满七十岁了，瞧他那鞍前马后殷勤服侍父亲的样子，像个小孩似的，中郎不觉十分有趣。

朝廷存问之礼办毕，一行人不顾劳顿，又马不停蹄地赶往公安。

三

明万历三十六年（1608 年）春，袁宏道将李安人的丧事料理完毕，稍作调整，便匆匆返京复命。不久，他便由礼部仪曹主事改任吏部验封司主事，并摄选曹事。

明朝中央行政机构设立吏部、户部、礼部、兵部、刑部、工部六部，分管全国政治、经济、礼仪、军事、法律、交通等行政事务。吏部为六部之首，掌管全国官吏任免、考课、升降、调动等，职权极重。

礼部有职无权，职位清闲，而吏部则是一个极有实权的部门。中郎虽为改官，看似平调，但由礼部转到吏部，实际上是擢升了。

中郎得此重用，自然高兴。要么归隐不出，无官一身轻，可既然做了一名朝廷命官，就得干一番实事，作出一番业绩才是。官居礼部之时，虽逍遥自在，但内心深处，多少还是有点失落与怅惘。不在其位，不谋其政，中郎有力无处使，只得听凭官场的惯性与惰性左右，机械前行。一旦得到重用，握掌实权，有了用武之地，中郎不觉热血沸腾，仿佛换了一个人似的，精神抖擞地前往吏部上任。

正值吏部任免、选派官员的繁忙时机，中郎兢兢业业、一丝不苟，决心为朝廷选拔清廉能干、政绩突出的好官，坚决免除那些腐化堕落的贪官与政绩平平的庸官，就像任职吴县整顿衙署一样。所不同的是，吏部面对、掌管的是全国官吏，范围扩大了，采取的措施也更加严厉了。古代封建专制社会，朝廷大厦的支撑，国之大业的开创，全赖吏部派选的官员。官吏贤明，撑力强大，建筑稳固；如若小人当道，蛀空支柱，大厦便有倾覆之危。中郎深知其理，对职权范围内的一应事务总是严格认真，办妥办好，不敢有半点苟且马虎。

但是，他很快就遇上了两件明目张胆的营私舞弊之事，既令他瞠目诧异，又使他义愤填膺。

一天，他与另外三名同僚正在官署为部分官员的选用之事进行考核、磋商，以便最后定夺。这时，一个名叫朱国梁的都吏突然推门而入，对他们说："以往每次派官，上面总要给我们这些都吏留一两个名额使用，现在还剩临洺、金斗两个缺位，有一位应选驿丞的刘帮太，送了咱们一百两银子，希望得到其中的一个职位。"

中郎一听，心中的怒火一下子就腾蹿而上，这家伙也太嚣张了，这不是明显的贿赂舞弊吗？正待发作，见此人年迈，颇有几分资历，自己上任不久，初来乍到，不便莽撞行事，便强抑怒火，婉转说道："刘帮太的贿金送得太迟了，临洺、金斗两缺已经有了合适人选。"

朱国梁一听，以他混迹官场数十年的经验与狡猾，明知中郎有意推脱，却又无可奈何，只得满肚子不高兴地走了出去。

没有想到的是，过不多久，这位老吏又跑来对中郎说："主事，现在还有渔阳一缺，刘帮太愿意就任，但他只肯拿出四十两银子。请主事照顾照顾，把这个职位安排给他吧，也算是对我们这些打杂干活的都吏赏了四十两银子作为犒劳呢。"

中郎闻言，极其惊异恼怒，只说京城官场黑暗，过去身居闲职没有机会领教，这个朱国梁如此胆大妄为，显然是长期做惯了手脚。一个小小的都吏竟敢毫不避讳地贪污受贿，可以想见整个官场贪腐到了什么程度。中郎当然不会给他面子，他当即变了脸色，皱着眉头，冷冷地说道："如何选派官员，我们自有安排，不要在这儿干扰上司事务，快点出去吧！"

朱国梁见状，只得灰溜溜地掉头而去。

都吏两次前来强求，看来这个贿金买官的刘帮太颇有几分来头。于是，中郎便多了一个心眼，将刘帮太的档案资料移到官员选派册的最后一名，他倒要看看做惯了手脚的都吏朱国梁还会玩出什么花样来。

一直没有什么动静，最后抽签决定官员选派的时刻到了。

掣签法是明代部选的一个特殊创举，明初即开始偶尔使用，至万历二十九年正式设立，以后便形成一种铨选制度。所谓掣签法，说白了就是通过抓阄抽签的方式，决定官员的官职及上任处所。这样的一种随机铨选制度，看似极不负责，实则是对腐败朝政的一种无奈与挽救。营私舞弊成风，吏部难以根据官员的政绩、水平选官派官，干脆就用抽签形式，依据所谓的"天意"予以决定，以致到了明末朱常洛泰昌朝（1620 年），民间干脆将吏部称为"签部"。这一方法于执行者而言，快捷便当，杜绝、减少了权贵请谒、人为舞弊的可能。但弊端也是显而易见的，难以做到人尽其才、物尽其用，不少重要岗位，由无才、无能、无德之人操持，行政效率大打折扣，有的干脆就形同虚设。

吏部的官员等级，自上而下，分为尚书、侍郎、郎中、员外郎、主事、司务。袁宏道作为一名普通官员，自然无法改变成法，只能依例而行。

掣签开始，手下的都吏全部过来帮忙，朱国梁自然也在其中。

袁宏道冷眼旁观，密切监视着他。

朱国梁刚进门，就选了一个有利的地势，靠桌站立，两眼一动不动地盯着桌上的签筒。

抽签开始，一片忙乱。

这时，朱国梁使了一个手脚，故意将签筒弄倒，哗啦哗啦一阵响，竹签四处散落。他早就觑准了刘帮太的竹签，准确无误地拿在手中，很顺当地放在了渔阳的缺位上。

中郎一声断喝，当即制止了朱国梁的舞弊行为。

若不是亲眼所见，他实在不敢相信刚才发生的一幕。此事给中郎的震动颇大，一个小小的都吏，何以公开受贿玩弄上司猖狂至此呢？是欺他刚刚履职，还是历来如此？这还是看得见的伎俩，至于那些隐蔽的幕后交易，又该有多少呢？

此前，中郎多次听说吏部选官之时，都吏、当该等职，每人都会接到上千两银子的贿赂。他听后一笑置之，以为言过其实，朝政断不至于如此昏聩。如今身在其中，耳闻目睹，才不得不信，且严重程度远不只听说的那些。下属狡诈，玩弄上司有如小儿，中郎还从未见过如此凶狡之吏，当然，他是断然不会做一名木偶之官的！

过不多久，中郎又主持一个名叫郭元的官吏考核任免。郭元是一名典型的贪官，他的劣迹早已引起公愤，中郎与本司几个同僚商议一阵后，决定将其降职外调。

正在拟名时，突然“咣啷”一声响，大门被人撞开，一下子闯进好几个人来。何人如此胆大，未经通报擅闯司署机要重地？中郎定睛一看，又是那个老吏朱国梁，他的身后跟着一班候选官员。

中郎冷冷地扫视一眼，然后问道：“朱都吏，你带这么多人闯入司署重地，有何贵干？”

朱国梁涎着一副老脸，开始为郭元说情，希望网开一面，不要降职使用。

中郎自然严词拒绝。

朱国梁再三再四地请求，他说水至清则无鱼，人至察则无徒，主事你只要睁只眼闭只眼就行了，又不会有什么损失，人家自然会记得你的“人情”的。还说他置身官场几十年，所遇上司无数，都会给他面子手下留情，哪像中郎这般规矩死板毫不通融？

中郎还没听完，就将他们一干人轰了出去。

于是，郭元处分一事就这样定下来了。而当降职外调官员名单公布之时，中郎找来找去，怎么也找不到郭元的名字。他亲手拍板作出的决定，为何就改变了呢？对此，他决心弄个水落石出。

经过一番明察暗访，中郎好不容易弄清了事情的经过。原来，郭元知道自己即将降职外调，便派家人携重金送给朱国梁，求他出面活动，以免受处罚。

朱国梁收下银两后，便带人找主事中郎求情。见他态度坚决，半点不肯松口，就另寻“良策”，定下一条新的“妙计”：他令坊间抄写降官榜时，故意隐去“郭元”二字。

在长长的官员升降榜中，多一二人，少一二人，不仔细搜看，一般是难以发现的。外人不知内情，只凭一纸刻报获知官员升降任免。郭元之名既未除去，外间还以为他继续担任原职。稍待一段时间，等风头一过，若有合适的与他现任官职相当的空位，便将其改派而去，谁也不知其中的真相与内幕。

改已定之明奉，坏朝廷之规矩，该当何罪？罪在不赦！

几件事情凑在一块，中郎忍无可忍，决计严惩这名狡猾的奸吏。

当时，吏部尚书李戴告退，右侍郎空缺，吏部的日常工作由左侍郎杨时乔一人主持，而他正卧病在床。袁宏道以探病拜访为名，将都吏朱国梁等人胡作非为之事，一五一十地说与他听，并发誓要为朝廷除去这些奸贼。

杨时乔时年七十七岁，年迈体弱，长期孤身一人在京，现又重病，个人境况不顺，生活条件颇差，但他是一名少有的正直、忠厚之官，十分受人敬重。当他听完袁宏道的倾诉之后，长长地叹了一口气，不禁说道："这些内情，其实我早就知道。我等身为堂堂正正的朝廷大臣，却受着这些龌龊小人的愚弄，心中痛恨万分，恨不得马上将他们一个个扫地出门，方解心头之恨，雪我心头之耻。但是……中郎啊，你可不要小瞧了这些家伙，他们内结宦官，外联姻亲，此呼彼应，狼狈为奸，稍有不慎，就会遭到他们的诬蔑、陷害与打击。这伙人能量大得很，他们什么坏事都干得出来。我当然希望你能采取行动，不过一定要小心谨慎啊！"

袁宏道本来就是一个沉得住气、擅长谋略的智慧之人，听过杨时乔的一番肺腑之言，便将满腔义愤压抑在心，寻找适时机会"出手"，以达惩治贪官污吏之效。

这时，朱国梁有一个姻亲被罢官，他故伎重演，诡计重施，仍将这位姻亲留职任用。中郎及时了解到这一情况之后，决定立即行动，给他个措手不及。

在如何惩治朱国梁的具体方案上，吏部有些官员与袁宏道的意见产生了分歧。他们也恨朱国梁这些犯上作奸的小人，但又觉得不能莽撞行事，得遵循朝廷规则程序才是，最好是先给朝廷上个疏文之类的，有个请示，等到批复后再来行事。而中郎认为，目下最有效的方法，便是雷厉风行，先斩后奏。他说："如果上疏朝廷，朱国梁等人必定知觉，他们通过内线，上下一活动、一打点，就会大事化小、小事化了。那时候，我们即便行动，也不可能了，因为得遵旨而行呀！ 我以为，朱国梁这些人毕竟只是一些小吏，用不着先上疏，如若行动，就要迅雷不及掩耳，打他们个措手不及，这样才能达到严厉处罚之效。”

中郎这么一分析，大家觉得十分有理，便同意按他的方案办理。

朱国梁不知半点内情，第二天照常入署办公，仍是一副大摇大摆、趾高气扬的样子。

突然间，袁宏道一声令下，早已准备好的两名皂隶一扑而上，不由分说地将他捆绑起来。

朱国梁惊惶失措，结结巴巴地辩解道：“主事大人，这……到底是怎么回事呀？ 我朱……朱国梁循规蹈矩，老老实实，一没触犯大人……二……二没违犯天条……”

袁宏道怒目圆睁，厉声喝道：“无耻小人，事到如今，还想狡辩，真是邪恶之至！”又命皂隶道：“你们二人，赶快将他押送刑部，照章惩处！”

然后，袁宏道写下《摘发巨奸疏》上书朝廷，列举朱国梁、郭元等人罪状，请求严厉处罚这些奸臣猾吏。

不多日，刑部批示下达，朱国梁等人以欺君罔上之罪判处重刑。

袁宏道先斩后奏、严惩奸吏之事，给吏部震动很大。

过去，吏部大臣被架空，大权旁落，实权被一些具体办事的小吏把持。而这些小吏们营私舞弊几乎到了明目张胆、无所顾忌的地步，他们或将自己的亲戚朋友予以重位，或收受贿赂安插职位。 于是，他们之间便形成了一个庞大的关系网络，盘根错节，若想搬动这些小吏，牵一发而动全身，甚为困难。 年长日久，小吏变成老吏，就像朱国梁一样，目中无人，胆大妄为，肆无忌惮。 稍有事端，他们就造谣诬蔑，恶毒攻击。 大多官吏，暗中都惧怕他们几分，谁也不敢轻易得罪，更不用说采取行动了。 而袁宏道激于义愤，出于公心，决策果断，突然袭击，一举将朱国梁捕获，绳之以法，对其他小吏威慑极大。他们皆惴惴然，不得不收敛昔日的嚣张气焰，变得谨小慎微，再也不敢越轨行事了。

四

严惩凶猾老吏之后，袁宏道升任吏部考功司员外郎。

他并未陶醉在这小小的成功之中，而是透过朱国梁这一事件表面，深入分析吏部机构的运行规则，发现其中存在着不少痼疾与弊端。

堂堂吏部，朝廷重权之地，为什么朱国梁之类的小吏如此胆大妄为，长期目无法纪，玩弄上司于股掌之间？袁宏道认为，主要原因在于没有制定严格的管理法规。

当时，外官每三年考察一次政绩，京官每六年一次，武官每五年一次。而平常时期，无论京官外官，可随时随地对他们予以审查，将其置于朝廷的监督网络之中。唯独朱国梁这样的吏部小吏，无论什么时候，都没有考核，没有相应的法规对他们管理约束，因此也就没有畏惧忌惮。久而久之，便形成了比上官更具特权的反常现象。

此外，六部之中，其他五部皆设有荆杖之类的惩罚刑具，唯独六部之首的吏部，享有不设刑具的特权。即使小吏犯法，也无以惩处，难以收到杀一儆百之效，小吏们由纪律松弛到肆无忌惮也就不足为怪了。

针对以上情况，袁宏道上书朝廷，建议设立正常法规，每年年终，对所有小吏进行考察。根据考察所得结论，勤勉正直的继续留任，对那些懒惰成性、贪赃枉法者则毫不留情地予以清除。同时设立刑法刑具，警惩那些顽劣之徒。

告疏上呈，朝廷批复，准此办理。于是，订立相关法规，年终考察，更立刑具，对凶狡之吏不时扑责，成为一种定制。

袁宏道的两次上疏得到了及时采纳，吏部的一应工作开始真正走上正轨，一时间，出现了安定、通畅、公正的少有局面。

仍卧病在床的杨时乔听说袁宏道惩处猾吏、革新吏部的情况之后，精神为之一振，当即撑着病体半靠床头，长叹一声道："唉，对这些狡诈小吏，每一次我都恨得咬牙切齿，总想革新图治，却未能遂愿。现今中郎为我除害，革除吏弊，真是太好了！我的心愿已经实现，死也瞑目了。"

过不多日，杨时乔病危，知道自己不久于人世，派人叫来中郎。他靠在病榻之上，艰难地说道："吏部小人为奸，阴气逼人，幸亏你站出来整顿纲纪，阳气凛凛，镇住了妖邪之气。我主持吏部工作已有四年，从未遇到一位脚踏实地、精诚负责而又敢于承担重任的君子，所以常常私下叹息，唉，朝廷之事，难道永远就是这样一种衰朽局面吗？"说到这里，杨时乔一把攥住中郎双手："现在，吏部终于有了你，这是我们朝廷的福气呵！只可惜，我的日子……已经不多了……中郎，愿你多多保重，为朝廷尽心尽力……"他将中郎这位下属当成了自己的知音、朋友乃至亲人，推心置腹地说着，寄予极大期望。

杨时乔病逝，复起的吏部尚书孙丕扬到京。

孙丕扬于十四年前的明万历二十二年（1594 年）即官拜吏部尚书，改革铨政的"掣签法"便在他主持吏部时创立，这种杜绝"中贵请谒"的无奈之举，"一时选人盛称无私"。明万历二十四年（1596 年），因得罪大学士张位免职。

孙丕扬此次入朝，已是七十八岁的老人了。他多年没有视事，对吏部近来的一些铨规不甚熟悉。

一天，吏部选派教官一职，有南北中三签，准备按惯例抽签选人。孙丕扬见状，对郎中薛芳说："选派官员要体现公正严明，怎能分别远近随意规避呢？今后派官，就不要专门挑拣地方，分什么南北中了，以抽出的结果为准。"

薛芳回道："按地域分派的方法已经上疏，朝廷批准了的，久行多年，既稳妥又方便。"

孙丕扬年纪老迈，听觉迟钝，加之薛芳对上司说话，声音不敢太大，一时没有听清，只隐约听得"上疏"二字。于是，孙丕扬以为这位部下不仅不认可他的意见、遵从他的指令，还要上疏朝廷与他抗争。这么一点小事，动不动就要上疏皇帝，眼里哪有我这个上司？孙丕扬当即大怒，推案而起，厉声斥道："你想与我上疏抗争？我乃老臣，历经无数大事，只知奉行规矩，照章办事。可你们这些下属却曲意徇情，败坏朝廷法纪，我不同意，就要上疏皇上，哪有这样的道理？一意孤行，也太蛮横霸道了！"

见上司大发雷霆，部下一个个惊恐不已，皆屏声静息，不知如何回应才好。

这时，袁宏道挺身而出，他站在一旁，唯恐孙尚书听不真切，有意加大音量，高声说道："薛郎中刚才的意思是说您身为太宰，堂堂大臣，不必为一些细微小事操心费力，自有我们这些下属为您代劳。除此之外，他没有别的意思，更没有说要为此事上疏皇上，是您听错了。"

中郎语音浑厚，吐字清晰，孙丕扬这回听得一清二楚。知道自己耳背听错，误会了薛芳的意思，口中念叨着"不亲细事"四字，怒气渐消，脸色慢慢开朗。

过了一会，孙丕扬向刚从礼部侍郎改任吏部右侍郎的属下萧云举问道："刚才大声向我解释的那人是谁？多么沉稳儒雅呵！"

萧云举回道："此公安袁宏道，名士也。"

孙丕扬点点头说："哦，早闻其名，没想到就是他呀！"

又接触过几次，孙丕扬认定袁宏道是一位堪当重任的大器之才，不觉倍加尊重与赞赏。从此，吏部的一切重大举措，都要与他商量，征求并采纳他的意见。

由此，袁宏道的吏部改革举措也日趋系统完善，并得以巩固。

这期间，袁宏道得知方子公抱病而逝的消息，不禁十分悲痛伤感。

明万历三十五年（1607 年），袁宏道奉命出使湖广蒲圻存问朝廷老臣谢鹏举，并扶李安人灵柩归返公安，方子公随同南下。行至仪征，方子公因故停留短住，便与中郎分手了。中郎第二年春返回京城补吏部铨曹之职后，马上写信催他来京。而当时，方子公已染病在身，接到中郎信函后，顾不得治病调理，马上从仪征起程。行至临清，病情加重，只得寄居在一家旅馆问病就医，没想到医治无效，病死旅途。

方子公自明万历二十二年（1594 年）就一直追随在中郎左右，长达十四五年之久。他为中郎料理笔墨，整理书稿，一丝不苟，尽职尽责，中郎感念于心，视其为左右臂膀，处之如亲生兄弟，无论游历、隐居、拜友、公差，总是将他带在身边，几乎形影不离。

方子公于明万历三十六年（1608 年）冬天病逝于山东临清，中郎第二年春天才得知他的死讯。影子消失，形何以存？中郎备感孤单，悲苦难禁，作诗《方子公自真州入燕，客死清源，诗以哭之》：“贫死何足悲，所悲为贫死。奄奄一息身，奔驰二千里。泣辞钟山云，梦渡吕梁水。百死到清源，闻歌犹蹶起。新兰四五帙，函封寄杨子。蛇蚓不成书，获麟止于此。世相薄屡空，冥官岂相礼。气类自呼召，往见东野鬼。赢博即故乡，首丘端可已。肥马轻裘魂，谅非君所喜。”

从此，中郎少了一位得力的助手，笔墨文书等一应事务都得亲力亲为。但他并未因此而稍有懈怠，仍勤奋笔耕，佳作迭出，然后自誊自抄，自编自校。

中郎任职吏部，与过去官居礼部相比，公务繁重多了。每天早出晚归，整日待在官署，杂务劳心，案牍费神，常常累得精疲力竭。

尽管如此，哪怕难以腾出身手创作、料理新的诗文，他也乐在其中。

怀着一股强烈的忧患意识，为了朝政的清明，中郎可谓殚精竭虑。不久，他又针对人才的选择与使用，写了一篇《录遗佚疏》，呈给皇上。

在这篇呈策中，他认为人才寥落，从古至今，当朝尤甚。如今天下，不是不生才，也不是没有才，而是人才未成先遭弃置，或将真正的人才剪伐摧残。因此，“二十年来，半委沟壑，落落晨星，所余无几，则亦深可惜矣”。中郎最为担忧的是边抚大臣，朝中没有一位足以担当重任、堪作大用的栋梁之才，长此以往，朝廷的安全将受到严重威胁，边境危殆，何来清朗太平之景？对此，中郎不禁忧心如焚：“再阅数年，不知成何局面！”因此，他建议万历皇帝引鉴前史，广开渠道，拓宽门径，延纳天下之真才实才，“即时录用”。果若如此，则国家到处都是明廉能干之才，又何愁朝廷不兴、百业不旺呢？

拳拳赤子之心，尽现疏中。

吏部是遴选人才的关键部门，于是中郎又给尚书孙丕扬写了一封信，针对内外交困、危机四伏的朝政，他认为解决的根本办法，就在于择人用人。所以当务之急，便是补选一批具有真才实学的官员。他说目下朝廷之危机，一在内部，二在外部。内部腐朽老化已不复言，外部便是虎视眈眈、觊觎中原的东北女真族。当今良策，莫过于加强边防，起用一两名通晓军事、战功显赫的优秀将领，分别统领蓟州、辽州，形成坚固堡垒，国家则无外忧。而内部，则应遴选监司五品以上出类拔萃、才高德重的官员补充京卿，以充实朝廷。如此一来，内忧外患则可迎刃而解。

从上我们可以看出，袁宏道不仅具有卓越的佛学、文学才华，于政治、军事也具有常人难以匹敌的远见卓识。他提出的策略，以今日观之，不失为医治、缓解晚明朝政衰败、腐朽堕落的一剂良药，特别是加强蓟辽防务，打击后金力量，抑制其发展的安边之策。果真如此，就不会有后来的满族南侵、入主中原了。

当然，消极怠惰的万历皇帝，以及碌碌无为、中饱私囊的朝臣，不可能有效地采纳、施行袁宏道上疏的这些良策妙计。病入膏肓的晚明，已难有起疲振衰、自我修复的回天之力。

第十六章／典试秦中

明万历三十七年（1609 年），袁宏道奉命典试秦中，即主持陕西乡试。

他一直关注人才，为朝廷人才匮乏而忧心忡忡，上疏皇上、致函吏部尚书的那些建议，都难以落到实处。如今，终于有了一个选拔人才的机会，他要认真履行自己的职责使命，在陕西发现、遴选那些真正的优秀人才。

对西北这块古老而神秘的土地，袁宏道可谓神往久矣。儿时在长安村诵读《华山记》，就对西岳华山渴慕不已，惜乎一直无缘游历。如今出使西安，正好可以领略一下粗犷豪放的西北雄风，实现童年梦想，了却一桩夙愿。

这年夏末，袁宏道刚一上路，就写下了诗歌《将入秦试士，诸同舍别于西郊永亭，得鱼字》，遥想来日游览华山、曲江时的情景："华岳看云唯自语，曲江题壁倩谁书？"

与他一道奉命入秦典试的还有兵部武选司主事朱一冯，同行者有陕西按察使汪可受、陕西提学使段徽之等人。

一行人与送别的友人在京城西郊永亭分手之后，往西南方向迤逦而行。

他们取道良乡、定州、赵州、柏乡，经苏门山、河阳、北邙、渑池、潼关等地，一路马不停蹄地往目的地西安进发。路过华山时，因典试任务在身，来不及登山，袁宏道留下了《经太华》诗作两首，其中有语道："昔闻华山名，今见华山貌。何时陟微茫，遍偿宿所好。"从旁经过而不能上山，只能遥望山貌，他日登临，如愿以偿的感觉会更加美好。

抵达西安后，袁宏道马上全身心地投入到紧张的招考之中。

身为主考官，依照惯例，得拟定一份策问试题，主要涉及经义、朝政等方面的内容。

晚明的策问招考，与过去典型的八股文相比，已稍稍有所变化，考生可以较为灵活地发挥自己的见解。但也不能率性而为，得以歌颂为主，美化朝政，为皇上唱唱赞歌。

在科举考试史上，主考官因出题、对策触犯时政与忌讳而遭谴责、处罚，所录考生被黜落的事件，历朝皆有，且为数颇多。因此，主考官出题时必须慎之又慎，唯恐无意中触犯朝政招致"莫须有"的罪名。

袁宏道一番深思熟虑，拟定对策程文。

在第三问中，他由君子儒与小人儒，谈及古代隐士巢父、许由。上古之时，尧欲将君位让给巢父，巢父不受；尧又要让给许由，巢父劝许由辞让。然后，两人一同隐入大山，结巢而居，以避君位。对此，袁宏道认为他们两人都是小人儒，算不得君子儒。

监考官见过对策，问道："你的第三问，有'过劣巢、由'之语，是何用意？"

袁宏道说："此语自然有所指，今日吴中大贤顾宪成隐居不出，胆识可以救济颠危而不用其识，才能可以解天下倒悬而不用其才，如果世上人才都像他这样消极退守，社会将何所倚赖？有感于此，作此策问。"中郎用心真可谓良苦矣。

顾宪成为无锡人，官至吏部员外郎，因推举大学士违背万历皇帝意旨，削籍归田。乡居期间，他修了一座东林书院，聚众讲学。后人所称之东林党，便由顾宪成肇始，并推举他为首领。明万历三十六年（1608年），也就是袁宏道典试秦中前一年，顾宪成被起用为南京光禄寺少卿，赴任途中犯病，力辞不就，回乡继续讲学。

由此可见，哪怕在出卷拟题之时，他的心中也在为人才的选聘、任用而焦虑，他希望天下真正的有用、有识、有为之才不被埋没，能为国家、朝廷、社会所用，以拯救、振兴明末颓局。

他自始至终地主持、监督整个乡试过程，事必躬亲，勤勉认真，生怕出现什么纰漏，更担心真正的人才落选，不敢有半点懈怠。

考试结束，马上进入阅卷阶段。

他发现，有些试官为了避嫌，极不负责地只挑选部分试卷审阅。也就是说，不少试卷根本看都没看，就弃之一旁。

袁宏道发现这一问题后，不禁说道："怎么能因考官的个人功名，而忽视这些莘莘学子的进取之路呢？"于是特别强调，通场皆阅，不能漏下其中任何一份试卷。

在他的严格监督下，阅卷的试官再也不敢马虎。

全场阅毕，结果所取文士，大多都是从弃置、遗落一旁的试卷中遴选出来的。

袁宏道又认真检查，严格核对，为没有遗珠之憾兴奋不已，提笔写了一篇《陕西乡试录序》。在序中，他纵古谈今，论及士与文、文与时艺、时艺与时事之间的辩证关系，并对秦中之士寄予莫大期望："勉矣多士，慎毋以未纯之质，而轻于试焰也。夫士之有品，犹文之有质，赝售之刺，深于黜落，易操之辱，逾于贫贱。秦士气劲而肠刚，闻斯言必有激也，其于世道也，犹有所济也夫。"

乡试结果公布，榜上有名者，多为秦中名士，其中有父子一对，叔侄两对，兄弟三人。而这年的陕西乡试所录名额之多，居全国第一。

典试结束，顺利完成选拔人才的重要使命，中郎不觉嘘了一口长气，感觉轻松极了。这些日子，虽然置身古都西安，但忙于公务，无暇旁顾。俗务一旦解脱，中郎就又进入自由洒脱的"性灵"境界，开始了期待已久的秦中畅游。

这里遍地都是名胜古迹，到处都是断碑残垣，哪怕不甚起眼的所在，往地底下随便一挖，就是一处遗址；在书卷上随意一翻，都是历史、典故与传说。六朝古都（也有十朝、十三朝、十六朝等多种说法）西安，以其深厚的历史意蕴，像磁铁一般，深深地吸引了中郎。

几天来，他与同试秦中的朱一冯在友人陪同下，游览了西安及其周边地区，主要有曲江、文昌阁、荐福塔、慈恩寺、牛头寺、兴教寺、玄奘塔等地。面对沧桑古迹，中郎吟哦道："市城云淡淡，今古水汤汤。废址耕斜坡，归樵语夕阳。"

明万历三十七年（1609 年）九月八日，袁宏道与朱一冯一行离开西安返京。巡按杨一桂在东楼，汪可受、段徽之等人在九龙池为他们饯行。

众人依依话别，刚过灞桥，天已昏黑，当晚投宿临潼。

中郎等人一路缓缓而行，不像来时肩负重任匆匆赶路，考功事毕心情放松，游兴大增，沿途名胜美景，一一游览。印象最深者，莫过于骊山与华山。

登骊山时，天气格外晴好，艳阳高照，万里无云。他与朱一冯不仅游览了玉女池、老母殿、老子殿、华清宫旧址，登临幽王烽火台，下望始皇陵，还在汤泉（玉环池）洗浴。他倚靠在山中的一棵松树下，放眼四顾，但见天地之悠悠，苍茫之无涯，一股悲怆之情顿时充塞于心，积郁在胸，不吐不快。于是，拨开团团荒草与丛丛荆棘，寻到一块高耸的石头，蹲坐其上，对着莽莽群山，亮开嗓门，唱出一曲楚歌："涓涓者流，与山俱逝兮。空潭自照，影不至兮。吁嗟乎兹山，崇三世兮。"粗犷雄浑的歌声在连绵的群山间回荡起伏，经久不息。

而沐浴汤泉时，恍惚见到了备受唐玄宗恩宠的贵妃杨玉环，那丰腴、白皙、光洁的形体在蒸腾的雾气中若隐若现，美妙绝伦。一时间，中郎似乎理解了唐明皇何以沉醉迷恋，拜倒在她的石榴裙下，于江山而不顾："凤靡鸾吪易，王图霸业轻。"

游毕骊山，中郎一行当晚在石翁寺留宿休息。

骊山之游，激发了他的创作灵感，一气写下游记《游骊山记》及诗歌《骊山怀古》、《过华清宫浴汤泉》（六首）。中郎状写风景，反思历史，观照现实，抒发情感，将自己的诗文创作推向了一个新的高峰。如《骊山怀古》开首四句便先声夺人、情景交融、古今一体："薄云浅照玫瑰红，一笑君王三举烽。羯鼓楼头鼓一通，霓裳夜舞玻璃风。"再如《过华清宫浴汤泉》之一："镜澈古苔光，溪风湛碧香。花犹知世代，水不解兴亡。粉黛山川俗，烟泉岁月长。而今正好景，石骨照苍凉。"

而举世闻名的华山，他更是期待已久，恨不能即刻插上翅膀，飞向那雄伟险峻的峰巅。

来到华山脚下，儿时的情景历历在目。他与弟弟小修在故乡杜园上学念书时，哥哥伯修拿出一册王安道所著《华山记》，兄弟三人读得如痴如醉。他们起舞松影下，盼望有朝一日前往一游。华山有东、南、西、北、中五座山峰，鼎峙的东、南、西三峰为其主峰，高高耸立，直达云天。于是，中郎做梦都想要做一回“三峰客”。

亲友之中，父亲袁士瑜与舅舅龚惟长自山西蒲坂县归返公安时，专门绕道去了一趟华山。可他们只攀到半山腰的青柯坪，就因险峻无比，掉头折回。

不少去过的人都说华山幽远险峻，难以攀爬，到达顶峰的人不及十分之一。

一次，袁宏道陪同父亲游历，遇到几位和尚，交谈之下，得知他们从华山而来。中郎不觉兴趣陡增，赶紧打听有关华山的一切。他们说华山之道其险无比，并直言不讳地对中郎说：“像你这样的文弱书生，要想登上顶峰，难之又难。”被他们如此看低，中郎心里很不高兴，又不好表露什么，更不便发作，便暗暗下定决心，他日若有机会登临，一定要攀至峰巅。

路过华山之时，他就跃跃欲试了。在西安，一有机会，他就向那些登过华山的人打听了解，比如华山的格局，主峰多高，攀登的最佳路线等。而答者无不述其险峻难当，绝大多数都说半途而返，只有三人登临绝顶。

一路之上，中郎就与朱一冯相约，哪怕冒死，也要登至峰顶。

开始往上爬了，积聚几十年之久的情感与决心，凝成一股巨大的力量，中郎觉得浑身是劲。

他与朱一冯从玉泉院进入华山，道路蜿蜒崎岖，两边皆是陡峭的石壁，“摩云缀日”。一块块硕大的石头突兀在山涧之中，流水受到阻遏，不得不迂回曲折“跃舞飞鸣”而前。他们一路艰难地往上爬，好不容易爬到了青柯坪。当晚投宿于此，早早上床休息，养精蓄锐，以备明日攀登主峰——

南峰。

第二天起了个大早，在向导的带领下，他们爬上了千尺幢。往上一望，只见道路越来越陡，两边的峭壁带仄而上，越来越狭，最后仅剩一线缝隙而已。

继续沿着数百级陡峭的石磴往上爬，中郎下意识地往下一望，不觉心惊胆战，感到一股难抑的眩晕，顿时全身无力，脚步怎么也迈不动了。

一旁的向导对他说："不要朝下看，只顾一个劲地往上爬。这样一来，胆子自然大，力气自然有，咬咬牙，就登上去了。"于是他就控制自己不往下看，可朝上一望，山顶如盖，覆在头顶，只有一条细枝样的小路隐约而上，在天际间留下一道缝隙，心虚胆怯得不行，仍是无法举步。他对自己这种本能的条件反射而引发的心理、身体不适，感到十分不满乃至恼怒，待在原地焦躁不已。

一急一恼，突然间就想到了少年时学习骑马的情景。有人教他抓紧马鬃，双脚夹住铁镫，他这样做了，可仍旧害怕得不行。后来，一位骑术高明的骑手告诉他说："你意在马先，心里想着马跑得太慢了，只盼它跑得快一些，更快一些。若能这样，就可以驰骋自如了。"中郎听了一试，果然灵验。

而登山与少时骑马，不是同样的道理吗？况且这些年来，自己时刻想着登临华山，攀上顶峰，好不容易如愿前来，岂有止步不前、无功而返之理？就是拼出一条性命，也要攀上顶峰！只当眼前就是一块平地，跟往日走路散步没有什么两样，豁出一切就是了！

这么一想，中郎果然不再害怕。

无限风光在险峰，他与朱一冯在向导的引领下，相互鼓励打气，拾级而上。爬累了，时而坐坐，时而站站，缓一口气，谈谈有趣的旧事，不拿眼前的危险当回事。他们甚至还唯恐前路不够艰险，领略不到无限风光呢。

他们越过百尺峡，跨过老君犁沟，来到了苍龙岭。

苍龙岭可真像一条蜕去皮肉只剩一副骨架的巨龙。人在“巨龙”脊背上行走，好似乘坐一叶扁舟，在惊涛骇浪中颠簸浮沉。这样的狭路，稍有不慎，就会坠入深渊，粉身碎骨。

小心翼翼地走完苍龙岭，便到了华山主峰——南峰脚下，再往前，就无甚险路了。

中郎百步一休息，走走停停，停停走走，终于登上了南峰之巅！

站在山顶，仰头望天，天空更高，深邃湛蓝，浩渺无际，纤尘不染；环顾四周，群山起伏，如万马奔腾，又似波涛汹涌；棵棵红树点缀在大山深处，夕阳西下，斜晖脉脉，美不胜收。

晚上，袁宏道与朱一冯坐在峰顶赏月。

万籁俱寂，但见皎皎银月之下，松影扫石，风景朦胧，宛如一个绝色美人披了一件白色纱裙，风姿更其绰约。中郎陶醉其中，人与景交融一体，仿佛得道神仙，尽享天宫之乐。

他们在南峰山巅久久停留，怎么也舍不得下山，索性过了两夜，尽情饱览华山白天黑夜、艳阳佳月交替的奇美风景。

乘兴而来，兴尽而返，袁宏道与朱一冯游完华山，继续往东北而行，赶返京城。

华山之行不仅历经奇绝险景，饱览无限风光，了却儿时夙愿，更留下了游记《华山记》、《华山别记》、《华山后记》及诗歌《登华》（六首）等。

出了陕西，在河南，他们又游览了嵩山。

远望嵩山之时，中郎就口占《望嵩少》两首，其一道：“客程行尽太行山，又见嵩高紫翠间。料得有人山上笑，红尘如海没朱颜。”

在嵩山，中郎足迹所至，甚广甚远，创作游记五篇，诗歌十六首。

游历嵩山，印象最深的自然是与佛教有关的少林寺及禅宗初祖达摩、二祖慧可的遗迹。

京洛之间，历代古迹大多倾圮，唯有少林寺卓然独存。它坐落于群山环抱之中，自然有度，奇秀无比，天然妙成，远望宛若古钟。

中郎不仅对禅宗极有研究，且以身实践，参研不已。如今登临嵩山，自然要寻根问祖，游历五乳峰的初祖洞。为传播禅宗奥旨，达摩不远万里，从印度漂洋过海来到中国。然后隐居嵩山，在这个不甚起眼的石洞中面壁修炼长达十年之久，禅法也因此而更加精妙。洞里供奉着一尊达摩影石，石质白垩，墨绘其上，活脱脱就是一幅真人画像。对此，中郎记道：“石影酷似人间所绘初祖像，有大儒欲辟异端，刮其影而不能尽，乃止。”石影刮之不去，可见刻之甚深。徐霞客也曾游览到此，对达摩影石描述道：“石高不及三尺，白质黑章，俨然西僧立像。”

禅宗二祖慧可在这里留下的遗迹为觅心台。传说他前来嵩山参礼达摩学佛，好几次都被拒绝。为了表示学佛的坚定决心，他毅然决然地砍断自己的左臂，扔给面壁修炼的达摩。达摩被他的诚心所打动，收他为徒，密授衣钵《楞伽经》四卷，终使西来禅宗在东土华夏生根开花。据说少林寺和尚身披红色袈裟露出一侧肩膀，以及单手行礼，就是为了纪念这位二祖禅师。

中郎一边饶有兴致地游览禅宗旧迹，一边深刻地思考着，获得了不少新的启迪与感悟。

有人说华山如立，嵩山如卧，一番游览，中郎认为此言不虚。针对华山的“立”、嵩山的“卧”这两大不同特点，他形象生动地描述道：“华山如峨冠道士，振衣天末；嵩则眠龙而癯者也。”

游完嵩山继续东归，经过河南辉县时，又登临苏门山，泛舟山顶的百门泉，写了《登苏门山泛舟百泉》、《再泛百泉》两诗，勒于石碑，这两帧石刻至今仍存于袁宏道手书石刻之中。他不是书法大家，没有到处题字留念，比如玉泉寺那次，当阳县令乞求书法名家黄倩作书，出于礼节，兼带着才请中郎同时书写。中郎书法与他所倡导的性灵文学一脉相承，小修评价为“极仆俚，要之无半点俗气”。因所留不多，也就更显珍贵。

典试秦中，中郎公务、游历、创作三不误。他将这些诗歌、游记汇在一起，编辑刻印，是为《华嵩游草》。

这期间，他还写了一册日记，名为《场屋后记》。场屋，指科举考试的场所。《场屋后记》从陕西乡试放榜之日写起，出西安，游骊山、华山、嵩山等，沿途皆有简略记载，一直记到抵达河北涿州为止。

中郎这一时期的诗作又有一定的变化，他有意识地由浅易转向深沉。对此，袁中道评道：“今华嵩游诸诗，深厚蕴藉，有一唱三叹之趣。”而在《蔡不瑕诗序》一文中，则说得更加详细：“昔吾兄中郎，其诗得唐人之神，新奇似中唐，溪刻处似晚唐；而盛唐之浑含尚未也。自嵩、华归来，始云吾近日稍知作诗。天假以年，盖浸浸乎未有涯也。”

第十七章/英年早逝

一

袁宏道在返京途中的河北定兴县，接到弟弟小修信札，说他已到京城。

自上次出使湖广蒲圻存问朝廷老臣，兄弟俩在京郊潞河舟中分手，已近两年没有见面。

袁中道应蓟辽总督蹇达之邀，走马塞外，过了数月流寓生活。

蹇达虽为总督，也是文人出身，明嘉靖四十一年（1562年）进士，中郎与他也有交往。在袁宏道现存诗文中，便有一封尺牍《达蹇督抚》，四百多字，是他书信中写得较长的一封。没有想到的是，正是这封书信，在他死后竟惹上了“麻烦”，满清异族统治者因信中有“偏谬语”而被查禁“抽毁”。所谓的“偏谬语”，无非就是中郎站在汉人立场，抵御外敌入侵，捍卫国家疆土之类的言词，如“皓首筹边，革华夷长朣腥之势者几万里”，“挞犬羊于塞外，敢有二心”等。

蹇达生性豪爽，为人豁达，小修与他结下了深厚友谊。领略一番粗犷雄奇的塞外风光之后，小修回到公安乡居。三年一度的科考在即，他在一种惯性的驱使下，带了两名仆人，又出发了。顺江东下，沿途游览了岳阳楼、黄鹤楼、黄州赤壁、石钟山、金陵、金口等地，经漕河乘船北上，进京后住在中郎寓所。

中郎回京，兄弟相见，自是亲热异常，免不了谈及分手后的各自生活。

中郎叙述他的秦中之行，当他讲到登临华山的惊险时，说得格外详细，且描摹生动，绘声绘色，小修听得毛骨悚然。他一边叙说，一边拿出带回的陕西古碑拓片，一同欣赏。

因吏部考功事务急需料理，中郎稍事调整，便去衙署就任。

小修来京，先住中郎位于石驸马街的寓所，不久，就在东举场另找了一处地方。移运行李那天，他从吏部经过，极想进去看看，想到中郎正忙得不可开交，只好作罢。

当时，有七十多名京官、外官依惯例留在京城，暂受部衔，等候录用。中郎处理的就是这些官员的候选之事。

负责选官、派官、任官，责任重大，袁宏道等人不敢马虎。事情积压在一块，实在忙不过来，他索性将铺盖行李移至吏部，吃住全在衙署，不分白天黑夜地忙碌。

有的官员等得时间长了，年关追近，不免焦躁，便请求吏部加快速度，早日行取，不要让他们久等。

尚书孙丕扬回道："原来的疏策之上，并无'行取'二字，我怎能擅作主张呢？只能依照程序办事。"说着，又急令下属将疏策取来。

不一会儿，取策之人回报，原疏已经丢失，只有底稿尚存，现已带来。

孙丕扬说："底稿也成。"他一把接过，又从头至尾认真地通览一遍，上面的确没有"行取"二字，写的是"听候选取"。

孙丕扬看毕，将底稿往这些官员面前一扔，怒气冲冲地说道："明明是听候选取，你们却要我早日行取，如此逼迫本部，是欺我年老昏聩吗？老夫老则老矣，但并不糊涂，我要上疏皇上，治你们的欺罔之罪！"

这些人见尚书动怒，只得一个劲地辩解，吏部属员也为他们开脱，希望孙太宰息怒。怎奈孙丕扬正在气头之上，无论怎么辩解劝说，都起不到作用，他决意上疏，对这些催促的候选之人严加惩处。

袁宏道当时并不在场，听说这件事后，不由叹道："唉，当今朝政，言路久不畅通，太宰怎能上疏皇上，使得言路更加阻塞呢？如果这样，今后谁敢多言？大家只有谨小慎微，唯唯诺诺而已。长此以往，国政将更加凋敝。"

他为此十分着急，又担心一时说不清楚，匆忙之中，只好给孙丕扬尚书写了一封书信。在信中，他说这些官员暂受部衔，不过是一种权宜之计罢了，因为皇上久不选用人才，一时难以求得圣旨，大家便讳言"行取"，但以"选取"替代。若不如此，久拖未决，长期延误，天下之事将更不可为。他特别强调自己说的这些句句都是真话实情，恳请太宰明察公断。

自中郎那次公堂之上挺身而出，排解误会之后，孙丕扬便对他另眼相待，两人推为知己，打破了等级森严的上下级关系，结为忘年之交。这在当时的官场，十分罕见。

孙丕扬看过袁宏道的信札，怒气顿时消了许多。再看一遍，沉思再三，觉得他说得十分在理，若投疏皇上，言路因此而堵塞，就适得其反了。

于是，一场不必要的矛盾与纠纷，就这样平息在萌芽之中了。

中郎吏部任职，一方面革新图治，完善一些必要的规章制度；另一方面则善于从中调停，解决一些不必要的纷争，维持内部团结。

选派工作繁重不堪，一时难以结束。直到大年三十晚上，中郎才从衙署回家，与等候已久的家人及小修围桌而坐，吃过团年饭，一同守岁。第二天清早，他又冒着凛冽的寒风，入朝贺年去了。

尽管如此，中郎还忙中偷闲，与二三宾朋出城郊游，以水声林影为乐，求得心灵的解脱。一次，他在慈恩寺讲学，一班同僚、友人如谢青莲、陶不退、汪鼎甫、苏云浦、丘长孺、梅长公及僧人宝方、云浮等，皆前来听讲，一同饮酒作乐。

对此，吏部右侍郎，也是昔日的葡萄社外围成员萧云举不禁叹道："别人在吏部任官，皆闭门不出，害怕会客，以避嫌疑。中郎不拒宾客友朋，且不因此而触犯规条，此等风流韵致，实属难得！"

春节过后，堆积的公务处理完毕，中郎那沉潜于心的另一面又执著地抬起头来——近来太过热闹繁忙，得好好清静清静，调养一阵子才行。于是，他又向朝廷请了还乡假，欲回老家公安住上一段日子。

请假之前，中郎已升任吏部验封司郎中。不到两年时间，他就连升两级，由吏部验封主事（正六品）升考功司员外郎（从五品），再迁验封司郎中（正五品）。还只四十三岁的他，照此发展，不说入阁拜相，升至侍郎、尚书应该是没有多大问题的。可他总在关键时刻"撒手"官场，视政治生涯如同儿戏。

这时，小修春试结束，也想与二哥一同南归。有人劝他在京城再待一段时间，以候放榜佳音。小修苦苦地笑了笑，说："留在京城，不见得就能录取；离开京城，不一定就不录取。留与不留，于结果无补，我想还是不留为好。"

多年的科考失败给小修的心灵留下了深深的创伤。他对录取已不抱多大希望，既然如此，不待放榜先行离开，届时的痛苦与尴尬，或许会少却几分。

前来送行的同僚、友人很多，其中最引人注目的，是年迈的吏部尚书孙丕扬。他冒着凛冽的寒风，迈着蹒跚的步履，前来与中郎话别。

中郎行前，特地给他写了一封《上孙立亭太宰书》，纵论朝廷内忧外患，并对目下选人、用人之道提出了自己的见解与建议。

孙丕扬紧紧地抓住中郎双手，欷歔叹道："我已年迈，不久当退隐还乡，今后恐怕再也不能在一块共事了……中郎呵，今日一别，也许就是永诀……"

孙丕扬说着说着，喉头顿时哽咽，眼里满是泪水。

中郎宽慰道："假期一满，我很快就会返京的。那时，您肯定还在任上呢。"

古人云："感恩易，知己难。"这一老一小两位忘年之交，一上一下两位奇妙同僚，执手相对，泪眼蒙眬，久久舍不得分离。

已是风烛之年的孙丕扬自然想到了人生的短暂与归宿，而正值中年的袁宏道却万万没有料到，当年九月，他就抱病而逝，再也无法归返京城。

孙丕扬虽是八十岁的老迈之人，多次乞归，朝廷却不批准。迫于无奈，他于明万历四十年（1612 年）二月再呈一疏，不待皇上批复，径直"挂冠出都"，回到老家陕西富平县，居乡两年后辞世。

二

明万历三十八年（1610 年）二月二十四日凌晨，袁宏道与弟弟袁中道、妻兄李学元、儿子袁彭年等人出春明门离开京城，往南进发。

天气越来越暖和了，点点鲜花在路边绽放，这报春的使者给漫长的旅途，平添了不少色彩与惊喜。越往南下，鲜花就开得越发灿烂，中郎一行感受着春天的韵致，不觉惬意极了。

一天晚上，行至河北涿州，得到科举放榜消息，小修再次落第。他的友人中，高中者不少，而荆州一郡，则全部落选，一个也没有考中。

中郎自然在一旁劝慰，小修笑笑说："录不录取，这么多年了，对我来说，已经无所谓了。"话虽如此，可内心深处，他还是极望早日考中进士的。在当晚的日记中，小修说他得知放榜消息，"意颇不快，久之始定。舆中寒甚，怀抱甚恶，自念已四十余矣，常奔走场屋，劳苦不堪，舍之又不能，真是前生业缘"。屡考屡败，已是四十一岁的人了，却仍未有结果，欲弃不止，欲罢不能，无法斩断俗念，小修为此深深地苦恼不已。

他们一边赶路，一边不忘观赏沿途风景名胜，苏门山、百泉、九山等地，都留下了他们的身影。游苏门山、北泉时，但见桃李芳菲，麦苗青绿；泛舟百泉，心旷神怡，不觉诗兴大发，写下一首语言清丽、意境幽雅的佳作："几点烟中树，过年雪后看。半山新草绿，一镜古湫寒。晴日摇幽翠，春风上粉丹。曲楼斜贮水，逸地碧琅玕。"

进入湖北，路过襄阳时，他们游览了诸葛亮的成长与隐居之地——古隆中。

袁宏道对诸葛亮的文才武略极为推崇，一直想到隆中看看，此次终于如愿。漫步其中，觉得这里山灵水媚，松篁交翠，幽雅宁静，真乃藏龙卧虎之地。而中郎最感兴趣的，还是与诸葛亮有关的一处处遗迹，一行人流连于三顾堂、六角井、古柏亭、躬耕田、梁父岩、抱膝亭、老龙洞、小虹桥、半月溪、野云庵等景点，久久不愿离去。等到走出隆中之时，天已黑下来了。此次游历，中郎写了《隆中》一诗："云起数峰幽，豁光梦武侯。树深云鸟怪，村静细泉流。顽石虚龙卧，春花上貉丘。谁将日高睡，易彼鼎分愁？"

明万历三十八年（1610年）三月十五日，历经五十多天旅程，袁宏道一行终于回到了公安县城斗湖堤镇。

这时的斗湖堤，正被水患所困，政事纷乱，盗贼出没，城中萧然。往昔之时，石浦河边，垂柳依依，人来人往，生气盎然，如今却是死寂一片。

盗贼充斥，四处骚扰，他们不敢居住城内，小修及眷属仍住筼筜谷，中郎则搬到城外一座新居。

过了一段时日，县城仍然混乱，无以安居，加之夏天一到，洪水侵袭，防汛任务繁重，时刻受到惊扰，中郎有心移居沙市。

中郎平日极喜楼居，便将城内旧宅卖掉，倾尽囊中所剩余款，在沙市的长江岸边，买了一座旧楼加以修缮，名为"砚北楼"。之所以称作"砚北"，是因为唐代文学家段成式在荆州居住时，也曾修过一座名叫"砚北"的楼房，曾说"杯宴之余，常居砚北"。段成式的砚北楼内，藏书丰富，他坐拥书楼，或阅读古籍，或编辑文稿，或挥毫创作，觉得"人生闲适之趣，未有过身在砚北"。袁宏道取其用意，也想购置万卷诗书藏于楼上，并就此隐居，寄身楼中，或与友人论道，或捧卷阅读，或著书立说，尽享闲适人生。

他对弟弟小修说："京城为官之时，夜以继日，形瘁心劳；游历山水，跋涉也苦；中年以后，血气渐衰，宜动少静多，以自节啬。"

砚北楼修葺一新，中郎入住其中，果真过起了自己想过的那种适意人生。

如同柳浪湖隐居一般，他早起的第一件事，便是站在高楼之上，耳听澎湃的江涛之声，欣赏眼前的优美风景。但见江边垂柳成行，柔枝依依；江中轻舟点点，在奔腾的江流中起伏出没；越过波澜壮阔的江面远眺，松滋诸山，隐约可见，绵绵延延，融入远方的天际线。此等自然美景，仿佛置于几案，伸手即可触摸。与杜甫《绝句》所写，大有异曲同工之妙："两个黄鹂鸣翠柳，一行白鹭上青天。窗含西岭千秋雪，门泊东吴万里船。”

这期间，小修仍居筼筜谷。从公安到沙市，只有三十多公里，两地虽不甚远，但中郎还是邀约小修在沙市购房，同居一城。小修说：“我意在山中。”中郎道：“我与你渐渐老了，自兄长伯修逝世，我们就时常分离，不胜断雁之悲，如今又怎能分作两地呢？”

小修听了，就在沙市找房。找了数月没有合适的，听说大士塔下有房出售，地点稍偏，但通往那里的道路修得又直又平，且房子四周，种植花木，房后有一个开满荷花的池塘。小修一见，觉得不错，当即买下。这里树木苍翠，尤以金桂为多，因其花果皆为橙黄色，小修便将新购之房名为“金粟园”。小修请人稍加整理，清除瓦砾，拔除杂草，剪除繁枝，马上住了进去。中郎初次进到金粟园，不觉惊喜地叫道：“清波绿树，何减深山，不是一处很好的隐居之地嘛！”

一日，中郎发现砚北楼前有块空地，又在这里修了一座小楼，楼檐直伸江面。站在这里眺望长江，又比砚北楼更为奇妙，大江奔涌，真如东坡诗句“惊涛拍岸，卷起千堆雪”，便以“卷雪”名之。

小修特作一文，题为《卷雪楼记》，状写登临此楼眼中所见之景：“举江自蜀趣吴，奔腾颓叠，澄鲜朗耀，震荡大地，淹润河山者，悉归几席之下。凡巴西（汉郡名，泛指四川）之远峰，梦（指云梦泽）南之芳草，九十九洲，乍隐乍现。千帆竞举，惊沙坐飞；棹歌渔唱，接响互答；霁雨旦暮，烟景万状。”

农历七月初七晚，几位友人前来拜会中郎，他们坐在卷雪楼上观景，中郎诗情勃发，当即口吟一诗《七夕同黄竹石、吴长统、张伯含、毛遗民坐卷雪楼，得天字》：“秋在鸣蝉远树边，起看人影落樽前。闲云乍散风留月，小阁初凉水洗天。野衲叩门双袖石，晚樵归艇一帆烟。举头忽见黄姑渚，马上三峰忆去年。”此诗用语贴切，生动自然，意境优美，天趣妙成，实属上乘佳作。

三

袁宏道虽居沙市，但常回公安参加一些应酬活动，为乡人、友人、僧人题写诗文。一次，他还回到了儿时的长安村，去了义堂寺，但见庙宇颓败，一派萧条，令人欷歔不已。最引人注目的自然是那棵高大的银杏，树上白果已经熟透，下垂宛若佛髻，中郎倍感亲切，不禁吟道："银杏熟果堕佛髻，满月无光粉虫饰。"他希望义堂寺能够早日重修，不仅恢复原貌，还要扩大规模，成为一处名副其实的名胜景点。为此，他写了《题义堂寺募修佛宫册》一诗以志。

砚北楼修葺不久，中郎弄了一条官船，与弟弟小修、八舅龚惟静、和尚死心等人一边欣赏大江景色，一边饮酒作乐。饮着饮着，中郎突然染病，浑身不适，腹泻不止，结果弄得什么东西也不能吃了，连筷子也不能动一下。

这是中郎回乡得病之始，也是小修《游居沛录》中关于他此次染病的最早记载。

儿时身体就一直虚弱的中郎，历经几场大病之后，在柳浪湖经过六年隐居调养，似乎已经痊愈。复出之后，他所经历的秦中典试、攀登华山、考功事务等，非得有硬朗的身体作支撑不可。这些，他都没事似的挺过来了。回到故乡，生活散漫，日子闲适，注重调养，依常情常理，身体只会越来越健壮才是，却不知怎么旧病复发了。

这次仍是火病。袁家似乎有火病的遗传，小修在筼筜谷时，也患上了这种病，一病就病得不轻，且无药可医，甚是痛苦。

八月的沙市，江水漫过洲渚，杨柳被淹，仅见枝叶在混浊的江水中挣扎摇摆。小修屋旁有座瓶隐斋正在维修，斧凿之声，乒乒乓乓，叮叮当当，响个不停，不绝于耳，搅得他心神不宁，厌恶之至。这天晚上，小修动了游历吴越之念，以遣愁闷郁怀。

第二天中午，小修从金粟园来到砚北楼，中郎火病微发，正卧床休息。听说小修即将远行，中郎当即反对："吴越之地太远，要走三千里水路，并不容易。依我之见，不如就周边的一些名胜，作短期游历。"

小修听了，也就打消了远游念头。

转移话题，谈及公安近况，中郎心头不悦，产生了彻底弃绝官宦仕途之念，准备在玉泉寺的青溪、紫盖之间筑室养老。他对小修说："生死事大，四十年以前做今生事，四十年以后做来生事可也。"

中郎病后，更加注重料理，起居饮食，皆有节度。每天还要学习道家的胎息养生法，收息静坐，一坐就是三炷香的工夫。一次小修见了，好奇地问他何以如此，中郎道："往日未免泼散放纵，如今得一意收敛才是。四十岁以后如果还留意粉黛，放纵情欲，绝不是什么好事。"

自火病复发，中郎一意调理，除捧卷阅读外，基本上停止了诗文创作。中郎文集所存最后诗歌作于明万历三十八年（1610 年）七月，名《又得人字》，也算得上他的一首绝笔诗："庾信罗含作近邻，木奴江上自由身。未容野服称高士，但觉遗形似醉人。清露滴墙梧子熟，长风吹艑稻香新。儿童见说疏慵甚，拟买陶家旧葛巾。"

半月来，中郎病情时好时坏，小修不时前来探望。八月十五日夜，天空飘着霏霏细雨，小修从金粟园赶至中郎宅，陪坐聊天。中郎说："今年中秋，没有月亮，天公悭吝，真辜负了。"见中郎身体正常，精神也好，小修甚感宽慰。

没想到八月二十二日这天，中郎病情突然加重。小修急得不行，赶紧请来一位八十多岁的姓李的老郎中为他拿脉问诊。中医重经验，一般来说，医生年纪越大，医术越精到。李医生一番诊断，开了一剂处方说："无病。”小修闻言，心头稍安，但仍不敢怠慢，命人将衣被从金粟园移至砚北楼，准备彻夜守候中郎。

第二天，小修亲自为他煎制中药。

中郎说：“昨天李医生开的药里，有一味人参，我喝后感到热不可耐。大概我是一个属阳脏型的人，服不得补药。但是，又不敢喝凉药。唉，不如不吃药为好。”

小修道：“有病不吃药，有时也能痊愈，此为中策。调理饮食，方为上策。”

二十四日，中郎火病不退。以前，中郎与小修都染上过火病，来得重，但只要用心调理，就有转机。可这次甚为异常，小修见此，心中惶惶不安。

好不容易挨了一夜，二十五日，中郎病情愈加沉重，他立即派人赶回老家，延请公安名医陈先生。

陈医生第二天乘船赶到，马上为中郎切脉。过了好一会，诊断结果出来，与上次李医生所说一样，都是“没病”。两位名医都说没病，中郎家人自然高兴，还打趣小修，说他太过惊恐。

而小修却半点也高兴不起来，明明病得如此厉害，怎么会是无病呢？他不是医生，不懂医道，又不便反驳什么，只好听医生的。

陈医生开过药方，就返回公安去了。

中郎这病着实蹊跷，这么严重的火病，医生却诊断不出。一时间，小修忧心如焚，却又想不出更好的办法，只有继续服侍等候，希望中郎真的没病，转危为安。

小修仍是亲自熬药，给中郎喂服。

医药没有半点效果。

中郎躺在床上，全身滚烫发烧，手脚麻木，呼吸困难，小修半步不离地守在他的身旁。到了晚上，他实在累得不行，便在外面的房间稍作休息。

夜半时分，中郎突然呼叫小修。小修赶紧进到里间，中郎睁开眼睛，惊奇地问道："你怎么进来了？"原是梦中呼唤，可见中郎有时已经神志不清了。小修不知所措，唯有暗暗垂泪。

自二十八日以后，中郎病情依旧，已完全不能下床，且饮食渐少。白天尚可，一到晚上，更加沉重，无法安眠。小便颜色初似淘米泔水，后似浓茶，还带有红色，赤艳如血；而大便中，也有不少紫血块。

三十日，僧人宝方等人前来探望。中郎一见，便说二圣寺、三寺楼还没有修缮呢，不能老是这么拖着。

九月初四这天，砚北楼传来声声婴儿啼哭，原来是中郎的小妾王氏为他产下一个男儿。中郎闻讯，十分高兴，病情似乎减轻了几分。小修坐在床榻前与他闲话，稍感宽慰，但对他大小便出血不止，甚为担忧。

小修一连多日亲自服侍中郎，也差点累出病来，只好雇请一位老妇帮着照料。

九月初五，中郎强打精神，支撑病体，给身在公安的父亲袁士瑜写了一封信。他要老父宽心，不必为他的疾病发愁，很快就会痊愈的。是的，很快就会痊愈的！他也这样不断地宽慰自己。从小多病，不知多少次了，都能从病魔掌中逃脱。两位名医诊断，都说他"无病"，他也希望自己真的无病！毕竟，他还只有四十三岁，正值人生的黄金时期，事业的巅峰阶段，还有多少书籍要读，多少诗文要写，多少大事、小事、琐事等着他去做呵！正如小修所言，中郎"若尚留在世一二十年，不知为宇宙开拓多少心胸，辟多少乾坤，开多少眼目，点缀多少烟波"。

然而，现实总是那么冷酷无情！没想到中郎给父亲的信札，竟成为他的绝笔书。

第二天，也即九月初六早晨，负责护理的老妇突然高声大叫。小修赶紧跑了过来，见卧在床上的中郎处于昏迷状态。老妇对他说："昨天晚上，病人大小便三四次，全都带血。每次解完，都虚脱得昏迷过去。照这样子，我真担心病人他……他……”

小修一边暗自流泪，一边安慰老妇，又急忙派人去叫那位八十多岁的李医生。

李医生匆匆赶来，握住中郎左腕切脉，失声叫道：“脉脱了！”

小修一听，当即顿足扑倒在地。

李医生又说：“不要惊慌，拿人参汤来。”

几口参汤下喉，中郎脉搏开始微弱跳动。他缓过一口气来，断断续续地说道：“我这病……只怕是……三分生……七分死……”

家人站在床边，强忍悲痛，劝慰不已。

过了一会，中郎想解手，众人七手八脚地扶他去厕所。

回到病榻之上，中郎似自言自语，又似对众人说道：“我略微睡睡。”

不料这句话竟成临终遗言，他这一睡就长睡不醒，再也没有醒来！

第十八章／余音绕梁

一

袁宏道病逝后，弟弟小修帮着一同清理遗物，家中所有积蓄，仅得三十两银子。一位重权在握的吏部郎中，众多官员争相巴结的对象，只要稍微利用一下手中职权，何至于如此寒酸？就连小修也不知道兄长如此贫穷。中郎与伯修，都是为官清廉的楷模。没有办法，只得借钱当物，买了一口棺材，移尸入柩。

中郎英年早逝的消息一经传出，“海内闻而痛哭者，不可指数”。亲戚、朋友、追随者、仰慕者，还有无数读者，纷纷前来悼念。

当中郎略微睡睡、坐脱而去之时，袁中道急呼不应，只觉天崩地裂，当即哭倒在地，恨不得与兄长一同逝去。过了好久才苏醒过来，不得不强打精神，料理中郎丧事。父亲袁士瑜听说中郎病逝，哀痛万分，难以自禁，病倒在床。小修又匆匆赶回公安，安慰老父。见到幺儿，父亲马上止住眼泪，装出一副无事的样子。而当只有他一个人时，就暗自啜泣。小修见状，深知父亲的良苦用心，不觉倍感悲痛。

连日的劳累与痛苦，使得小修染了血疾，每天早晨起床，都要吐血数口，且腹部鼓胀，不思饮食。请来医生，却又误诊，药中放入干姜、半夏，夜半时分，害得他燥热难耐，无法入睡。小修一病如此，深感不安，倒不是担心自己性命，而是害怕老父无法忍受连丧二子的哀痛！于是，便用意念强迫自己放松心情，平复苦痛，并延请名医诊治，服药不断，终于有所好转。

袁宏道身后留有妾三人、子二人、女二人。

三名小妾分别为李氏、韩氏、王氏。

李氏慈爱端庄，随养于正妻李氏所生长子彭年，活到了六十多岁，卒时正值袁彭年在粤东任职。李氏死后，袁彭年为她披麻戴孝、持服发丧，视同自己的亲生母亲。

韩氏历经艰辛，七十多岁时善终。

中郎病逝时，儿子彭年（实为次子，长子开美八岁夭折）只有十三岁。明崇祯七年（1634 年）考中进士。清军入关，北京城破，崇祯皇帝在煤山上吊自杀，袁彭年在南明王朝任职，先后当过淮安府推官、礼部主事等。后降清，任广东学政署布政使。不久参与反清复明活动，任南明左都御史。清军攻占广州，袁彭年感到复兴明朝无望，遂又降清，六十四岁卒。

王氏年龄最小，育有一子岳年，于中郎病逝前两天出生。她为扬州人，中郎病逝时只有十七岁，守节抚养遗孤，供他读书，将其培养成人。五十岁那年遭遇动乱，与儿子一同逃往江陵龙湾躲避。贼人突然窜出，王氏跑得慢，被贼人抓住，欲将她掳去，遭到王氏拒绝，并大骂不止，结果被害。

幼子岳年两岁时，为照顾遗孤，中郎友人苏惟霖将女儿许配给他。

中郎两个女儿，长女嫁苏惟霖第二个儿子，小女嫁苏惟霖弟弟长子。

明万历三十九年（1611 年），中郎逝后一年，小修将其灵柩从沙市走水路运回公安，一直运到他的出生之地长安里长安村，停柩于乡，并未下葬。

中郎病逝，年迈体衰的老父袁士瑜遭此打击，万念俱灰，家中一应事情，听之任之，放手不管。于是，就有人乘机打起了主意，将袁家历年所积几千两银子、六七千担稻谷转移一空。事后追查，竟无从查起。小修平时就不甚过问家事，对此也莫可奈何。家大业大，难以管理，见此情形，亲友们便劝袁氏分家。中郎分得的田产银两，折合在一块，约三千两银子。因他家没有什么积蓄，这些银子倒可以缓解一下遗属的生活困难。

明万历四十年（1612 年）三月初八，袁士瑜于古稀之年逝世。所有丧事、后事都由袁家的顶梁柱小修负责料理。

小修虽比中郎小两岁，但两人小时一同发蒙念书，长大后一同出游，一同居处，无论在生活，还是学识、创作等诸多方面，中郎都给予小修无私的关爱与帮助。小修对中郎感情格外深厚，之所以停柩在家，是想择一吉日，运往他生前极其喜爱的风水宝地——郑公法华寺安葬。

一次出游回到长安里，他请来负有盛名、极懂堪舆的风水先生谢响泉，卜得法华寺前的一块吉地，定下移柩入葬的良辰吉日。

明万历四十年（1612 年）十一月十八日，宝方等僧人在袁宏道灵柩前举行拜忏仪式，行祭奠之礼。

十九日深夜子时收拾丧车，载着袁宏道及妻子李安人的灵柩在乡人的帮忙下，于寅时出发，沿小路艰难前行。郑公法华寺与长安里长安村，一为公安县西南，一为公安县东南，两地相距二三十公里。陆路不畅，但县域之内，沟汊河流密如蛛网，走水路十分方便。棺木十分沉重，这年公安水患，稍低的路面，到处都是积水，小修一路张罗照应，嗓子差不多都叫哑了。好不容易运到河边，黎明时分上船，从小河口进入之字湖，晚上抵达法华寺岸边。

二十日黎明，将灵柩移到法华寺前面的坟茔之地，用砖稍稍封固，以备安葬。这里紧傍溰水河，旁有白鹤山，山清水秀，田畴广阔，风光明媚，幽雅宁静，是一个适于长眠的好去处。

明万历四十年（1612 年）十二月初二，中郎的葬礼在小修的操持下正式举行。他刚满十五岁的儿子彭年以及众多亲友前来吊唁。凌晨六时左右，袁宏道与夫人李安人合葬一处。

中郎姐姐嫁至郑公，生有三子，家离这儿不远。逢年过节，会有外甥前来烧香、培土、祭扫，想来不会过于寂寞。

二

中郎去世后，小修一直沉浸在对兄长的怀念之中，加之抱病在身，难以振作精神，什么事情也不想做，连酒也懒得喝了。

从两位兄长的英年早逝，小修吸取了不少教训，他曾检讨自己说："败我之德，伤我之生，害我之学道者，万万必出于酒无疑也。"于是，他禁绝贪杯，清心寡欲，遣散侍妾，远离女色，对养生之道不仅研究，且身体力行，疾病渐有好转。

睹物思人，倍感伤痛，为逃避痛苦，排解忧怀，小修索性离开公安、沙市两地，前往当阳玉泉寺隐居。住持无迹对小修这位重建玉泉寺的有功之臣自然十分欢迎。

小修在玉泉寺的右边择了一块空地，修建一座小亭，因玉泉山又名堆蓝山，故名“堆蓝亭”。他独自一人居住其中，还写了一篇《堆蓝亭记》。

小修常以堆蓝亭为中心，漫游玉泉山及周边山水名胜，不仅足迹遍及玉泉山、当阳城及沮水河两岸，还留下了一组文笔优美、意境清新的系列游记。

他在玉泉寺一住就是三年。其间，他将兄长伯修、中郎及他们的生前好友黄辉、雷思霈的灵牌供奉于紫柴庵中，以释思念之怀。

小修隐居期间，无数文人、友人纷纷致信于他，既为中郎的英年早逝而哀婉，也劝他不要深陷悲痛，应振作有为。友人王天根在信中说：“海若极服楚才，以为不可当。”可如今，因受张居正案的牵累，“惟楚有才”的荆楚大地却是人才寥落，一派萧条，加之袁宗道、袁宏道、江盈科等楚地公安派主将相继辞世，就只剩下小修等屈指可数的几人了，如若长期颓废沉寂，则有负天下所望。这时，小修不禁回想起父亲临终之前的情景，哪怕要离开人世了，还是一个劲地叮嘱，希望小修这根袁家的顶梁柱要“不辍进取”。

自从中郎病逝，公安派便鱼目混珠、泥沙俱下。环顾天下，能够纠偏除弊，捍卫并继续高举公安派文学革新大旗前行的，唯有小修——无论名望，还是成就，他都是公安派末流理所当然的中坚与主帅。

为了公安派的大业，他有责任与义务非出山不可。

明万历四十三年（1615 年）秋天，小修再也隐居不下去了，他终于告别堆蓝亭，走出玉泉山，北上进京，参加第二年的会试。

明万历四十四年（1616 年）二月十七日，春试放榜，小修终于榜上有名，列为三甲第二百四十四名。

据《明清进士题名碑录》所记，当年春试共取一甲三名，二甲七十七名，三甲二百七十四名，可见小修成绩实在不佳，属下等之列。

小修二十岁第一次参加科举考试，四十七岁如愿以偿。在漫长的二十七年时间里，他先后参加了十次科考——经过六次乡试考中举人，四次会试考中进士。正如他自己所言："一生心血，半为举子业耗尽。"不管怎样，小修这回总算成了一名新科进士，比那些考到七老八十，考了一辈子也没有高中的落魄文人，自然强似百倍。

得知自己高中，小修有一种解脱桎梏的自由与快慰，他首先想到的是老父及两位兄长的殷切期待，遗憾的是，如今却不能一同分享这来之不易的成功与喜悦了。对此，他在《游居沛录》中写道："得中式捷音。予奔波场屋多年，今岁不堪其苦，至是始脱经生债，亦甚快。但念及老父及两兄皆不及见，不觉为之泪下。"

候选结果下来，小修得了个徽州府学教授之职。

明万历四十六年（1618 年）二月，袁中道出京赴徽州上任，不久升为国子博士。明万历四十八年（1620 年）调任南京礼部主事，后迁南京吏部郎中。

明天启四年（1624）年，袁中道在南京辞世，享年五十五岁。他虽比伯修、中郎两位兄长多活了十多年，但也属壮年而逝。两年后灵柩被家人护送回乡，与长兄袁宗道同葬一处，居其墓右。

袁中道从玉泉寺出山考中进士跻身官场，并无多大政绩。但他在捍卫袁宏道的性灵说，发展公安派的理论，维护袁宏道的形象，肃清公安派末流弊端等方面，作出了突出贡献。

主将袁宏道一死，坚持、贯彻公安派主张的重任就义不容辞地落在了小修肩上，他利用自己的声望、关系、网络，组织或参与新的文社。

明万历三十九年（1611 年），即中郎逝后一年，袁中道便在公安县发起了华严会。最初在三圣阁结社，活动地点除三圣阁外，还有二圣寺与青莲庵。华严会因诵《华严经》而得名，聚会时主要是念佛、诵经。参加者四十多人，分文人、僧人两类，文人主要有王辂、王袗、王吉人等，僧人有宝方、怡山、本空等。华严会持续了四年，于明万历四十二年（1614 年）解散。

明万历四十一年（1613 年），袁中道又在沙市成立了金粟社。因文社活动场所主要在小修居所金粟园，故得此名。金粟社实质上是一个禅社，提倡参禅、念佛并举。成员主要有王辂、苏惟霖、苏休之、丁仲旸及僧人雪照、宝方、达止等十多人。金粟社前后持续活动约两年时间，于明万历四十三年（1615 年）因小修再度进京参加会试而止。

明万历四十四年（1616 年），小修进京赶考，在放榜候选的半年时间里，参加京师城西的海淀诗会。海淀诗会的成员主要有龙襄、杨鹤、钟惺、米万钟、马之骐、马之骏、李增华等十多人。其间，小修创作了不少园林诗。

袁宏道刚一辞世，就有浅薄文人开始讥评、贬低他，说他的诗歌不像唐诗，后人视唐诗为诗歌巅峰，以唐诗为诗歌的评价及鉴赏标准，如此评价，明眼人一看便知，此乃有意诋毁中郎；有的断章取义，歪曲理解；还有的则将中郎文中的游戏之语摭取出来，当做定论……凡此种种，不一而足。小修对这些贬损坚决予以还击，将其批驳得体无完肤。

作为一种文学流派，公安派开启了一代新的文风，天下的仰慕者、追随者、模仿者之多可想而知。发展到后来，出现一些弊端在所难免。其实，流弊并不可怕，只要及时纠正克服，就能继续健康前行。然而，如果听之任之，弊端就有可能成为主流，不仅加速公安派的消亡，甚至会走向其反面。

袁宏道在世时，为了抨击复古派的抄袭模拟之风，不得不痛下“猛药”，因此，他的有些诗歌免不了存在矫枉过正的刻露毛病。中郎一死，便遭误解，有的人便以为诗文越直露越好，竞相模仿，把他的“溃疡”当成了“艳艳桃花”。这其实是在给中郎帮倒忙，将他的性灵主张引入死胡同。

袁中道对这股蔓延开来的势头忧心忡忡，对这些无知的追随者予以毫不留情地批评与纠正。他在《袁中郎先生全集序》中写道：“至于一二学语者流，粗知趋向，又取先生少时偶尔率易之语，效颦学步。其究为俚俗，为纤巧，为莽荡，譬之百花开，而棘刺之花亦开；泉水流，而粪壤之水亦流，乌焉三写，必至之弊耳，岂先生之本旨哉！”小修认为，模仿是诗文的死敌，不唯复古派的“古”不能模仿，就是革新派的“新”，也是不能模仿的。他希望世人信奉“性灵说”的主张，但不要模仿中郎。性灵因人而异，总之离不开一个“慧”字，人各有慧，从自己独特的“慧”中自然流溢而出的诗文才是好诗好文章。故此，即使崇拜中郎，也不要刻意模仿。“不得其源，而强学之，宜其不似也。要以众目自虚，众心自灵。不美不能强之爱，不爱不能强之传。”

小修认为，不论是一味模仿，对中郎诗中的缺点视而不见，还是一味贬损，否定中郎诗歌应有的价值，都是不可取的。他在《蔡不瑕诗序》中认为：“今人好中郎之诗者，忘其疵；而疵中郎之诗者，揜（音 yǎn，掩盖之意）其美，皆过矣。”

经过三袁兄弟及众多公安派文学家共同而长期的艰巨努力，公安派的文学主张已深入人心，蔚然成风，文人学子自觉或不自觉地继承其传统，发扬光大。不久，文坛上又出现了一个新的流派——竟陵派，它正是高扬公安派旗帜而发展起来的。但竟陵派的崛起，走的却是一条孤峭幽深之路。小修一则以喜，一则以忧。喜的是公安派后继有人，对竟陵派支持赞赏；忧的则是它“求深而弥浅，求新而转陈”的弊病，他著文揭示，予以纠偏。

中郎逝后，小修还做了一件极有意义和价值的事情，那就是编辑、刊印《袁中郎先生全集》，为后人全面、完整地认识、了解、研究袁宏道提供便利。

此前，中郎的一些集子也曾分别刊印过，但不精不全。随着袁宏道声名的与日俱增，书市上还出现了不少盗本、伪作。这些盗本质量低下，讹误极多，更为可恨者，个别书商为了增加书籍销路，竟将一些富于刺激性的作品《狂言》、《续狂言》夹入其中，冒充中郎原作印行。于是，编辑整理、刻印出版一套中郎全集，还其本来面目，就显得尤为迫切与必要。于是，小修“字栉句比，稍去其少年未定语，按年分体”，将中郎所有诗文编为一集，还写了一篇颇具胆识、极富价值的序言。

小修著述甚丰，一生创作诗歌近一千四百首，散文五百多篇，他生前刻印传世的文集有《珂雪斋前集》、《珂雪斋近集》、《珂雪斋集选》、《游居沛录》等。小修的诗文除本身所固有的文学价值外，还大力弘扬、实践公安派的文学理论与主张，记录公安派成员的活动、行踪、功绩，留下了丰富的第一手历史资料。比如他为袁宗道、袁宏道、江盈科等人作传，他的《杜园记》、《柳浪湖记》、《白苏斋记》、《砚北楼记》、《卷雪楼记》等还原了当时的生活场景，他的《南归日记》、《游居沛录》等毫不掩饰地描写了自己的生活经历、所闻所见及心理活动，他的大量信札则是公安派成员之间相互交往与深厚友谊的真实见证……这些，都是十分难得的珍贵史料，也为笔者的创作提供了诸多便利。

三

竟陵派是在公安派趋于末流时形成的一个新的文学流派，因其倡导者钟惺、谭元春为竟陵（今湖北天门市）人，所以称为竟陵派。

钟惺生于明万历二年（1574 年），谭元春生于明万历十四年（1586 年），两人相差十二岁。他们既为同乡，又能相知，于明万历三十三年（1605 年）定为忘年之交，并有死后“两姓合族，永不联姻”之约。两家后人真的在竟陵建钟、谭合祠，两姓永结通家之好，在当地传为一段佳话。

无论从年龄，还是从“出道”而言，他们与袁氏三兄弟相比，虽属同时代人，但还是要晚一个辈分。袁宏道病逝那年，钟惺考中进士。谭元春一辈子困于场屋，止于举人，据说他五十二岁病逝时，正值赴京会试途中，夜半时分还在旅馆苦读《左传》，第二天就去世了。

公安、竟陵，在历史上一直隶属荆州府。因此，钟惺与谭元春刚刚步入文坛时，为荆楚大地的同乡——公安三袁所倾倒，在诗文上深受其影响。他们对袁宏道的“性灵说”极为推崇，钟惺在文章中说“夫诗道，性情者也”，“真诗者，精神所为也”，其中透出的文学思想，与袁宏道的“独抒性灵”并无二致，是公安派的继承与发展。

袁中道对钟惺十分欣赏，说他的诗“清绮邃深”，因他的倡导而“推中郎者愈众”，并引以为同道，视为中郎后学，“誓相与宗中郎之所长，而去其短，意诗道其张于楚乎”！

钟惺编过《袁中郎全集》，哪怕对袁宏道“不工”的书法也十分欣赏，作有《跋袁中郎书》一文。

谭元春为《袁中郎先生续集》作有一篇序言，说袁宏道的创作，犹如长江后浪推前浪，总在不断地反思，不断地更新，不断地超越，不断地走向“卓大而坚实”。对此，谭元春叹道：“予益以此叹公之根器识力有大过乎人者焉。”

但他们对公安派的不足，也有一定的清醒认识。进入末流之后，公安派在很大程度上已失却袁宏道文学革新的精髓神韵，流于俚俗、平淡与肤浅。钟惺严厉批评那些盲目追随、崇拜、模仿中郎的文人：“才不及中郎，而求与之同调，徒自取狼狈而已。”“今称诗者，遍满世界，化而为石公，是岂石公意哉？”

于是，钟惺与谭元春对这种现象进行反驳，变俚俗浅露为深幽孤峭，联手而成一种新的文风，创立了一个新的文学流派。

明万历三十四年（1606 年），袁宏道从柳浪湖出山进京候补，公安派的文学活动中心再次由南方移往京城，前后持续四年之久。而这期间，钟惺也在京城，与公安派成员过从甚密。钟惺崭露头角，最初为人们所认识，很大程度上借助于以公安派为主的荆楚势力。而公安派主将袁宏道病逝，公安派末流出现的弊端及其自我修正，为他的自立门户提供了绝好时机。对此，王夫之在《明诗评选》中认为："中郎不夭，伯敬（钟惺字）终不敢自矜。"

明万历三十八年（1610年）对竟陵派来说是一个关键性的转折之年。这年袁宏道逝世，公安派主将的重担落到袁中道肩上，而他参加本年会试落选，钟惺则在这届科考中脱颖而出，高中进士，声誉渐旺。

明万历四十五年（1617年），钟惺、谭元春合编的《诗归》一书出版，标志着竟陵派正式确立。这也直接导致袁中道与钟惺之间的友谊就此破裂，直至弃世，两人之间再也没有任何来往。

《诗归》共计五十一卷，分《古诗选》十五卷、《唐诗选》三十六卷，是一部隋朝以前的古诗选本。编选者的用意在于乞灵于古人，通过对古诗、唐诗的选评，宣扬自己的诗歌理论与文学主张，"引古人之精神以接后人之心目，使其心目有所止焉，如是而已矣"。何谓"古人真诗"？钟惺在《诗归序》中说："真诗者，精神所为也。察其幽情单绪，孤行静寄于喧杂之中，而乃以其虚怀定力，独往冥游于寥廓之外。"可见"幽情单绪"、"孤行静寄"便是他们的诗文创作所追求的意境。《诗归》对竟陵派的崛起、扩张及影响，有着决定性的意义与作用。

钟惺、谭元春对曾经主宰文坛的两个流派都有不满，他们既反前后七子的拟古粗豪之风，又纠公安派的浮浅流弊，于是另辟蹊径，对前后七子的师古与格调、公安派的师心与性灵进行折中，将学问修养的厚重与个体心性的灵气结合在一起，以达求灵致厚之效。

可见他们的主观愿望是不错的，对公安派的末流弊端的确起过一定的反驳作用。公安派、竟陵派之崛起，都是针对当时文坛的不良文风，其文学主张皆具有一定的“药性”，正如中郎谐趣地说自己的诗文“巴豆大黄腹中闷饱时，亦有些子功效”。但药物只能治病，当不得饱腹的主食，否则就走向了事物的反面。而竟陵派正是如此，其追求的宗旨决定了这一流派很快就堕入清虚凄冷、幽深孤峭、艰涩妄诞之境，着眼于一字一句之得失，在怪字险韵上大做文章，流于琐碎纤仄，与公安派的明白晓畅大相径庭，将诗文创作引入狭窄的死胡同，为钱谦益、顾炎武、朱彝尊等人极力抨击。

对此，周质平在《公安派的文学批评及其发展·兼论袁宏道的生平及其风格》一书中切中肯綮地评价道：

> 钟惺则唯恐被讥为浅，讥为易，讥为不学，于是乎一味求其深，求其厚，而获致之道则不外“学古”，求古人之“精神”，实际上则仅为用古字僻典以显其深与厚，结果是未得深、厚之实，而徒具不通之名，这是竟陵派最失败的地方。公安派刚刚打开的一点开朗清明之气，也就在钟、谭的“幽深孤峭”中，消弭殆尽了。从这一点看来，钟、谭不仅不是三袁的嫡传，实在是公安之罪人。

现代著名作家、文学研究家钱钟书在《谈艺录》中说“竟陵出于公安”，不少学者认为竟陵派不过是“公安派的变种”，笔者深以为然。

四

竟陵派后，明末清初的中国文坛又出现了三位对袁宏道推崇备至，并深得其精髓的大家，他们是张岱、王夫之、袁枚。

张岱（1597—1679 年），字宗子，号陶庵，著述甚丰，代表作有《陶庵梦忆》、《西湖梦寻》、《石匮书》、《义烈传》、《夜航船》等。

张岱将袁宏道的散文与唐宋散文家郦道元、柳宗元列于同等地位，他在《琅環文集·跋寓山注二则》中写道："古人记山水手，太上郦道元，其次柳子厚，近时则袁中郎。读注中遒劲苍老，以郦为骨；深远淡泊，以柳为肤；灵动俊快，以袁为修眉灿目。立起三人，奔走腕下，近来此事，不得不推重三人。"

张岱所著诗文，深受中郎影响，文笔清新活泼，诙谐动人。

王夫之（1619—1692）是明清之际著名的思想家、文学家。明亡后，他在衡山举兵起义阻止清军南下，兵败后辗转湘西各地，后归隐于衡阳石船山，世称船山先生。他潜心著述四十余年，学术成就颇大，对天文、历法、数学、地理学等都有研究，尤精于经学、史学与文学，《读通鉴论》、《宋论》为其代表作。

王夫之对袁宏道评价甚高，认为他是晚明当之无愧的文坛领袖，在《明诗评注》卷六中写道："王、李笼罩天下，无一好手敢于立异。中郎以天资迥出，不受其弹压，一时俗目骇所未见，遂推为廓清之主。"他还将公安派与竟陵派放在一块进行比较，充分肯定袁宏道的文学功绩与历史地位："三百年来以诗登坛者，皆不能作句。中郎之病，病不能谋篇。至于作句，固其所长，洒落出卸，如白鸥浴水，才一振羽，即丝毫不挂。何、李、钟、谭皆不能也。"

袁枚（1716—1798），号随园，清代著名诗人，曾任江宁等地知县，辞官后寓居江宁，筑园林于小仓山，著有《小仓山房集》、《随园诗话》等著作多部。

袁枚论诗，主张抒写性情，对儒家的"诗教"极其不满，在清朝文坛重新树立袁中郎的文学革新旗帜，主张直抒胸臆，反对泥古不化。他的不少诗作，便以中郎的性灵说为理论指导，对汉儒及程朱理学进行了毫不留情的批判，并以大无畏的叛逆精神，称"《六经》尽糟粕"。

然而，到了清朝中叶的乾隆年代，袁宏道就开始大倒其霉了。

清乾隆四十年（1775 年），清廷查禁了一大批书籍，袁宏道的一封尺牍、一首诗歌被列入《清代抽毁书目》：“《袁中郎集》十一本。查《袁中郎集》，系明袁宏道撰，其卷十九《答蹇督抚启》，卷二十六《宋六陵》诗，均有偏谬语，应请抽毁。再此本原缺卷十四至十八，应令各督抚再将全本查送办理。”

《答蹇督抚启》，即书信《答蹇督抚》，前面我们有所提及。诗《宋六陵》，全名为《宋帝六陵》，中郎生前游览绍兴山阴县兰渚山宋代六陵荒址时，赋诗以志，对王朝的兴衰更替感慨万端，对元亡宋格外伤感，表达了汉人不屈服于蒙古异族压迫蹂躏的坚强信念。诗曰：“冬青树，在何许？人不知，鬼当语。杜鹃花，那忍折。魂虽去，终啼血，神灵死，天地膻。伤心事，犬儿年。钱塘江，不可渡；汴京水，终南去。纵使埋到厓山厓，白骨也知无避处。”满清作为又一少数民族统治中原，也就容不得半点反抗异族的字句。

此后，清廷又从中郎文集中抽毁了《监司周公实政录序》、《新修钱公堤碑记》两篇所谓“语有偏驳”的文章，其原因仍是其中出现了“胡羯”、“虏警”、“倭警”等所谓应该“敬避”的词语。

而《清代禁书知见录》中，袁宏道的《袁中郎全集》四十卷，《潇碧堂集》二十卷，《敝箧集》二卷，《瓶花斋集》十卷，《解脱集》四卷，《锦帆集》四卷，《袁石公十集》十六卷等，他的几乎所有作品都在查禁之列。颇为搞笑的是，就连挂在他名下的两部伪书《狂言》、《狂言别集》，也上了禁书名单。

性灵说破立并举，与专制、正统、主流、奴化格格不入，因此也就格外受到清朝统治者的忌惮。清廷将中郎的作品打入冷宫，这时的清朝文坛又掀起了一股复古主义浪潮，他的主张受到打击，声名受到贬抑，招致长期冷落。

然而，作为一股潜流，中郎的影响依旧存在，仍有不少有识之人、有志之士刊刻、手抄、传播他的作品。

与国内清廷的压抑形成鲜明对比的是，袁宏道的作品传至日本，在扶桑之国广为流行，并在那里开花结果，形成了一个颇负盛名的文学流派——日本公安派。其影响之深，以致他在国内失传了的不少作品，还得再从日本“引进”。

中郎作品的日本最早传播者，为明代流亡学者陈元赟及日本僧人元政。

陈元赟（1587—1671），杭州人，曾在明天启元年（1621年）作为随行译员出使日本，与当地建立了一定的联系。明朝灭亡，不愿作清朝臣民的他，随同日本商人东渡，流亡并定居日本。作为公安派的一名崇拜者，陈元赟东渡日本时，随身带了一套《袁中郎先生全集》。抵达日本不久，他将这部书推荐给小他三十六岁的日本僧人元政。元政一阅，不觉大为倾倒。其间，他与元赟老人还一同读过雷思霈、钟惺、徐渭等人的文集，但他最喜爱的，还是中郎诗文。在《送元赟老人之尾阳诗》的前引中，他说“特爱袁中郎之灵心巧发，不藉古人，自为诗为文焉”。于是，元政步其诗韵，与忘年之交的陈元赟时相唱和，创作了不少具有公安派风格特征的诗歌。后来，他们将这些用汉文写下的两百多首诗歌集结出版，名为《元元唱和集》。所谓元元，即前为陈元赟的《元赟诗》，后为元政的《元政诗》。

当时的日本江户文坛，与晚明文坛的前后七子时期十分相似，正弥漫着一股史称“徂徕派”的古文思潮。由于陈元赟与元政的大力提倡、传播，公安派在日本文坛的影响越来越大。日本的文人学者对“徂徕派”早生厌倦，只是苦于找不到更好的出路，对中国传来的公安派不觉耳目一新。于是，纷纷以袁宏道的文学革新主张——性灵说为武器，反击以复古为宗旨的“徂徕派”，一扫日本文坛长期萧索的沉闷局面。

除诗文外，袁宏道的佛学著作《西方合论》、《珊瑚林》、《金屑编》等，对日本的宗教、哲学、文化也产生了较大影响；他的《瓶史》传播开来，影响更深，产生了一个名为“宏道派”的日本花道艺术流派。

时至今日，在东亚的日本、韩国、朝鲜等地，有关袁宏道、公安派的学术研究活动仍在继续进行，深入发展。

五

清军入关后，清朝在对中原长达二百六十多年的统治中，残酷的压制与血腥的摧残，不仅体现在政治与经济方面，更体现在思想、文化、科学等诸多领域。

中国近现代思想、文化的启蒙与西方世界的接轨，其实在晚明时期即已初现端倪，只因清军铁蹄的阻隔与践踏，致使中国文明停滞，或者说倒退了两三百年之久。

比如鸦片战争时期，人们视林则徐为睁眼看世界第一人，其实晚明时期的徐光启等一大批知识分子，就已在传教士利玛窦等人的启发与引导下，转向了西方世界，接触西方科学，翻译《几何原本》、《泰西水法》、《简平仪说》等；清末的维新变法运动及立志于推翻清朝的革命党人，他们利用的许多思想武器，便是晚明思想家的言论；在破除迷信、解放思想、张扬个性等方面，“五四”新文化运动实与晚明思潮有着异曲同工之妙；现代数学、医学、机械工程学、物理学、水利学、音律学、建筑学、军事学等科技方面，则直接承续晚明……

而文学思想则表现得更加突出，公安派的性灵文学与“五四”新文化运动之新文学遥相呼应，可以说是其滥觞。

新文化运动的杰出代表，著名作家、学者周作人在《中国新文学的源流》中论及公安派文学时指出：“他们的主张很简单，可以说和胡适之先生的主张差不多。……假如从现代胡适之先生的主张里面减去他所受到的西洋的影响，科学、哲学、文学以及思想各方面的，那便是公安派的思想和主张了。而他们对于中国文学变迁的看法，较诸现代谈文学的人或者还要更清楚一点。理论和文章都很对很好，可惜他们的运气不好，到清朝他们的著作便都成为禁书了，他们的运动也给乾嘉学者所打倒了。”

其实，周作人说的公安派所谓“运气不好”，便是指清廷对先进文化与文明的野蛮摧残。他们的文学思想及其作品，被清朝隔断了近三百年漫漫时光，只能作为一股潜流在地底运行，直到清廷崩溃，才有了“出头之日”。

著名学者刘大杰在《中国文学发展史》中说：“晚明和五四时代的新文学运动，精神完全相同。”

1916年，胡适在《寄陈独秀》的信函中提倡的文学革命“八事”，无论是“形式上之革命”，还是“精神上之革命”，与公安派的主张几乎如出一辙。

新文化革命领袖陈独秀更是以公安派的继承者自居，他反对晚明的前后七子，批判清朝桐城派一味崇古、内容空洞，将公安派的文学主张推向纵深。

晚明公安派的文学运动对三百多年后的新文化运动，及刘半农、钱玄同、徐志摩、冰心等一大批新文化运动健将都有影响。对此，周作人在《中国新文学的源流》写道：“那一次的文学运动，和民国以来的这次文学革命运动，很有些相像的地方。两次的主张和趋势，几乎都很相同。更奇怪的是，有许多作品也都很相似。胡适之、冰心和徐志摩的作品，很像公安派的，清新透明而味道不甚深厚。”

到了20世纪30年代，一大批著名作家、学者如周作人、林语堂、郁达夫、阿英、刘大杰、施蛰存等对袁宏道推崇备至，他的文集被大量印行，各种介绍、评论性文字竞相跃上报刊，掀起了一股势头不小的“袁中郎热”。

在这些作家、学者中，林语堂算得上是袁宏道的最大知音，用今天的话说，是一个铁杆，是一位骨灰级粉丝。

林语堂毫不掩饰自己遇到袁中郎之后那种发自内心的惊喜、亲切与深爱，他在《四十自叙诗》中写道：“近来识得袁宏道，喜从中来乱狂呼。宛似山中遇高士，把其袂兮携其裾。”在《人间世》发表文章说：“《袁中郎全集》——向来我读书少有如此咀嚼法。在我读书算一种新的经验。”在致友人的信中认为：“袁中郎尺牍极好，且可做语录体模范文。”

如此研究、揣摩袁宏道的作品，林语堂在创作上自然大受影响：就文体而言，中郎的是白话式的古文，而林语堂的则是有古意的白话；中郎的文章不拘格套，笔调闲逸，语言清新，就形式而言，多比喻、排比、设问、感叹，林语堂的文章笔法大有袁宏道之遗风，有些文章在遣词造句方面几乎相同；受袁宏道性灵说的启发，林语堂的文章极讲究灵气与情趣；林语堂的人生观也受到他的影响，具有一种苦中作乐、逍遥自适的情怀，比如袁宏道在《答林下先生》中道出了人生的五种乐趣，即“五快活也”，林语堂则在《来台后二十四快事》中一口气写下二十四个“不亦快哉”；袁宏道著有《瓶史》、《酒殇》等艺术情致方面的作品，林语堂也有类似的《生活的艺术》、《雅人雅事》等。

《袁中郎全集》的最早重印，便由林语堂创议，在评介、宣传等方面，更是不遗余力。

正是这股20世纪30年代兴起的“袁中郎热”，却在当时引出了一桩文坛公案。

“发难”者为大名鼎鼎的鲁迅，他认为这股热潮热得有些偏颇，撰文对林语堂、周作人、刘大杰、施蛰存等人从不同角度予以批评，说他们是借用死轿夫，如袁中郎或“晚明二十家”之流，给自己抬轿子。鲁迅的不满，在于只推崇中郎的小品文，将影响当时的作家，使他们脱离社会现实而一味追求个人闲适，对兴起的革命浪潮无动于衷。他说：“现在的袁中郎脸孔究竟画得怎样呢？时代很近，文证具存，除了变成一个小品文的老师，‘方巾气’的死敌而外，还有些什么？”又说：“倘要论袁中郎，当看他趋向之大体。趋向苟正，不妨恕其偶讲空话，作小品文，因为他还有更重要的一方面在。”鲁迅的良苦用心，是希望人们看清袁中郎的本来面目，关注他的整体与全面，不能只顾一点，不及其余。他还特别强调：“中郎之不能被骂倒，正如他之不能被画歪。”

其实，林语堂等人也并非有意画歪中郎的“脸孔”，他们也肯定他关注世道的一面。如林语堂在《有不为斋丛书序》中写道：“袁中郎气愤当时政治，与你并无两样，你不必便看他如狗矢，一文不值也。”并且，他们出版、介绍、评论中郎的作品，宣传他的文学主张，是因为“清初以来，袁中郎倒霉，这派文学沉没下去，大家又去做正宗文章，翻印出来叫大家容易看得到，替袁中郎出出气”，将“性灵说”重新唤回文坛。林语堂在《新旧文学》一文中，便明确提倡“以现代散文为继性灵派之遗绪”。

再看阿英给时代图书公司出版的《袁中郎全集》所作的序文，论及今人对中郎的学习，也相当全面：“中郎是可学的，在政治上，应该学他大无畏的反抗黑暗，反抗暴力，反对官僚主义的精神。在文学上，应该学他反对因袭，反对模拟，主张创造的力量，以及基于这力量而产生的新的文体。要批判地学习中郎，要发展地去学习中郎，不能无条件地接受中郎，因为中郎的一生，有他的优点，也有他的缺陷，而且我们所处的社会，和中郎所处的又自不同。”

在此，我们无意评判这桩公案，但它留给后人的启示无疑是十分深刻的，那就是要正确理解中郎，不能只看他的一点一面，应全面认识、合理借鉴才是。

因为鲁迅的权威评论与影响，袁宏道又是好长一段时间的沉寂。

好在他隐居惯了，也就无所谓得很。

到了20世纪70年代末，受改革开放大潮的影响，袁宏道又像他生前一样，在老父的催促及多重因素的作用下，不得不“出山”了。他的著作在中国内地、香港、台湾等地区刊印出版，小品、游记之类的散文作品更是受到无数读者的喜爱；有关他的介绍、评论、论文散见于国内外许多报刊，关于他的研究性专著相继出版；湖北公安派文学研究会也于1987年5月在三袁故里公安县成立。

此后，虽然没有人为的干扰，但文学、文化在市场经济、全球化大潮的猛烈冲击下，日渐衰落并走向边缘，袁宏道及公安三袁的研究与出版，一直处于自生自灭的低潮状态。

如今，越来越多的人认识到文化的重要性，认识到所有竞争的落脚点在于文化的创新与竞争。中央提倡文化兴国的战略，各地政府大打文化牌，以文化产业提高地方知名度与竞争力。在这股浪潮的推动下，公安县将三袁作为文化品牌纳入政府行为，于是，就有了2010年11月中旬以“弘扬三袁文化，打造魅力公安”为主题举办的首届三袁文化节，有了2011年12月9日隆重召开的公安三袁研究院成立大会。可以预见的是，这种政治、经济与文化联手的行为将使袁宏道及公安派研究进入一个崭新的历史阶段。

总之，不论时代如何发展前行，袁宏道的著作是无法抽毁查禁的，他的价值与意义是无法湮没的，他的面孔也是画不歪的。正如周作人说的那样，中郎是“那样地旧而又这样地新”。是的，袁宏道的“性灵说”及其作品，已有四百多年历史，乍看上去，是“那样地旧”；凝神注目，却“又这样地新”，是一朵不惧风雨、常开常新、永不凋谢的生命之花！

明万历四十三年（1615年）秋，即袁宏道逝世五周年之际，荆州知府吴维东在他的故宅前立了一块石碑，碑上镌刻中郎生前好友苏惟霖题写的五个苍劲有力的大字——“袁中郎故里”。此碑与中郎身后的命运共浮沉，曾一度遭人毁弃，于清嘉庆元年（1796 年）重立。这块重立之碑，后又几经劫难，所幸至今犹存。

但愿这块“袁中郎故里”碑作为一种象征，永远耸立在袁中郎故里，耸立在人们心头！

附录一/寂寞与热闹

任何一部中国古代文学史，在论及晚明文学时，都不得不对“公安派”大书一笔。公安派的主要代表人物为三袁，即袁宗道、袁宏道、袁中道三兄弟，其中袁宏道成就最大，因他们是湖北荆州公安人，所以称为“公安派”。作为一个重要的文学流派，公安派不仅开创了一代新的文风，主宰着当时的文坛，对后世也产生了深远的影响。

继公安派之后不久，文坛上即出现了一个以继承发扬公安派主张为己任的新的文学流派——“竟陵派”；明末清初，张岱、王夫之、袁枚等三名文坛骁将对公安派推崇备至，深得其文学精髓；明朝灭亡后，公安派领袖袁宏道的《袁中郎全集》传入日本，并在那里开花结果，形成了一个“日本公安派”，左右着当时的日本文坛。影响所及，直至今日，在日本、朝鲜等地，有关公安派的学术研究活动仍在继续。

然而在清朝中叶的乾隆年间，公安派却大倒其霉。清廷为了禁锢进步思想，下令查禁了一大批书籍，袁宏道的一封书函、一首诗歌因其中有“华夷”、“犬羊”等语，虽是针对当时觊觎中华的蒙古族而迸发的愤怒之词，而属异族入主中原的清朝统治者便神经质地以为在影射、咒骂他们，于是，袁宏道的作品被抽毁、查禁，公安派的文学主张及声名受到严重贬抑与冷落，长达二百年之久。直至清朝灭亡后，胡适、陈独秀、刘半农、钱玄同等“五四”新文化运动的主将们才重提公安派，特别是陈独秀，更是以公安派的继承者自居。因此，可以毫不夸张地说，公安派的文学主张作为“五四”新文化运动的前驱，对其诞生与发展曾起过积极的推动作用。

到了20世纪30年代，因为一大批知名作家如周作人、林语堂、郁达夫、刘大杰等人对袁宏道的推崇，公安派大为“走红”。一时间，袁宏道的文集大量刊行，各种介绍性的文字竞相跃上报刊，竟掀起了一股颇有声势的“袁中郎热”。也正由此，引发了一段文坛公案。当时，鲁迅认为这股“袁中郎热”有失偏颇，便撰文从不同的角度对林语堂、周作人、施蛰存等人展开了严厉批评。两相交火，论争颇为激烈。对于六十多年前的那桩公案，在此我们无意评判谁是谁非，但这一争论所带来的结果，却是公安派长达近半个世纪的寂寞与冷落。

直到20世纪70年代末80年代初，公安三袁才又开始不断地为人们所提及，其著作在中国内地、香港、台湾等地区刊印出版，评论文章散见于国内外诸多报刊，研究专著也出了不少，并于20世纪80年代中期成立了一个全国性的研究公安派的学术中心“湖北公安派研究会”。公安三袁的小品与随笔，更是受到当代读者的青睐，从20世纪80年代初至今，好多家出版社都推出了他们的作品如《袁宏道集笺校》、《珂雪斋集》、《袁中郎随笔》、《袁伯修小品》、《游居沛录》等多种选本。

公安派之热，大有方兴未艾之势。

某出版社策划出版一套《荆楚历史文化名人传记丛书》共十本，其中一本就是介绍公安派主将袁宏道的。丛书编者通过有关渠道找到了我，希望我能够将袁宏道传记的创作任务接受下来。作为一名与公安三袁同乡的学人，我义不容辞地应承了这一任务。

我撇开案头其他工作，在原有认识的基础上，对公安派进行了一番较为系统而深入地研究。积累资料，认真构思，经过大半年的努力，准备工作业已就绪。但是，却有一件事情萦绕心头，使我迟迟难以下笔。

我虽然在故乡公安县生活、工作了二十五个年头才离开，非常遗憾的是，却从未到过三袁的出生之地。我在那儿当过农民、教师、干部，对那块土地可以说是熟悉得不能再熟悉了。但是，没有到过公安三袁的出生之地，没有感受那块地方的氛围，没有体验其生命与创作源泉之所在，对他们的描述，我便感到难以真实地把握。

为此，我专程回了一趟故乡。

公安县位于湖北、湖南两省交界之处，江汉平原与洞庭湖平原在此交会接壤，北面是一望无际的广阔平畴，南端则为丘陵地貌。这里土地肥沃、河汊湖网交织，属典型的江南鱼米之乡。

先到县城，三袁兄弟也曾在县城斗湖堤镇住过一段时间，特别是袁宏道，他于1600年三十二岁之际，在城南的柳浪湖边生活、创作，一住就是六年。可是，在一座日益现代化的城镇里，昔日烟波浩渺的柳浪湖早已变成陆地，为一座座拔地而起的高楼所覆盖，三袁当年之遗迹，已无从寻找凭吊。唯一可以沾得上边的，算是一块书有“袁中郎故里”的石碑了，上面的五个大字由袁宏道生前好友苏惟霖（字云浦）题写。此碑于明万历四十三年（1615 年）由荆州知府吴维东立于袁宏道故宅前，后来遭人毁弃，现在寻得到的，是清朝嘉庆元年（1796 年）重立的一块。当然，城里还有借重三袁之名的三袁里饭庄酒楼，但这些由钢筋水泥构造的现代建筑，不过是今人纪念公安三袁的一种方式而已，与当年之遗迹已无半点联系。

县城离公安三袁的诞生之地孟溪镇还有三四十公里，客车在平坦的柏油马路上行了一个多小时就到了孟溪镇。下得车来，很快就见到了大书的“三袁故里”字样，心中顿时涌出一股亲切与欣喜。时间已近正午，便寻了一家饭店，先将肚子填饱再说。边吃边与店家攀谈，问去三袁故乡该怎么走，店主甚感诧异：“三袁故乡？咱们这儿不就是三袁故乡吗？”我说要去的是他们的出生之地，那里埋有他们的坟冢，还立有墓碑。“这……俺就不晓得了。”将店内所有人问遍，无一人知晓。对此，我并不在意，到大街上去问，总该有人知道的。可是，我站在大街上一连问了十多人，不是摇头作答，就是含糊其辞。还在公安县工作时，我曾听人说起过三袁出生之地就在离孟溪镇不远的某个村落。以三袁之名声，到了他们故乡，还有谁人不知其出生之地呢？所以也就忽略了该村之名。没想到实际情况竟会如此！我站立街头，五月的阳光充满生机地照耀大地，望着眼前浮来浮去的人们，我的心里不禁生出了几分懊悔。但是，既然来了，就非找到不可！突然间想到了我读公安师范时一个姓孟的同学，1983 年毕业后他分回了故乡孟溪镇。只要找到这位同学，我想他应该是知道三袁出生之地的。由他带我前往，既拜会了同学，又可顺利到达目的地，岂不是一举两得吗？可是，毕业后十多年，我们从未联系，也不知他现在哪所学校教书。那么，到镇教育组去查询，总该找得到的吧？一打听，教育组就在旁边不远处。到了那里，很快就查到了他的下落，原来他已离开孟溪镇，调到县城工作去了。怎么办？念头一转，我就直奔主题，向他们问询三袁故乡之所在。他们是文化人，不会不知道，我满怀期望地等待着他们的回答。果不其然，他们都知道。三袁故乡位于孟溪村，离镇上七八里。并指着一旁的道路，告诉我应该在哪儿转弯，然后怎样怎样走，一口气说出了好多地名，我怎么也记不清，就说："干脆，我到街上租一辆三轮车去吧。""那个地方很偏，一般的三轮车主也不见得知道，这样吧，我跟你去找一位熟人，他就是那个村出来开车的。"一位热心的老师带我来到旁边的站口，好几辆三轮车停着没有什么生意，他径直找到其中一位四十多岁的车主，要他把我带到目的地。

柴油机发动了，三轮车驶出小镇不远，龙头一拐，便上了一条凹凸不平的土路。土路越来越窄，慢慢地就驶上了一条仅容车身的高高田埂。两旁是水田和堰塘，我坐在颠簸的车上感到惊心动魄，真担心一个闪失车子翻下田埂。道路越行越窄，大约行了半个小时，三轮车停在一家农民开的商店前，便再也无法前行了。停车熄火，车主朝前一指，说："往这条路走，朝右拐一个弯，再拐一个弯，也就到了。"我问："还有多远？""不远，两里多路的样子。"

我还是搞不清楚具体的方位和地点，正在这时，过来了一个十五六岁的半大小伙，他自告奋勇地带我去。我非常高兴，说了好几句感谢的话，他说正闲着没事，带我去转转不过是小事一桩。

一路上，少不了要问问有关三袁的情况，他懵懵懂懂的，知之甚少。便谈他自己的事，他说他初中还没毕业就辍学了，在家赶着一群鸭子谋生。

聊着走着，不过二十多分钟，也就到了。

坦荡的原野上，兀然耸起一座山丘。山不高，但四周全是平畴，一烘托，就显得颇有几分气势了。此山名叫荷叶山，山顶长着几棵稀疏的树木，山坡已辟为良田，种植着棉花水稻。当年，荷叶山附近的桂花台上住着一户殷实的人家，袁宗道、袁宏道、袁中道三兄弟就诞生于此。桂花台到底是哪一块地盘，现已无从考证，唯一见得到的，便是缓缓起伏的山坡上，耸立着几个高大的坟冢。其中两座下面，即葬着一代文豪袁宗道与袁中道兄弟两人。袁宗道于1600年死于北京，袁中道1624年卒于南京，但是，他们的灵柩皆运回了故里。因袁宗道曾当过明朝光宗皇帝的侍讲，光宗皇帝看在当年“侍讲读有劳”的份儿上，袁宗道、袁中道同时得到了皇帝的“御赐祭葬”。据说在“文革”前，他们墓前数百米远处，还立着一块近丈高的大碑，碑上刻着御赐祭文。碑与墓之间，两旁种有郁郁葱葱的树木，林荫夹道，形成一条小巷，颇有情趣韵味，当地人称之为“碑巷”。可惜的是，此景在“文革”中遭人毁坏，石碑也不知弃于何处。如今，袁宗道、袁中道坟前也立着一块墓碑，但这是1987年为迎接全国首届公安派文学讨论会而重新修复的。此碑立的时间不长，但上面的字迹已经漫漶，认不真切了。

纵然身死他乡，也要葬归故里，这不是中华民族千百年来积淀的“落叶归根”文化心理又是什么？

使我大惑不解的是，不知老二袁宏道怎不愿葬在故里。1610年，袁宏道病逝沙市，灵柩也曾运回了他的出生之地，但未归葬。一年后，却移柩葬到了离此二三十公里远的郑公镇法华寺。法华寺紧傍滟水河，旁有白鹤山，那里当然也是一个幽雅宁静之处。可是，三兄弟同葬风光明媚的故乡之地，就像他们生前创立的公安派一样，作为一个整体永不分开，供后人凭吊，岂不更好吗？

想来想去，我只能解释为是郑公镇那里有一座庙宇——法华寺的缘故。袁宏道尚佛，他对禅学有过深入的研究，著有《西方合论》等佛学著作，可以称得上是一代禅学大师。也许，他还觉得对禅没有参够，想死后继续参禅吧！

我坐在荷叶山上，点燃一支香烟，悠悠然地抽着，以尽量放松自己，进入三袁当年的氛围之中。

广阔的田野伸展着一望无际的绿色，水稻、棉花、大豆等农作物正在五月的阳光中疯长，我仿佛听到了一曲宏大的生命交响。可在明朝的三袁之时，根据他们文中的多次描述，那时的风景远比我今日所见更为原始古朴、美丽动人：荷叶山“乔松古木”，苍翠葱郁，松林中不时传来一声声老虎的长啸，令人心惊胆战；荷叶山下，是硕大的淤泥湖，湖水清清，如一面大镜；山前约一公里处，有一座雄伟的古刹，名叫义堂寺，传说宋时岳飞镇压杨幺农民起义归来，曾在此悼念阵亡将士，寺庙因此而得名，堂前巍然耸立一棵高大茂盛的银杏树；荷叶山后，有一条南通沅水、澧水，北极长江的小河孟家溪，明时交通闭塞，三袁兄弟正是由此乘船通向外面的世界；山下广阔的原野上，也是树木成行，芳草萋萋，农舍前后，翠竹环绕，野物出没其间，三袁兄弟还常随父辈们外出打猎……

有山有水，有树有竹，有花有草，可以听松涛鸟鸣，玩竹色花香，食鲜鱼杂果，三袁兄弟便是在这充满了灵秀的故乡山水间长大成人的。他们无忧无虑，娱情山水，与自然融为一体，正是故乡的山水，培养了他们的性情，给他们的生命注入了源泉与活力。此后，他们创立的公安派文学主张“性灵说”，其精髓即为不拘格套，提倡性灵：“以心摄境，以腕运心，则性灵无不毕达……流自性灵者，不期新而新；出自模拟者，力求脱旧而转得旧……”

袁宏道针对当时文坛前后七子复古论调而提出的“性灵说”一出，立时树起了一面文学改革的大旗。天下有识之士群起响应，很快便形成了一个以袁宗道、袁宏道、袁中道三兄弟为核心的强有力的文学团体“公安派”，一股清新的文风刮过沉寂的长空，明季文坛顿时焕然一新，出现了生动活泼的局面。

中国文学史上有许多奇特的现象，其中之一便是父子同扬才名。其显赫且为人们所熟悉的有汉末“三曹”——曹操、曹丕、曹植；北宋“三苏”——苏洵、苏轼、苏辙；再就是晚明的“公安三袁”了。所不同的是，“三曹”、“三苏”都是父子齐名，“三袁”则是兄弟齐名；再则，“三曹”、“三苏”是以诗词、散文等体裁的文学作品著称，“三袁”除了传世的诗歌、散文外，尤以卓越的理论作支撑而开创的文学流派闻世。作品的影响是具体的、局部的，而流派的影响则是全面的，具有颠覆与建设的性质和意义。

“三袁”的闻名于世，与兄弟间的相互影响、相互鼓励、相互支持密不可分。尽管老二袁宏道的成就最大，但对整个流派来说，他们三兄弟中的任何一个，都不可或缺。

纵观兄弟三人的生平经历，与那些轰轰烈烈的政治家、军事家们相比，显得非常平淡，并无多少跌宕起伏的传奇色彩。文学家的生命就是文本，他们将生命中的一切全部融入了作品之中。作品是其生命与智慧的结晶，也是他们人生的辉煌。

兄长袁宗道生于1560年，十岁便能作诗，十二岁应童子试，二十七岁举会试第一,官翰林，三十八岁充任“东宫讲官”即皇太子侍讲，四十一岁染病身亡。留下了一部文集《白苏斋类集》共三百篇。他虽然早年科举得意，但一生平淡，个人生活不甚如意。妻子早逝，两儿一女全都早夭，自己从小体弱多病。一次进京赶考夜宿荆门时，旅馆倒塌差点被砸死其中。但他为人稳重朴实、勤勉刻苦，对两个弟弟像慈父一样予以无微不至的关怀照顾。在为人为文两方面对袁宏道、袁中道产生了深刻的影响。

袁宏道为“公安派”的主要代表，理论中坚，创作实绩最丰。他生于1568年，小宗道八岁。十五六岁在县城斗湖堤镇读书时即组织了一个文学社，自任社长。现存的最早作品是他于十七岁时创作的《青骢马》、《古荆篇》。二十五岁中进士三甲，二十七岁谒选为苏州吴县县令，他在吴县虽只任职两年，但将那儿治理得井井有条，深得民心。他坚决辞去县令，后入都就选，得了个京兆教官。两年后，即1600年，便回故乡公安柳浪湖畔，过了六年的隐居生活。1608年由礼部调任吏部验封司主事，革新吏部，严惩猾吏。1609年典试秦中，即主持陕西的乡试。乘便游历了西安名胜、西岳华山、中岳嵩山。1610年告假南归，定居沙市，不幸患病去世，年仅四十三岁。留下的作品主要有《袁宏道集笺校》三卷约一百二十万字。

袁中道生于1570年，比袁宗道小十岁、袁宏道小两岁。他一生遍历祖国大好河山，追随袁宏道的文学主张并付诸创作实践。但他在科举考场上相当失意，屡考屡败，直到1616年四十六岁之时，才中了一个进士，授徽州府教授，三年后移居南京，迁太学博士，次年又迁南京礼部主事。1624年调任吏部郎，也就在这一年，中道卒于南京，死时五十五岁。留下了一部《珂雪斋集》三卷九十多万字。袁中道在发扬光大、捍卫公安派的文学主张，肃清公安派末流弊端等方面作出了突出的贡献。

如果三袁不是以文学传名，而是因文治武功著称，那么，他们必定生前显赫，死后哀荣。其故乡也有可能因为他们而扬名于世，断不至于今日之寂寞。国人一般世俗眼光，仍停留在官品位的层次，衡量一个人的价值，总是以其官职之大小。我曾问到好几名三袁故乡农民，“三袁”到底是指哪三袁，无一人答得上来。因袁宏道、袁中道先后在吏部任过郎中，古时的吏部官员皆被民间称作“天官”，所以，三袁故乡农民便将他们三人笼统地称为“袁天官”。

其实，他们兄弟三人并不是没有吏治才能，袁宏道治理吴县、整顿吏部便搞得有声有色。如果他们刻意经营官场的话，袁宗道给光宗皇帝当过老师，只要稍稍巴结，何愁当不了大官呢？但是，他们却选择了一条寂寞的从文之路。特别是袁宏道，对当官从政更是深恶痛绝，他在吴县当县令时给友人丘长孺的一封信里写道：“弟作令备极丑态，不可名状。大约遇上官则奴，候过客则妓，治钱谷则仓老人，谕百姓则保山婆。一日之间，百暖百寒，乍阴乍阳，人间恶趣，令一身尝尽矣。”于是，他坚决辞官，可上司不准，百姓挽留，但他去意已定，连续递了七次辞呈，才获批准。

从文是一条艰难的寂寞之路，如果名声显赫，如果浮于政事，就不免流于浅薄空洞，无法接近本真意义上的文学。为了求得宁静致远，直抵生命本质，袁宏道于1600年自我放逐，远离官场，远离文坛中心，远离市声尘嚣，在斗湖堤城南的柳浪湖畔一住就是六年，过着散淡恬静的生活。然而，这时的袁宏道，已是文坛公认的文学革新派领袖，无数文人学士的精神偶像。就在他隐居的日子，天下文人的目光，有意无意间，投向了公安城南的柳浪湖畔，或慕名拜访，或书信求教，透过寂寞宁静的表面，又分明涌动着一股汹涌的激流，滋润着当时的整个文坛。

纵观三袁兄弟的人生，在翻阅了他们现今留存的文集之后，我发现，他们并无什么明确的大志，或一定要达到什么目的，或一定要称雄于某一领域，或一定要实现某种野心。这些，与他们都不沾边。他们进京赶考求取功名，很大程度上出于父辈的期盼与督促，一种社会惯性压力的推动；他们选择文学，是出于生命的内在需要；他们所高举的文学大旗，也是针对当时文坛前后七子复古风潮的有感而发。一切的一切，都是出于本真率性与自然。事业的轰动，人生的寂寞，于他们来说，似乎都是身外之物，与生命本身并无多大干系。由此看来，他们三兄弟，可以称得上是名副其实的顺其自然、出乎本心的“真人”。

兄弟三人都活得不长，宗道四十一，宏道四十三，中道寿命要长一些，但也只活到了五十五岁。他们死后的备受压抑与冷落，还与袁宏道推崇《金瓶梅》不无联系。就现有史料所载，袁宏道是评论《金瓶梅》的第一人，他认为该书“云霞满纸”，并预见小说这一新兴体裁的发展大有成为今后文学主流之趋势。然而，袁宏道对《金瓶梅》的推崇，却被封建卫道士们视为“诲淫诲盗”。于“诲淫诲盗”之辈，理所当然要予以压制打击了。

一支烟抽完，想到还在等着我的三轮车主，便向袁宗道、袁中道的坟墓告别，慢步踱下荷叶山。然后，又由这位向导带着行了两里多路，去看义堂寺中的银杏古树。寺庙已毁，银杏围在一所小学校内。该树高四五丈，树身粗壮，枝干挺拔，树龄不详，当有千年以上。岳飞当年在此悼念阵亡将士时，即已高大无比，而那时至今，也有八九百年了。袁宏道在《义堂寺》一诗中曾有“银杏熟果堕佛髻”之句，这恐怕已是当地留存下来的唯一曾与三袁有缘的见证之物了。

看了银杏，返回停车的那家商店前。头顶的炎阳与步行的疲累已弄得我气喘吁吁，便在店内稍作歇息。围过来不少当地农民，我便与他们以三袁为话题随便聊开了。

他们说像我这样专程来看三袁故里及坟墓的，以前只有县文联的同志来过两次。一次为搜集有关资料，一次为重立墓碑。当时就想，尽管我生长在公安，故乡郑公镇离这儿只隔着两道河流——松滋东河与松滋西河，实际距离不到二十公里。可是，如果不是为了写作袁宏道传记，我会专程前来这个偏僻的所在吗？

谈到三袁的作品，他们当中还有中学毕业的青年农民，但没有一人读过。其实，又何止这些农民们呢？以三袁为荣耀的公安县学界及从公安这块土地走出去的学人，还包括那些买了三袁作品的读者，又有多少人谈得上认真读过他们的作品呢？

问起三袁的后人，村子里已没有他们的直系后代了。我认为文学最大的悲哀就在于无法传承。政治家、军事家、经济学家们都可以通过各种方式将事业传承给自己的后人，可文学家却不能够。文学是一项天才性的独创事业，灵气与悟性是其重要的基础。三袁并非不想让他们的后代子承父业，也出现了袁宏道长子袁彭年、袁中道长子袁祈年两位佼佼者，他们都著有诗文。袁中道还将袁祈年的诗作收入自己的《珂雪斋集》附录之中，但已是“秀而不实”，一代不如一代了。

从古到今，公安县出了不少名人豪杰，比如三国时期的蜀国大都督冯习，萤囊就读的东晋名士车胤，佛教天台宗创始人、隋代高僧智𫖮等，但他们的知名度都赶不上三袁。也就是说，三袁是公安县历史上最为著名的人物。可是，这并未引起有关政府部门的高度重视，将公安派、三袁视为一项文化产业资源来进行开发。如果三袁不是文学家，而是三位名声卓著的政治家、军事家，那么，有关三袁的纪念性硬件建设绝对不是今日这般样子。

“古来圣贤皆寂寞”，信矣哉！

其实，热闹与寂寞也是三袁生前心中一直纠缠难解的一个情结。

袁宏道在吴县辞职后到京城不久，便给故乡的两位叔叔写了一封信，其中有语道：“长安沙尘中，无日不念荷叶山乔松古木也……当其在荷叶山，唯以一见京师为快。寂寞之时，既想热闹，喧嚣之场，亦思闲静……”

随着人生阅历的丰富，认识程度的加深，他们才渐渐地看淡了热闹，归隐山林，返回自然，特别是袁宏道，在度过了六年柳浪湖畔的隐居生活后，他已参悟了不少人生玄机。只要顺应了人生的自然，热闹也罢，寂寞也好，他都能泰然处之了。

由此来看他们身后的遭遇，过于热闹与过于寂寞都不正常。纯属人为需要的哄抬或压制，从某种角度来看，也说明了社会机制中存在着不少问题。三袁的文学主张与文学作品，经过几百年时间的考验，已积淀为民族文化中的有机部分，作为一股内在的潜流，正无声地浸润、滋养着我们脚下这块广袤的土地，这是谁也无法否认的一个事实。

还是让我们变得成熟一些吧，既不要去刻意地营造热闹喧嚣，也不要人为地予以压制冷落，最好的境界，便是顺其自然。

注:本文1996年创作于湖北黄石,收入曾纪鑫文化散文集《千秋家国梦》(东方出版中心1999年第1版),并以《寻访“公安派”的遗踪》为题刊于《今日湖北》2003年第6期。

附录二/寻找袁中郎

为创作袁宏道传记，了却一桩夙愿，近些年来，只要涉及他的资料，都在我的搜求之列；与他相关的遗迹，也尽可能地前往实地考察。这一准备工作，也是一种寻找——寻找一个更加真实丰富、全面完整的袁宏道。

袁宏道字中郎，古人以字相称，其实，在我心中，也一直称他中郎，这样会显得亲切随和多了。寻找袁中郎的过程拉得很长，有时是直面相遇，有时是间接见到他的身影；有时是主动“出击”，有时则是意外相逢，这种意外与偶然，往往充满一种惊喜。比如文友邀我前往湖北大冶小雷山游览，山门外就有他生前经过此地留下的一首诗《大冶道中随事口占》，其中的“峰峰雪点缀，曲曲水苍寒”，堪称经典名句；为创作西塞山的文章查找资料，猛然就见到了他的《戏题道士袱》（道士袱为西塞山下的一个集镇）；在厦门同安区梅山寺，于赠阅的佛教资料中随意翻拣，发现一册厚厚的《净土十要》，中郎的《西方合论》赫然在列……而当我或采风或出差，置身麻城、嵩山、苏州、北京等地，都依稀发现了中郎当年的身影。

不过呢，既为寻找，更多的则是主动“出击”。与中郎相关的主要名胜、遗址皆在我的行程之列，荷叶山、义堂寺、玉泉寺、二圣寺等地，都留下了我的足迹，而颇为曲折的则是寻找他的墓地。

1993年5月，在袁中郎的出生之地孟溪村，我见到了他的哥哥伯修、弟弟小修的坟墓，当时确实有点不解，中郎为何不愿归葬故里，却要独自一人“跑”到郑公法华寺去呢？国人讲究落叶归根，他在沙市病逝，小修将其运回长安村，停柩一年后才安葬在法华寺前；并且生前，兄弟三人情同手足，从未发生龃龉，他们开创的公安派文学事业也是一个有机的整体，是一出完整的“戏剧”——伯修拉开序幕，中郎推向高潮，小修是其尾声。无论从哪一角度而言，中郎都应归葬故里，哪怕于后人的祭拜，也会方便许多。可他死后仍然“独抒性灵”，追求“不拘一格”，孤身一人葬身异地。

当然，中郎肯定有他自己的想法。小修的《游居沛录》详细记载了中郎染病、加重、逝世、停柩、安葬的全部过程，可就是对他的生前托付，对法华寺的情有独钟语焉不详。据我的分析与推测，是他姐姐嫁给郑公人毛太初后，在看望姐姐、姐夫时，发现法华寺位于牛浪湖旁，那一带的风景实在不错，特别适合死后“隐居”——他生前最惬意的隐居是在柳浪湖畔，那么死后就选牛浪湖吧，两湖谐音，一为生前，一为死后，大有“异曲同工”之妙。而法华寺也是他生前常去的一处参禅礼佛之地，他在《侵晓见闺人礼忏》诗中写道：“梵音唱彻声清远，卧阁何人梦不醒？”葬于寺前，在悠扬的晨钟、清远的梵音中，长睡不醒，真是胜却人间无数。

创作袁宏道传记初稿时，我无缘前往；这次修改、充实乃至重写，无论如何，得到那儿去看看才是，不然的话，心里也不甚踏实。

2009年2月春节期间，我利用返乡过节之机，先往湖南石门县看过夹山寺与闯王陵，掉头再寻中郎墓。

早就听说中郎墓今已不存，还在厦门没有动身之前，便给时任公安县作协主席的黄学农兄打了一个电话，他曾去过中郎墓，问清了那儿的详细地址——章庄铺镇肖家嘴村一组。学农兄在电话中特别强调，说那儿难找得很。我想了想，又给肖家嘴村委会打了一个电话，接电话的是一位妇女，问及袁宏道墓，她说不晓得。我也不太在意，心想到了那儿，总会有晓得之人的。

肖家嘴村原名新桥村，与我的故乡新港村同属原郑公渡镇管辖，机构改革乡镇合并几经变化，郑公渡镇更名为章庄铺镇。新港村与肖家嘴村虽同属一镇，两地相距也有二十多公里。

在章庄铺镇下车，问及法华寺，该寺虽已不存，但名气甚大，路人皆知，还有四五公里路程。

叫了一辆载客摩托，车主约三十岁，说法华寺太熟了，他经常去。

时值腊月二十八，就要过大年了，一股冷空气正在南下，天空阴沉沉的，刮起了飕飕冷风。摩托车驶出集镇往北前行，驶上田间阡陌。我坐在车后，风声呼呼，冻得直打哆嗦。好在不是太远，一二十分钟后，便到了澭水河码头。如今的澭水只是一条窄窄的小河，已不适于航行。遥想当年，中郎沉重的灵柩，就是经澭水河运到这里，也是冬天的一个日子，河水肯定比今日丰盈、广阔多了。

一过轮渡，车主就说到了。就见到了一座只有一层的水泥房，上面书有“法华寺闸”四个大字。再找，便是下面的水闸，闸上写有“法华寺排水闸”几个红字，红字上是一个大大的红色五角星，可以想见的是，此闸修于“文革”时期。

问了两个路过此地的行人，皆不知道中郎墓址。排水渠边住有人家，便一路问了过去。都说法华寺早就毁了，连遗迹也没有了，中郎墓则不甚了了。有一农民说以前听说过一个什么古人墓，后来平了，什么也找不到了。还有人指点着，说前面有一座新庙。找过去一看，原来是一座相当简陋的民居，门楣上写有“紫云庵”三字，堂屋供奉佛道神像，里屋住着庵主——一位七八十岁的本地老太婆。可见紫云庵与法华寺并无半点关联。

无从寻找，只有怅然而返。为弥补遗憾，又让摩托载着，去了章庄镇东南的“石人石马”——明嘉靖户部尚书邹文盛墓。记得儿时婆婆带我走亲戚，曾路过此地。印象已经十分模糊，此次前去看看，也算“旧梦重温”吧。章庄铺镇四周古迹甚多，还有刘璋墓、玉虚阁、吴三桂留下的兵器堆等。

一次没有找到，我不“死心”，又有了2010年9月回湖北采风的第二次寻找。这次我做足了准备工作，先打电话给在章庄镇政府工作的同学戴堂鑫，让他联系安排；然后由新港村村长、同学魏运国租了一辆小车，两位女同学周常兰、马立香同行，颇有点“兴师动众”的味道。在章庄镇政府与戴堂鑫会合，驱车前往石子滩吃过午饭，两部小车便奔肖家嘴村一组而去。

走了一程，便不知路向了，戴堂鑫打电话询问。再走一程，又不清楚了。这时，魏运国说，高中同学陈清山不就住这嘛，一个电话打过去，正在家中。在路旁等了一会，就见一个头戴草帽，走路一瘸一拐的中年男子过来了。稍稍走近，众人指着我问，认识他吗？他马上叫出了我的名字。可我却一下子愣着了，实在没有想起他来。我们高中两年，与他只同学过一学期，况且毕业三十三年了从未有过联系。上车后在记忆的库存里拼命搜索，总算找到了他打篮球时的依稀身影。既然是打篮球的体育健将，腿脚自然要好过一般人。见我疑惑，他主动解释，原来两月前出了一场车祸，还在家中调养。

陈清山住肖家嘴村四组，有了他带路，很顺当地就到了一组。到了那儿，戴堂鑫联系好的龙村长和一位七十岁的老人已在那里等候。中郎墓在一块棉田中间，小车只好停在一座民居前，一行人沿着窄窄的田埂步行前往。两旁是长势旺盛的水稻，沉甸甸的稻穗下垂着正由青转黄。

越过田埂，眼前是一块稍稍隆起的土丘，名袁天官岭；岭下有座不大的湖泊，与澹水河相通，叫袁家垱湖；不论高岭，还是湖泊，都因袁中郎而得名。岭上种植棉花，一株株伸展开来，相互交错，密不透风。一行人跟在龙村长身后，拨开齐腰高的棉花前行。到了一处地方，老人肯定地指着地下说："这里，就是这里，袁天官以前就埋在这里！"我赶紧奔过去，朝下一看，不过一块平地，与周围并无半点二样，只是上面的棉花长势更旺。

老人告诉我，当年这里有一座隆起的坟墓，墓前立着一块高大的石碑，两块小碑，小碑顶上各有一个石帽；墓前还有一个石桌，桌上供奉一个约零点五米高的香炉。1958 年破四旧时，中郎坟墓被挖，石碑、石桌后来不知去向。挖墓时，当年十七八岁的他正在生产队放牛，出于好奇，跑到现场"看热闹"，见证了整个掘墓过程。墓挺大，封土很严，前一天就开始挖了，由生产队队长亲自带领，第二天凌晨打开棺木。

当年要破除的所谓"四旧"，指旧思想、旧文化、旧风俗、旧习惯。当地农民没什么新旧之类的观念，只是按照上面的指令执行，但也盼着能挖出一些金银财宝。中郎生前清廉无比，死后哪怕买下这副棺材也要借钱当物，挖掘结果自然可想而知，里面除了四个圆饼状的东西（上交后不知所终），什么陪葬品也没有。

老人仍清楚地记得，开棺那天是一个初夏的清晨，棺材由一根粗壮的大树挖成，头骨已不完整，但腿骨、手腕骨较长，小骨零碎散落。挖墓的农民见状，不觉大失所望，当即将挖出的黄土回填墓中。于是，这里便成了一块长期栽种庄稼的平地。其实，肖家嘴原名白鹤山，过去这块岗地要比现在高多了，上面树木苍苍，一片绿荫，但在20世纪六七十年代“改天换地”的运动中给砍伐掉，辟成了农田。

如果不是当地知情人指点，外人实在无从知晓这里葬着大名鼎鼎的袁中郎先生！我上次在摩托车主的误导下过了淹水河，结果找到的是法华寺闸。此地在淹水河南，从章庄铺集镇寻来，是不必过河的。不过呢，就是找到这儿，一般人也寻不到这块普通农田。

于是，不禁想到袁中道《游居沛录》中关于这块墓地的一段话：“先兄在时，甚爱此地，吉凶未知，然其素志也。”小修还专门请了当时极负盛名的风水先生谢响泉前来占卜，确定具体的安葬地点及良辰吉日。那么，此地到底是凶还是吉？若说它凶，又是一块吉地，中郎静静地躺在这儿，坟前是清亮的湖水，坟后是清远的梵音，四周清幽无比，可尽享死后之清静；若说它吉，却又明明是一块凶地，坟后的法华寺被毁不说，就连坟墓，也在光天化日之下遭到挖掘，墓冢被铲掉。我在一旁见到的两座新坟，都有隆起的坟堆与精致的墓碑。熟谙生存策略与处世之道，游离于党争、是非之外的中郎，生前何曾遭受此等屈辱?!

由此可见，此地有吉有凶，既凶也吉，吉凶参半。小修隐隐间似乎有种预感，所以才写下“吉凶未知”四字。可见他是极希望二哥与大哥一同埋在故乡，他们三兄弟归葬一块的。但选中法华寺作为归宿之地，是中郎生前素有的志愿，作为小弟，他也不好违拗呵！

自古以来，公安县虽然没有出过顶尖级的大红大紫的人物，但也算得上“江山代有才人出”。屈指算来，成就、名气、影响最大者，当数袁氏三兄弟，其中又以中郎为最。也就是说，袁中郎是公安县历史上最有名气的人物，恐怕这是谁也不得不承认的事实。然而，他的身后命运着实让人叹惋不已。

就是他的早死，也众说纷纭，并招致诟病，说是放荡所致。其实，中郎自隐居柳浪湖前两年，即三十二岁时，就开始远离女色，注重调养，还斋戒了三年时间。伯修为人师表，一生严谨，可他比中郎还少活两岁，又当如何解释？也有人说他家族有早逝的遗传基因。要说基因，三袁父亲袁士瑜活到了七十岁，外祖父龚大器七十多岁而卒，而庶祖母余氏（实为他们的亲生祖母）则活到了八十多岁，可见袁氏家族长寿者多矣。中郎早逝，实与疾病有关，若非两位所谓的名医无能，一场火病断不至于枉送性命。他的早逝，有着一定的偶然性，就连他自己也没有料到……

正独自欷歔伤感，龙村长说中郎墓冢前的那块高大石碑还在，当时不知被谁放到一条小水沟上当桥板，后来被玉虚阁的一位道士发现，找人搬到那儿去了。闻听此言，心中稍有宽慰。于是，站在无冢的中郎墓地，将四周的棉梗好一阵踩踏，弄出一块空地拍照留念。而棉花过高过密，所拍照片实在看不出多大"名堂"。心到意到，也只能是这样子了。然后，与心中的中郎揖别。就那么一瞬间，我仿佛见到了他那飘逸的身影与淡定的笑容，中郎极其潇洒地挥挥手说："一蓑烟雨任平生，也无风雨也无晴，什么坟冢呀，墓碑呀，这些东西于我而言，不过一种形式罢了，不值一提……"

呵呵，如此说来，倒是我显得过于沉重了。可不管怎样，有时形式也是需要的，是内容得以存在、显现的载体。皮之不存，毛将焉附！

车在田间小路颠簸而行，走了一程，一旁出现了一片竹园荆棘。刚买不过一月的小车被刺丛划出条条印痕，车主心疼得不行。魏运国见状，马上下车，将根根荆棘拉扯开来，好让小车通过。

玉虚阁原属道教庙宇，如今修有佛庙，里面供奉佛像。佛道共处，相安无事，这也是中国宗教的一大特色。行到近前，但见寺宇俨然，翘角飞檐，显然经过重修。玉虚阁最有特色的建筑，是两条二十多米长的“官船”——钢筋水泥修造的船形建筑，船头为深绿色屋顶的六角亭，船尾是石灰粉刷过的一间小屋。

正是北边的官船小屋，也即船舱之内，立有袁中郎墓前的那块石碑。石碑高约一点五米，宽约零点五米，厚约零点二米，整块石碑保存完整，但字迹漫漶，实在看不真切。我凑近前去，仔细辨认，勉勉强强，总算认出十多个字来：明吏部验封司郎中袁公宏道……

后来，我在武汉遇到章庄铺镇文化馆原馆长杨继泉先生，终于弄清了墓碑发现的真实经过。那是1999年的事了，听说有块作为桥板的石碑后，杨馆长急忙跑去辨认，用扫帚清扫，用清水冲洗，确认是袁中郎墓碑后，马上向上反映，有关领导、专家、记者前来考证确认、采访报道。然后由玉虚阁募捐修建“官船”，立碑其中，并供三袁兄弟塑像。

袁中郎墓总算找到，还见到了墓前那块一度“失踪”的最大墓碑，可我心里不仅踏实不起来，反而牵挂更多了。据说荷叶山的伯修、小修墓已由县政府投资新修墓园，占地二十多亩，门楼高耸，十分气派。于是就想，中郎之墓，何时得以“重见天日”？

2011年12月9日，公安三袁研究院隆重成立，我应邀与会，忝列顾问。在下午的研究专家座谈会上，我谈到了两次寻墓之旅，急切希望中郎之墓早日重建。

到那时，我会带上《晚明风骨·袁宏道传》这部新书，祭于中郎墓前，以慰先生在天之灵！

2012年2月10日于厦门

附录三／袁中郎大事记

隆庆二年（1568 年），一岁，十二月初六，袁宏道出生于湖北公安县长安里长安村。

隆庆四年（1570 年），三岁，弟弟袁中道出生。

万历二年（1574 年），七岁，母亲龚氏卒，由庶祖母詹氏抚养。与弟袁中道一同入塾发蒙念书。

万历八年（1580 年），十三岁，全家迁入公安县城斗湖堤镇。

万历十一年（1583 年），十六岁，结社城南，自任社长。

万历十二年（1584 年），十七岁，赴荆州应童子试，中秀才;创作《青骢马》、《古荆篇》。

万历十三年（1585 年），十八岁，娶妻李氏,应乡试，未中。

万历十四年（1586 年），十九岁，大病三月，发落形枯。

万历十五年（1587 年），二十岁，塾师万莹卒，生女禅那。

万历十六年（1588 年），二十一岁，应乡试，中举。

万历十七年（1589 年），二十二岁，会试落第，与兄袁宗道参究性命之学。

万历十八年（1590 年），二十三岁，著《金屑编》。

万历十九年（1591 年），二十四岁，前往麻城龙湖拜访李贽。

万历二十年（1592 年），二十五岁，考中进士，成立南平文社。

万历二十一年（1593 年），二十六岁，与袁宗道、袁中道等人再访李贽，《敝箧集》编成。

万历二十二年（1594 年），二十七岁，赴京谒选，十二月，授吴县县令。

万历二十三年（1595 年），二十八岁，二月，赴吴县就职。

万历二十四年（1596 年），二十九岁，多次辞职，未获批准，作《锦帆集》。

万历二十五年（1597 年），三十岁，解官离任，游历吴越山水，成《解脱集》，作《广陵集》。

万历二十六年（1598 年），三十一岁，儿子彭年诞生。

万历二十七年（1599 年），三十二岁，任国子监助教，组织葡萄文社，著《西方合论》、《广庄》。

万历二十八年（1600 年），三十三岁，任礼部仪制司主事，女禅那卒，著《瓶史》，十一月初四，兄袁宗道卒，其诗文集《白苏斋类集》付梓。

万历二十九年（1601 年），三十四岁，隐居柳浪湖。

万历三十年（1602 年），三十五岁，李贽被捕自杀，庶祖母詹氏卒。

万历三十一年（1603 年），三十六岁，成《宗镜摄录》。

万历三十二年（1604 年），三十七岁，游德山、桃源，作《珊瑚林》（删节本名《德山尘谈》），始编《公安县志》。

万历三十三年（1605 年），三十八岁，江盈科卒。

万历三十四年（1606 年），三十九岁，作《觞政》，《公安县志》编成。

万历三十五年（1607 年），四十岁，任礼部主事，妻李氏卒，奉命前往蒲圻存问朝廷老臣谢鹏举。

万历三十六年（1608 年），四十一岁，改官吏部主事，刻印《瓶花斋集》、《潇碧堂集》。

万历三十七年（1609 年），四十二岁，与兵部主事朱一冯前往陕西主持乡试，作《华嵩游草》，刻印《破砚斋集》。

万历三十八年（1610 年），四十三岁，升吏部考功司员外郎、吏部验封司郎中，三月告假南归，夏初返回公安，旋即移居沙市，八月火病发作，九月初四幼子岳年诞生，九月初六病逝于沙市。

万历三十九年（1611 年），灵柩由袁中道运回故乡长安村。

万历四十年（1612 年），三月初八，父亲袁士瑜卒，十二月初二，与妻李氏合葬于法华寺前。

万历四十三年（1615 年），荆州知府吴维东立苏惟霖题写的“袁中郎故里”碑于公安县城斗湖堤镇袁宏道故居前。

附录四／主要参考资料

一、主要参考著作

《袁宏道集笺校》（上、中、下），袁宏道著，钱伯城笺校，上海古籍出版社，1981年7月第1版。

《金屑编》（一卷），袁宏道著，续修四库全书（第1131册），子部杂家类。

《珊瑚林》（二卷），袁宏道著，续修四库全书（第1131册），子部杂家类。

《游居沛录》，袁中道著，刘如溪点评，青岛出版社，2010年4月第2版。

《珂雪斋集》（上、中、下），袁中道著，钱伯城点校，上海古籍出版社，1989年6月第1版。

《白苏斋类集》，袁宗道著，钱伯城标点，上海古籍出版社，1989年6月第1版。

《公安三袁》，熊礼汇选注，岳麓书社，2000年10月第1版。

《三袁诗文选注》，李茂肃选注，上海古籍出版社，1988年7月第1版。

《江盈科集（增订本）》（一、二），江盈科著，黄仁生辑校，岳麓书社，2008年12月第1版。

《袁中郎小品》，熊礼汇选注，文化艺术出版社，1996年8月第1版。

《袁小修小品》，李寿和选注，文化艺术出版社，1996年8月第1版。

《袁伯修小品》，赵伯陶选注，文化艺术出版社，1996年8月第1版。

《钟伯敬小品》，刘良明选注，文化艺术出版社，1996年8月第1版。

《谭友夏小品》，田秉锷选注，文化艺术出版社，1996年8月第1版。

《三袁传》，李寿和著，知识出版社，1991年10月第1版。

《袁宏道评传》，周群著，南京大学出版社，1999年12月第1版。

《袁中郎年谱》，马学良编著，天津古籍出版社，1991年12月第1版。

《袁宏道年谱》，沈维藩编著，见《中国文学研究》第一辑，江西教育出版社，1999年9月第1版。

《袁中郎遗事》，袁照编，上海今知社，1935年11月初版。

《〈袁宏道集笺校〉志疑（外二种）》，李健章著，湖北人民出版社，1994年4月第1版。

《袁宏道诗文系年考订》，何宗美著，上海古籍出版社，2007年12月第1版。

《袁中郎文学研究》，田素兰著，台湾文史哲出版社，1982年3月初版。

《参禅与念佛·晚明袁宏道的佛教思想》，邱敏捷著，台湾商鼎文化出版社，1993 年 3 月第 1 版。

《袁中郎研究》，任访秋著，上海古籍出版社，1983 年 9 月第 1版。

《公安派的文化精神》，尹恭弘著，同心出版社，上海古籍出版社，2008 年 9 月第 1版。

《公安派结社考论》，何宗美著，重庆出版社，2005 年 4 月第 1版。

《晚明文学革新派公安三袁研究》（第一辑），张国光、黄清泉主编，华中师范大学出版社，1987 年 5 月第 1版。

《公安派的文化阐释》，易闻晓著，齐鲁书社，2003 年 5 月第 1版。

《公安派的文学批评及其发展·兼论袁宏道的生平及其风格》，周质平著，台湾商务印书馆，1986 年 5 月初版。

《公安派研究》，钟林斌著，辽宁大学出版社，2001 年 12 月第 1版。

《晚明公安派性灵文学思想研究》，范嘉晨、段慧冬著，中国社会科学出版社，2009 年 12 月第 1 版。

《明代心学与诗学》，左东岭著，学苑出版社，2002 年 11 月第 1版。

《李贽与晚明文学思想》，左东岭著，天津人民出版社 1997 年 3 月第 1版。

《李贽研究参考资料》（第一、二辑），厦门大学历史系编，福建人民出版社，1975 年 3 月第 1 版。

《万历十五年》，黄仁宇著，中华书局，1982 年 5 月第 1 版。

《剑桥中国明代史》，牟复礼、崔瑞德编，张书生等译，中国社会科学出版社，1992 年 2 月第 1 版。

《晚明思潮》，龚鹏程著，商务印书馆，2008 年 6 月第 2 版。

《晚明思想史稿》，嵇文甫著，河南大学出版社，2008 年 4 月第 1版。

《晚明文学新探》，马美信著，台湾圣环图书公司，1994 年 6 月第1版。

《晚明文学思潮研究》，吴承学、李光摩编，湖北教育出版社，2002 年10 月第 1 版。

《论中国近世文学》（胡适《五十年来中国之文学》、周作人《中国新文学的源流》合集），海南出版社，1994 年 8 月第 1 版。

《五灯会元》，普济辑，苏渊雷点校，中华书局，1984 年 10 月第1版。

《儒释道与晚明文学思潮》，周群著，上海书店出版社，2000 年 3 月第1版。

《佛教与晚明文学思潮》，黄卓越著，东方出版社，1997 年 10 月第1版。

《禅宗与中国文化》，葛兆光著，上海人民出版社，1986 年 6 月第1版。

《灵山论禅机·禅与现代佛学》，释惟圣主编，宗教文化出版社，2007 年1 月第1版。

《智顗评传》，潘桂明著，南京大学出版社，1996 年2 月第1版。

《净土十要》，藕益大师选定，福建莆田广化寺印。

《净土宗教程》（修订本），释大安集述，庐山东林寺净土宗文化研究学会。

《公安县志》，三种版本：清同治版；汉语大词典出版社，1990 年9 月第 1 版；中国环境科学出版社，2010 年 1 月第 1 版。

《公安民间故事传说》（第一集），鄢家声主编，湖北公安县文化馆编辑出版，1987 年 1 月第 1 次印刷。

《玉泉寺》，张羽新、李克彪著，民主与建设出版社，2002 年 2 月第1版。

《公安与竟陵·晚明两个“新潮”文学流派》，王恺著，江苏古籍出版社，1996年12月第1版。

《竟陵派研究》，陈广宏著，复旦大学出版社，2006年8月第2版。

《竟陵派与晚明文学革新思潮》，张国光主编，武汉大学出版社，1987年5月第1版。

二、主要参考文章

何大猷：《袁中郎与晚明人文精神》，《华中师范大学学报》（哲社版）1991年第5期。

戴红贤：《日臻纯熟的创作技巧，始终如一的性灵文学·袁宏道诗歌创作前后变化说之探索》，台湾《远东通识学报》第3卷第1期（2009年1月）。

戴红贤：《袁宗道在公安派中作用和地位探析》，《江汉大学学报》2008年第6期。

戴红贤：《袁中道与钟惺断交时间和原因考论》，《长江学术》2009年第1期。

陈寒鸣：《袁宏道与泰州王学》，《齐鲁学刊》2010年第4期。

周群：《论袁宏道的佛学思想》，台湾《中华佛学学报》第6期（1993年）。

王吉鹏、王欣宇：《鲁迅与袁宏道》，《淮北职业技术学院学报》2008年第6期。

郑辛雅：《论袁宏道的自适》，台湾《文学新论》第2期（2004年7月）。

韩石：《诱引的声色：袁宏道游记新论》，《南京师大学报》（社会科学版）2001年第2期。

张良志：《袁宏道文学思想中的辩证因素》，《武汉大学学报》（社会科学版）1986 年第 1 期。

周明初：《袁宏道：适意与避世》，《中国文学研究》1997 年第 1 期。

邓怡菁：《袁宏道仕隐心态研究》，台湾东华大学中国语文学系硕士论文（2006 年 2 月），指导教授：郑清茂。

黄恽：《袁宏道在苏州》，《苏州》2008 年第 4 期。

孟祥荣：《公安三袁家世研究》，《湖北职业技术学院学报》2003 年第 4期。

马美信：《论公安派与竟陵派的分歧》，《复旦学报》（社会科学版）1985 年第 5 期。

黄仁生：《论公安派在现代文坛的多重回响》，《复旦学报》（社会科学版）2006 年第 6 期。

黄仁生：《四百年来对江盈科的接受与批评》，《书屋》2008 年第 12期。

张建业：《李贽与公安三袁》，《北京科技大学学报》2000 年第 3期。

张树俊：《"公安三袁"与李贽文学思想的渊源》，《当代文化与教育研究》2007 年第 4 期。

何天杰：《李贽与三袁关系考论》，《中国文化研究》2002 年春之卷。

朱贻强：《李贽与"公安三袁"之关系考略》，"中国文学与文学家"网站 http://wxy. hqu. edu. cn/WLS/newsdetail. asp? Id = 914。

樊德三：《李贽"童心说"的美学意义》，《盐城师范学院学报》（人文社会科学版）1992 年第 4 期。

王开富：《李贽 · 袁宏道 · 钟惺》，《重庆师院学报》1986 年第 1 期。

何宗美：《文人结社启示我们：需要重读明代文学》，《社会科学报》（2010 年 8 月 12 日）。

谈蓓芳：《明代后期文学思想演变的一个侧面 · 从屠隆到竟陵派》，

《复旦学报》（社会科学版）1989 年第 1 期。

张遵明：《古寺玉泉访乡贤》，《三袁》2011 年夏季号。

邓克铭：《大慧宗杲禅师禅法之特色》，《中华佛学学报》第 1 期（1987 年 3 月）。

李宝玉：《从〈五杂俎〉看晚明士人的心态》，《兰州学刊》2010 年第 4 期。